Claudia Summerer

„Illegale Fans“

Schriften zum Europäischen Urheberrecht

Herausgegeben von
Prof. Dr. Karl-Nikolaus Peifer, Köln
Prof. Dr. Karl Riesenhuber, M.C.J. (Austin/Texas), Bochum

EurUR Band 11

Claudia Summerer

„Illegale Fans“

Die urheberrechtliche Zulässigkeit von Fan Art

DE GRUYTER

Dr. iur. *Claudia Summerer*, Universität zu Köln

Die Drucklegung dieser Arbeit wurde durch einen Druckkostenzuschuss aus Mitteln der Exzellenzinitiative des Bundes und der Länder gefördert, der durch die Graduiertenschule der Rechtswissenschaftlichen Fakultät der Universität zu Köln vergeben wurde.

ISBN 978-3-11-042653-3
e-ISBN (PDF) 978-3-11-042235-1
e-ISBN (EPUB) 978-3-11-042238-2

Library of Congress Cataloging-in-Publication Data
A CIP catalog record for this book has been applied for at the Library of Congress.

Bibliografische Information der Deutschen Nationalbibliothek
Die Deutsche Nationalbibliothek verzeichnet diese Publikation in der Deutschen Nationalbibliografie; detaillierte bibliografische Daten sind im Internet über http://dnb.dnb.de abrufbar.

Druck und Bindung: Hubert & Co. GmbH & Co. KG, Göttingen
♾ Gedruckt auf säurefreiem Papier
Printed in Germany

www.degruyter.com

Meinen Eltern

Inhalt

Teil II: Die urheberrechtliche Zulässigkeit von Fan Art

Abkürzungsverzeichnis

Für die vorliegende Arbeit wird auf das Abkürzungsverzeichnis bei *Kirchner, Hildebert*, Abkürzungsverzeichnis der Rechtssprache, 7. Auflage, Berlin 2013 und die folgenden Ergänzungen verwiesen:

Am. Journ. of Gender, Soc. Pol. & the Law	American Journal of Gender, Social Policy & the Law
Ariz. St. L. J.	Arizona State Law Journal
Cardozo Arts & Ent. L.J.	Cardozo Arts and Entertainment Law Journal
Eighteenth-Cent. Stud.	Journal for Eighteenth-Century Studies
IIC	International Review of Intellectual Property and Competition Law
Law & Contemp. Problems	Law and Contemporary Problems
Loy. L.A. Ent. L. Rev	Loyola of Los Angeles Entertainment Law Review
Vanderbild Journ. Of Ent. And Tech. Law	Vanderbild Journal Of Entertainment And Technology Law
ZGE/IPJ	Zeitschrift für Geistiges Eigentum (ZGE)/Intellectual Property Journal (IPJ)
ZNR	Zeitschrift für Neuere Rechtsgeschichte

Vorwort

Diese Arbeit entstand im Rahmen meiner Tätigkeit als wissenschaftliche Mitarbeiterin am Institut für Medienrecht und Kommunikationsrecht der Universität zu Köln, Lehrstuhl für Bürgerliches Recht mit Urheberrecht, Gewerblichen Rechtsschutz, Neue Medien und Wirtschaftsrecht. Die rechtswissenschaftliche Fakultät hat sie im Wintersemester 2014/2015 als Dissertation angenommen.

Ich danke besonders meinem Doktorvater Prof. Dr. Karl-Nikolaus Peifer. Schon während meiner Zeit als studentische Hilfskraft an seinem Lehrstuhl hat er meine fachliche Entwicklung in besonderem Maße gefördert. Während der Promotion war seine fürsorgliche fachliche Betreuung mein „roter Faden“. Ihm und Herrn Prof. Dr. Karl Riesenhuber danke ich für die Aufnahme der Arbeit in die „Schriften zum europäischen Urheberrecht“.

Frau Prof. Dr. Anja Steinbeck, die während meines Studiums mein Interesse am Urheberrecht u. a. durch Veranstaltungen wie den „Moot Court im Gewerblichen Rechtsschutz“ gefördert hat, danke ich für die Zweitbegutachtung.

Für die familiäre Arbeitsatmosphäre am Institut und für viele wertvolle Anregungen danke ich den sogenannten „Media Magics“, den Teams des Instituts für Medienrecht und Kommunikationsrecht, Lehrstuhl Prof. Dr. Peifer und Prof. Dr. Hain sowie des Instituts für Rundfunkrecht.

In ganz besonderer Weise haben an meiner Promotionszeit meine Familie und meine Freunde Anteil genommen. Euch danke ich von ganzem Herzen für den Rückhalt, eure stete Unterstützung und Inspiration.

Köln, im Januar 2015 Dr. Claudia Christine Summerer

Einleitung

Das folgende Szenario ist zwar erfunden, jedoch nicht unwahrscheinlich. Es illustriert die klassische urheberrechtliche Problematik, die mit dem Phänomen der Fan Art verbunden ist:

> „I do not claim ownership of any of the characters depicted in my artwork. They are the sole original property of DC Comics. I do not collect money for any of this artwork. Please do not sue me, I just like making art."[1]

So lautet die Bildunterschrift einer Zeichnung, auf der die bekannten Comicfiguren Batman und Robin zu sehen sind, als Liebespaar, sich in inniger Umarmung küssend. Das Bild stammt von keinem offiziellen Zeichner, sondern einem Fan, der es in einem Onlineforum veröffentlicht hat. In den Kommentaren erhält er viel Lob von anderen Fans, die ihn als wahren Künstler bezeichnen, seinen Zeichenstil und seine Charakterinterpretation loben. Batman und Robin seien ein Traumpaar, dies brächte seine Zeichnung hervorragend zur Geltung. Der Fan baut die Zeichnung zu einem Comic aus. Die Community zeigt sich begeistert. Es meldet sich sogar ein Untergrundverlag bei dem Batman Fan und bietet ihm an, seine „Batman und Robin"-Liebesgeschichte zu drucken und auf einer Comicmesse für 10 Euro pro Stück anzubieten, damit sich die Druckkosten amortisierten. Probleme mit den Rechteinhabern werde es nicht geben. Schließlich sei der Comic „Fan Art" und würde den Markt des Originals nicht schädigen. Der Fan willigt begeistert ein.

Wenige Tage nach der Messe erhält er Post von DC Comics. Man wirft ihm vor gegen Urheberrechte verstoßen zu haben und droht mit einer Klage, von der man allenfalls absehen wolle, wenn er darin einwillige, seine Nutzungsrechte vollumfänglich und kostenlos an DC Comics zu übertragen. Der Fan ist irritiert. Er wollte doch nur Kunst machen.

A. Problemstellung und Arbeitshypothesen

Durch das Internet haben derivative Kunstformen wie Fan Art einen beachtlichen Aufschwung erfahren. Die Rahmenbedingungen für die Erstellung und Nutzung geistiger Inhalte haben sich durch die Digitaltechnik verändert. Nie war es ein-

---

1 Ein typischer Fan Art-Disclaimer. Deutsche Übersetzung: „Ich beanspruche keinerlei Rechte an den in meinem Kunstwerk auftretenden Charakteren. Sie sind das geistige Eigentum von DC Comics. Ich verdiene an den Kunstwerken kein Geld. Bitte verklagen Sie mich nicht, ich möchte einfach nur Kunst machen."

facher eigene kreative Leistungen und eigene Interpretationen anderer kreativer Leistungen einem Massenpublikum zugänglich zu machen. In Folge dessen entfaltet sich Kreativität zunehmend aus dem Kollektiv heraus.[2] Besonders Fans werden als eine Art Motor der kreativen Massenkultur verstanden.[3] Sie nutzen die neuen technischen Möglichkeiten, um sich über ihre Fanobjekte auszutauschen und entwickeln daraus neue Ideen, Interpretationen und künstlerische Kreationen. Die Benutzung auch urheberrechtlich geschützter Fanobjekte in eigenen Kreationen verstehen sie als legitimen Akt ihrer Bewunderung und künstlerischen Entfaltungsfreiheit.[4]

Die Urheber der Fanobjekte stürzt das Verhalten der kreativen Fans in ein Dilemma. Zwar ist man grundsätzlich mit rechtlichen Mitteln ausgestattet, um sich gegen mögliche Gefährdungen urheberrechtlicher Interessen zur Wehr zu setzen, praktisch ist dem gigantischen Fan Art-„Markt“ jedoch nicht Herr zu werden.[5] Zudem fürchtet man, die Fans durch zu hartes Vorgehen zu verlieren.[6] Schließlich sorgt eine solide Fanbasis für Kundenbindung, welche wiederum konstanten wirtschaftlichen Profit gewährleistet.

Der skurrile Effekt dieses Dilemmas ist, dass die Urheber in vielen Fällen auf ihre Schutzmöglichkeiten verzichten. Die Lösung des Interessenkonflikts wird nicht in gesetzlichen Regelungen gesucht, sondern es wird ein stillschweigendes Regelungssystem eigener Art vorgezogen: Solange Fan Art aus reiner Liebhaberei heraus produziert und verbreitet wird, zeigen sich die Rechteinhaber der in Fan Art benutzten und geschützten geistigen Inhalte tolerant – in gewissen nicht klar definierten Grenzen.

„Wichtig sei, dass dem Werk und dem Urheber Respekt gezollt würde“, so die Aussage von *Anne Prätzke*, einer deutschen Mangaka, die sich auf der „Connichi

2 *Kreutzer*, in: Copy. Right. Now!, S. 46; *Stadler*, Neun Thesen zur Remix-Kultur, S. 12f.; abrufbar unter: http://irights.info/wp-content/uploads/fileadmin/texte/material/Stalder_Remixing.pdf (letzter Abruf: 15.06.2015).

3 *Jenkins*, Fans, Bloggers and Gamers, S. 41; *Djordevic*, Wie lange noch wird es freie Fan-Communities geben?, abrufbar unter: http://berlinergazette.de/fankultur-vermarktung-content-industrie/ (letzter Abruf: 15.06.2015).

4 *Tushnet*, in: Fandom, S. 60; vgl. auch Aussagen von Fans in der Studie von *Lee*, 8:1 Participations, Journal of Audience & Reception Studies, 246 (2011), S. 246–269.

5 *Lessig*, Free Culture, S. 27.

6 *Peifer*, ZUM 2014, 86, 89; *Schwabach*, Fan Fiction and Copyright, S. 1; Eine Ausnahme bildet die sog. „Anime Copyright Allianz“, die konsequent u. a. ohne Lizenz erstellte AMVs abmahnt und aus dem Netz nehmen lässt, http://www.anime-copyright-allianz.de/ (letzter Abruf: 15.06.2015).

2010“ in einer Podiumsdiskussion zu der Problematik äußerte.[7] Als respektlos wird vor allem Fan Art mit pornografischen Inhalten empfunden.[8] Ebenfalls nicht geduldet wird der kommerzielle Vertrieb von Fan Art, der keine Beteiligung der Urheber an den Einnahmen vorsieht.[9] Spätestens ab diesem Punkt will man auf Seiten der Urheber für einen gewissen Kontrollverlust über das Werk entschädigt werden.[10] Radikal gehen manche Urheber in den USA gegen ihre Fans vor, indem sie diesen unter Androhung von rechtlichen Konsequenzen die Rechte an den Fanwerken geradezu abnötigen, um die Werke für sich selbst verwerten zu können.[11]

Wenn kreative Werknutzer Urheberrechtsverletzungen als legitim erachten und Rechteinhaber nach ihren eigenen Regeln entscheiden, wann sie gegen diese Verletzungen vorgehen wollen, drängt sich die Frage auf, ob das geltende Urheberrecht im Kontext der neuen technischen und kulturellen Begebenheiten seiner Aufgabe noch gerecht wird, die monopolistischen Interessen des Urhebers und die freiheitlichen Interessen der Allgemeinheit zu einem gerechten Ausgleich zu führen, oder ob zwischenzeitlich ein Ungleichgewicht entstanden ist, das es zu korrigieren gilt. Das Phänomen der Fan Art bietet ein geeignetes Untersuchungsfeld für diese grundlegende Fragestellung, der die folgende Arbeit gewidmet ist.

Verfolgt werden die Thesen:
1. dass die derzeitige Ausprägung des urheberrechtlichen Schutzes der in Fan Art benutzten geistigen Inhalte zu einem ausufernden Urheberschutz geführt hat, welcher die Möglichkeiten der freien künstlerischen Auseinandersetzung unberechtigterweise behindert.
2. dass durch eine flexiblere Auslegung der Inhalts- und Schrankenbestimmungen, die kulturellen Fortschritt gewährleisten sollen ein gerechterer In-

---

7 Podiumsdiskussion vom 11.09.2010 auf der „Connichi 2010“ zum Thema „Illegale Fanprodukte“. Die Diskussion ist online abrufbar unter der URL: http://animexx.onlinewelten.com/aidb/connichi2010-fanpanel-video.php (letzter Abruf: 15.06.2015).

8 In Japan kam es in den 90er Jahren in der sog. „Doujinshi“-Szene deswegen sogar zu Razzien in den entsprechenden Untergrundbuchhandlungen und der Inhaftierung solcher Fans, die pornografische Fan Arts vertrieben hatten. Dazu: *Ito*, in: Digital Generations, S. 60.

9 So z. B. die Autorin *J.K. Rowling*, die Fan Fiction zu ihren „Harry Potter“-Romanen nur solange zulässt, bis diese kommerziell vertrieben wird: *Schwabach*, Fan Fiction and Copyright, S. 117 f..

10 Sehr konsequent geht z. B. *Walt Disney Productions* gegen jegliche Art der Rufbeeinträchtigung ihres Marktes vor, vgl. Walt Disney Productions v. Air Pirates, 581 F.2d 751 (1987), anschaulich beschrieben in: *Levin*, The Pirates and the Mouse, Seattle 2003.

11 So handhabte es *Marion Zimmer Bradley*, die Autorin von „Die Nebel von Avalon“, vgl. *Schwabach*, Fan Fiction and Copyright, S. 112.

teressenausgleich zwischen Urhebern und kreativen Werknutzern erzielt werden kann.

B. Stand der Rechtsprechung und Forschung

In der deutschen Rechtsprechung liegen bislang keine Entscheidungen vor, die sich explizit mit der urheberrechtlichen Zulässigkeit von Fan Art beschäftigen. Darin wird die mangelnde Bereitschaft der Urheber deutlich, gegen Urheberrechtsverletzungen durch Fans vorzugehen. Es finden sich aber Entscheidungen zu den der Fan Art verwandten Phänomenen der Parodie und des Fortsetzungsromans, die für die Untersuchung herangezogen werden können. Hervorzuheben sind insbesondere die BGH-Entscheidungen „Asterix-Persiflagen“ und „Laras Tochter“, sowie eine jüngere Entscheidung des Bundesgerichtshofs, die sich mit dem urheberrechtlichen Schutz der literarischen Figur „Pippi Langstrumpf“ beschäftigt.[12] Die Zulässigkeit erkennbarer kreativer Werknutzungen ergibt sich danach entweder aus dem Vorliegen einer freien Benutzung nach § 24 UrhG oder der Einschlägigkeit der Zitatschranke nach § 51 UrhG. Im Fall der Parodie hat der Bundesgerichtshof zudem den verfassungsrechtlichen Schutz der Kunstfreiheit aus Art. 5 Abs. 3 S. 1 GG bei der Auslegung des § 24 UrhG berücksichtigt, um eine Ungleichgewichtung der Kontrollinteressen der Urheber gegenüber den freiheitlichen Interessen nachschaffender Künstler zu vermeiden.[13] Auch im Rahmen des § 51 UrhG werden seit dem „Germania3“-Beschluss des Bundesverfassungsgerichts kunstspezifische Aspekte mit Sicht auf Art. 5 Abs. 3 S. 1 GG stärker berücksichtigt.[14]

Speziell hinsichtlich der Frage der isolierten Schutzfähigkeit fiktiver Figuren kann auf zahlreiche Entscheidungen zurückgegriffen werden, aus denen sich das Modell des sog. „Gestaltenschutzes“ entwickelt hat und aus denen sich die grundsätzliche Schutzfähigkeit fiktiver Figuren ergibt.[15]

Die Forschung hat sich bislang ebenfalls nur vereinzelt mit der Zulässigkeit der Benutzung geschützter kreativer Inhalte in Fan Art nach dem deutschen Ur-

---

12 BGH WRP 2014, 178 – Pippi Langstrumpf; BGH GRUR 1999, 984 – Laras Tochter; BGH GRUR 1994, 191 – Asterix-Persiflagen.

13 BGH GRUR 2003, 956 – Gies-Adler; BGH GRUR 2000, 703 – Mattscheibe; BGH GRUR 1994, 191, 193 – Asterix-Persiflagen.

14 BVerfG NJW 2001, 598 – Germania 3.

15 BGH WRP 2014, 178 – Pippi Langstrumpf ; BGH ZUM 2004, 748, 750 – Hundefigur; BGH GRUR 1994, 191, 192 – Asterix-Persiflagen; BGH NJW 1971, 2169 – Disney-Parodie; BGH GRUR 1958, 500 – „Mecki“-Igel; OLG Frankfurt a.M. GRUR 1984, 520 – Schlümpfe.

heberrecht auseinandergesetzt.[16] Parallelen lassen sich aber auch hier zu verwandten Problemfeldern ziehen, die im Zusammenhang mit der Grundsatzproblematik der urheberrechtlichen Zulässigkeit kreativer Werknutzungen in postmoderner Kunst und im digitalen Zeitalter stehen. Da Fan Art ein Teil der sog. „Referenzkultur" ist, können Forschungsergebnisse zu den Fällen der Parodie und Appropriation Art sowie zu den Fällen des Remix und Mashups teilweise auch für die Untersuchung der urheberrechtlichen Zulässigkeit von Fan Art fruchtbar gemacht werden. Was die Vorschläge für eine Privilegierung kreativer Werknutzungen in diesem Zusammenhang anlangt, sind bislang zwei Hauptströmungen zu verzeichnen. Es existieren zum einen sog. „kunstspezifische Auslegungsmodelle" für Inhalts- und Schrankenbestimmungen, welche verfassungsrechtliche Aspekte bei der Auslegung urheberrechtlicher Normen stärker berücksichtigten wollen, um dadurch mehr Gestaltungsspielräume für derivative Kunstformen zu schaffen.[17] Als geeignete Einfallstore dieser Auslegungsmodelle erachtet man das Rechtsinstitut der freien Benutzung § 24 UrhG und die Zitatschranke gemäß § 51 UrhG. Die zweite Strömung hält grundlegendere Änderungen für erforderlich und schlägt als Lösung neue Schrankenregelegungen für kreative Werknutzungen vor.[18] Sie findet auch in rechtspolitischer Hinsicht zunehmenden Rückhalt.

Die Europäische Kommission der Europäischen Gemeinschaften (EU-Kommission) diskutierte bereits 2008 die Frage, ob eine neue Ausnahme für die von kreativen Nutzern geschaffenen Inhalte eingeführt werden müsse.[19] Im dritten Zwischenbericht der Enquête-Kommission des Bundestages „Internet und digitale Gesellschaft" vom 23.11.2011 wird diskutiert, die Schrankenprobleme des Urheberrechts durch „generalklauselartige, dem amerikanischen Fair Use entsprechende Regelungen zu lösen", die als Auffangregel neben konkrete Schranken treten könnten. [20] In ihrem Sondervotum sprachen sich insbesondere die Fraktion

---

16 *Knopp*, GRUR 2010, 28; *Peifer*, FS Wandtke, S. 99 ff.; *Peukert*, GRUR-Beilage 2014, 77; *Wehler*, Die freie Benutzung im digitalen Zeitalter, S. 180 f.; vgl. im US-amerikanischen Raum: *Tushnet*, 70 Law & Contemp. Problems, 135, (2007), S. 135–174; *Katyal*, 14 Am. Journ. of Gender, Soc. Pol. & the Law. 461, (2006), S. 461–518.

17 *Huttenlauch*, Appropriation Art, S. 151; *Czernik*, Die Collage, S. 284 f.; *Fuchs*, Avantgarde, S. 139 ff..

18 *Kleinemenke*, Fair Use im deutschen Urheberrecht, S. 569 f. (für eine Generalschranke nach dem Fair Use-Prinzip); *Bauer*, User Generated Content, S. 407 (für eine Schranke für „User Generated Content"); *Kreutzer*, Verbraucherschutz, S. 73 (für eine Schranke für „transformative Werknutzungen").

19 *EG-Kommission*, Grünbuch – Urheberrechte in der wissensbestimmten Wirtschaft, KOM (2008) 466.

20 Dritter Zwischenbericht der Enquête-Kommission „Internet und digitale Gesellschaft vom 23. 11.2011, BT-Drucks 17/7899, S. 21, 22 Fn. 74.

die LINKE und die Fraktion BÜNDNIS90/DIE GRÜNEN für eine „Schrankenregelung zugunsten einer nicht kommerziellen privaten Bearbeitung“ oder eine „Erweiterung der freien Bearbeitung“ aus, bei der auch an das aus dem amerikanischen Recht bekannte Kriterium der Transformativität von Nutzungen angeknüpft werden könne.[21]

C. Gang der Untersuchung

Das Kernthema der Arbeit ist die Problematik der Kollision von Urheberrechten mit der kreativen Werknutzung durch Fans. Verfolgt wird das Ziel eines gerechten Interessenausgleichs. Haftungsfragen, die sich besonders für Fan Art-Forenbetreiber stellen, sollen ausgespart werden. Sofern festgestellt wird, dass Fan Art privilegiert werden kann, stellen sich diese Fragen ohnedies nicht mehr.

Die Untersuchung erfolgt in drei Abschnitten. Im ersten Teil wird das Phänomen der „Fan Art“ in tatsächlicher Hinsicht erläutert, um eine Grundlage für die anschließende rechtliche Untersuchung zu schaffen. Dabei soll sowohl auf die Begriffsherkunft, als auch die derzeit häufigsten Erscheinungsformen von Fan Art eingegangen und eine Abgrenzung von anderen Kunstformen der sog. „Referenzkultur“ vorgenommen werden (1. Kapitel).[22]

Der zweite Teil der Arbeit widmet sich der Problematik der urheberrechtlichen Zulässigkeit von Fan Art. Im Rahmen dessen wird zunächst der Frage nachgegangen, ob Fan Art überhaupt in urheberrechtliche Schutzbereiche eingreift. Auf dem Prüfstand steht dabei der sog. „Gestaltenschutz“, aus dem sich die Schutzfähigkeit fiktiver Figuren ergeben kann, die als Grundlage von Fan Art dienen. Es soll insbesondere der Frage nachgegangen werden, ob der Gestaltenschutz zu weit ausgestaltet ist und somit zu einer unberechtigten Beschränkung der Gestaltungsfreiräume in Fan Art führt (2. Kapitel).[23] Im Anschluss wird die urheberrechtliche Zulässigkeit von Fan Art untersucht, in der berechtigterweise geschützte fiktive Figuren verwendet werden. Es wird zunächst festgestellt, in welche urheberrechtlichen Befugnisse Fan Art auf welche Art und Weise eingreifen kann und schließlich überprüft, ob diese Eingriffe durch Inhalts- oder Schrankenbestimmungen nach dem geltenden Maßstab und/oder nach den Auslegungsvor-

---

21 Dritter Zwischenbericht der Enquête-Kommission „Internet und digitale Gesellschaft vom 23. 11. 2011, BT-Drucks 17/7899, S. 92, 94.

22 Siehe „1. Kapitel: Das Phänomen der Fan Art“, S. 11 ff.

23 Siehe „2. Kapitel: Die fiktive Figur als Grundlage von Fan Art und Schutzgegenstand des Urheberrechts“, S. 39 ff.

schlägen des Schrifttums privilegiert werden (3. Kapitel).[24] Daran anschließend werden die Lösungsansätze de lege ferenda, die sich für eine Privilegierung von Fan Art eigenen könnten, diskutiert (4. Kapitel).[25]

Der dritte Teil der Arbeit geht abschließend der Frage nach, inwiefern die Benutzung geschützter Inhalte in Fan Art, die unter keine geltende Inhalts- oder Schrankenbestimmung subsumiert werden kann, privilegiert werden sollte. Hierzu werden zunächst Gründe herausgearbeitet, die für eine stärkere Privilegierung von Fan Art sprechen (5. Kapitel)[26] und schließlich ein eigener Lösungsvorschlag für eine Privilegierung von Fan Art unterbreitet (6. Kapitel)[27]. Abgerundet wird die Arbeit durch die Anwendung des eigenen Lösungsmodells auf die im 1. Kapitel herausgearbeiteten typischen Fälle der Fan Art (7. Kapitel).[28]

24 Siehe „3. Kapitel: Die Zulässigkeit der Verwendung geschützter fiktiver Figuren in Fan Art de lege lata“, S. 63 ff.

25 Siehe „4. Kapitel: Lösungsvorschläge de lege ferenda“, S. 127 ff.

26 Siehe „5. Kapitel: Privilegierungsbedürfnis, insbesondere transformativer Fan Art“, S. 145 ff.

27 Siehe „6. Kapitel: Entwicklung eines Auslegungsvorschlags für § 24 UrhG“, S. 160 ff.

28 Siehe „7. Kapitel: Anwendung des Lösungsansatzes“, S. 200 ff.

Teil I: Begriffsbestimmung und Einführung in den Gegenstand der Untersuchung

Im ersten Teil der Arbeit sollen die Grundlagen für die Untersuchung des Phänomens der Fan Art im urheberrechtlichen Zusammenhang geschaffen werden. Zu Beginn soll daher das Phänomen der Fan näher erläutert und der Untersuchungsgegenstand genau eingegrenzt werden.

1. Kapitel: Das Phänomen der Fan Art

Ziel des 1. Kapitels ist es, den Begriff „Fan Art“ einer hinreichend konkreten Definition zuzuführen, die sowohl die Begriffsherkunft, als auch derzeitige Erscheinungsformen und charakteristische Merkmale berücksichtigt (A.). Um eine genaue Einordnung des Begriffs zu ermöglichen, wird anschließend eine Abgrenzung von vergleichbaren Phänomenen vorgenommen (B.), um schließlich zu einer Eingrenzung des Untersuchungsgegenstandes (C.) zu gelangen.

A. Begriffsbestimmung

„Fan Art“ ist kein Rechtsbegriff. Es handelt sich vielmehr um einen Anschauungsbegriff, der im weitesten Sinne für künstlerische Erzeugnisse von Fans gebraucht wird, die der Beziehung des Fans zu seinem Idol Ausdruck verleihen.[29]

Der kreative Aspekt in Fan Art gestaltet es schwierig bis unmöglich, eine abschließende Definition für das Phänomen zu finden. Kreatives Schaffen ist die Fähigkeit, Neues zu erfinden, was impliziert, dass auch Fan Art als kreative Tätigkeit nicht auf eine gewisse Gattung oder einen gewissen Stil beschränkt ist, sondern sich hinsichtlich ihrer Erscheinungsformen sehr facettenreich gestaltet und einem stetigen Wandel unterliegt.[30] Ziel der Begriffsbestimmung soll daher nicht sein, abschließend festzulegen, was unter den Begriff der Fan Art zu fassen ist, sondern eine schrittweise Annäherung an eine zwar nicht abschließende, aber hinreichend konkrete Definition des Phänomens vorzunehmen, die als Grundlage für die anschließende urheberrechtliche Untersuchung dienen kann. Dazu ist es hilfreich, die ursprüngliche Bedeutung des Begriffs zu klären (I.), die derzeitigen Erscheinungsformen zu erfassen (II.) und derzeitige allgemeine Merkmale des Phänomens der Fan Art herauszuarbeiten (III.).

I. Begriffsherkunft

„Fan Art“ ist ein zusammengesetzter Begriff aus den Wortbestandteilen „fan“ und „art“. Daraus ergibt sich ein wesentliches Merkmal für den Schöpfer von Fan Art: Er muss ein „Fan“ bzw. Angehöriger eines „Fantums“ sein. Sinnvoll ist daher, zunächst zu bestimmen, was unter dem Begriff des „Fans“ zu verstehen ist, bevor

---

29 Vgl. dazu die derzeitigen Erscheinungsformen von Fan Art unter A. II..
30 *Kühne*, in: Die psychologische Dimension des Urheberrechts, S. 25.

man sich mit der Begriffsherkunft der Fan Art auseinandersetzt. Dabei hilft ein Blick auf die etymologische Herkunft des Wortes.

1. „Fan"

„Fan" ist die Kurzform des englischen Substantivs „fanatic" und leitet sich etymologisch von dem lateinischen Terminus „fanaticus" ab, welcher übersetzt „in Raserei versetzt", „rasend" oder „begeistert" bedeutet und ursprünglich in einem religiösen Kontext verwendet wurde, nämlich für Personen, die von einer Gottheit begeistert oder besessen waren.[31] Die Kurzform „fan" wurde erstmals im späten 19. Jahrhundert in journalistischen Beiträgen über Anhänger von Sportmannschaften, insbesondere Baseballteams, gebraucht und entwickelte sich später zu einem Begriff für jedweden begeisterten Verehrer einer Person oder Sache.[32]

In der Soziologie wird der Fan als Mensch definiert, der „längerfristig eine leidenschaftliche Beziehung zu einem in der Öffentlichkeit wahrnehmbaren realen oder fiktiven Vorbild (Fanobjekt) eingeht und in die emotionale Beziehung zu diesem Objekt Zeit und Geld investiert".[33] Wichtigstes Merkmal des Fanseins ist die übersteigerte emotionale Bindung des Fans zu seinem Fanobjekt. Sie ist vergleichbar mit der emotionalen Bindung in einer Liebesbeziehung. Während die Liebesbeziehung jedoch im Regelfall im Privaten stattfindet, steht das Fanobjekt stets in der Öffentlichkeit und ist auch anderen Fans zugänglich.[34] Dementsprechend erfolgt auch die Liebesbekundung eines Fans an sein Fanobjekt im Regelfall in einem öffentlichen und nicht privaten Rahmen.

Der Begriff „Fan" steht somit für den Bewunderer und Verehrer eines in der Öffentlichkeit wahrnehmbaren realen oder fiktiven Fanobjekts.

Für die Bedeutung des Begriffs „Fan Art" lässt sich daraus entnehmen, dass Fan Art Produkt einer über die übliche Akzeptanz und Anerkennung hinausgehenden Beziehung zwischen ihrem Schöpfer und dessen in der Öffentlichkeit stehenden Vorbildes ist.

---

31 Vgl. *Duden*, Das Fremdwörterbuch, „Fan", S. 312.

32 *Jenkins*, Textual Poachers, S. 12 ff.; *Schmidt-Lux*, in: Fans, S. 50 ff.; *Coppa*, in: Fan Fiction and Fan Communities, S. 42.

33 Nominaldefintion von *Roose*/Schäfer/*Schmidt-Lux*, in: Fans, S. 12.

34 *Roose/Schäfer/Schmidt-Lux*, in: Fans, S. 13.

2. „Fan Art“

Der Begriff der „Fan Art“ taucht erstmalig in Verbindung mit sog. „Fanzines“ auf. Dies sind Magazine, welche von Fans für Fans zu einem bestimmten Fanobjekt produziert werden.[35] Der Begriff „Fanzine“ geht auf den Science Fiction Fan *Louis Russell Chauvenet* zurück, der diesen 1940 in dem Magazin „Detours“ als eine Kurzform von fan magazine gebrauchte.[36] Vor der Etablierung des Internets in Privathaushalten waren Fanzines eine Plattform, die es Fans ermöglichte sich kreativ auszutauschen, etwa in Form eigener Geschichten und Artikel zu einer Science-Fiction- oder Comic-Serie („Fan Fiction“) oder in Form selbst gezeichneter Illustrationen („Fan Art“).[37] Ein Beispiel ist das im Jahre 1975 veröffentlichte Magazin „Star Trek Lives!“, das Fans der Serie „Star Trek“ u. a. die Möglichkeit bot, in der Rubrik „Do-It-Yourself Stark Trek – The Fan Fiction“ eigens erdachte Geschichten über die Charakteren der Serie innerhalb des Fantums publik zu machen.[38] Im Vordergrund standen dabei nicht kommerzielle Interessen, sondern der Wunsch kreative Produkte mit Gleichgesinnten zu teilen. Die Einnahmen, die man aus dem verkauf der Fanzines erzielte, dienten lediglich der Finanzierung von Produktionskosten.[39] Der Begriff „Fan Art“ umfasste somit ursprünglich nur Zeichnungen von Fans für Fans, deren Motivwahl sich an den typischen Genres der Fanzeitschriften orientierte, nämlich Science-Fiction und Comic.

Mit der zunehmenden Nutzung des Internets in privaten Haushalten ließ die zumeist kostenintensive Produktion der Fanzines nach.[40] Fans hatten nun die Möglichkeit, ihre Werke uneingeschränkt im Internet veröffentlichen zu können. Das Internet bot eine freie Plattform ohne Redakteur. Dies führte einerseits zur Veröffentlichung von qualitativ stark variierenden Fankreationen und andererseits zu neuen Erscheinungsformen von Fan Art.[41]

Festzuhalten ist, dass Fan Art der Begriffsherkunft nach einen gewissen kommunikativen Aspekt beinhaltet, nämlich den kreativen Austausch zwischen Fans eines bestimmten Fanobjekts. Dieser Austausch erfolgte ursprünglich über

---

35 *Triggs*, Fanzines, S. 10.

36 *Schelly*, Founders of Comic Fandom, S. 17.

37 *Hellekson/Busse*, *in:* Fan Fiction and Fan Communities, S. 13; *Schelly*, Founders of Comic Fandom, S. 15.

38 *Coppa*, in: Fan Fiction and Fan Communities, S. 46.

39 *Schelly*, Founders of Comicfandom, S. 3 f..

40 *Tushnet*, 70 Law & Contemp. Problems, 135 (2007), S. 135 – 174; *Katyal*, 14 Am. Journ. of Gender, Soc. Pol. & the Law., 461 (2006), S. 482.

41 *Coppa*, in: Fan Fiction and Fan Communities, S. 57.

die sog. „Fanzines" in Form von selbstgeschriebenen Texten und Zeichnungen, die eigene Interpretationen des Fanobjekts darstellten.

II. Derzeitige Erscheinungsformen von Fan Art

Recherchiert man heute den Begriff „Fan Art", wird man hauptsächlich in Onlineforen fündig, in denen Fans eigens kreierte Zeichnungen von realen Personen, z. B. Schauspielern oder fiktiven Figuren aus Comic, Literatur, Computerspielen und Filmen veröffentlichen.[42] Zum Teil verwendet man den Begriff jedoch auch im Kontext anderer kreativer Erzeugnisse. Auf YouTube posten Fans sog. „AMVs" (Anime Music Videos), in denen Filmsequenzen der favorisierten Animeserie[43] zu einer Art Filmcollage zusammengefügt und mit Songs populärer Bands unterlegt werden. Ebenso findet man im Zusammenhang mit dem Begriff „Fan Art" Fotos von Fans, die sich wie ihre Lieblingscomichelden kostümieren und in detailgetreuen Kostümen posieren, sog. „Cosplayer".

Spätestens seit der Entstehung des Web 2.0 scheint der Begriff „Fan Art" für mehr als nur Texte und Illustrationen zu stehen.

1. Charakterportraits

Eine häufige Erscheinungsform von Fan Art ist das gezeichnete Portrait einer fiktiven Figur oder realen Person aus visuellen Medien, das sog. „Charakterportrait".[44]

a) Originalgetreue Zeichnungen

Teilweise geben die Charakterportraits der Fans das Fanobjektiv nahezu originalgetreu wieder. Lediglich Pose oder Hintergrund variieren. Dies verdeutlicht das folgende Bildbeispiel:

---

42 Exemplarisch: http://www.deviantart.com; http://animexx.onlinewelten.com/; http://www.fanart.de/ (jeweils letzter Abruf: 15.06.2015).

43 Japanischer Zeichentrickfilm.

44 Exemplarisch: Manga/Anime: http://www.theotaku.com/fanart/; Comic, Manga, Computerspielfiguren: http://browse.deviantart.com/fanart/; Computerspielfiguren: http://www.gamefanart.com/ (jeweils letzter Abruf: 15.06.2015).

„The Batman" Fan Art von Kristian alias „Fastfood"[45]

Das Portrait zeigt die bekannte Comicfigur „Batman" und stammt von einem Fan, der es unter dem Psyeudoym „Fastfood" in dem Onlineforum „devianart.com" veröffentlichte. Auch ohne den Titel des Bildes, „The Batman", ist deutlich erkennbar, welche fiktive Figur als Vorlage diente. Das Bild zeigt den bekannten Comichelden in seinem markanten Fledermauskostüm mit dem typischen „Batman"-Symbol, der abstrahierten Fledermaus auf der Brust. Zudem hat der Fan eine klassische Pose gewählt, die Kraft, Entschlossenheit und Stärke vermittelt. Der Stil entspricht dem gängigen Zeichenstil der U.S.-Comics, bei dem mit viel Tusche und Schwarz-Weiß-Kotrasten gearbeitet wird. Untertitelt hatte der Zeichner sein Werk mit dem Zusatz, „All rights reserved by DC and all that jazz.", um die Zeichnung als Fan Art zu kennzeichnen und auf die Rechteinhaber des Originals (DC Comics) zu verweisen.

b) Zeichnungen mit erkennbarem Eigenanteil des Fans

In anderen Charakterportraits wird die Figur nicht völlig originalgetreu, sondern in einem neuen Kontext oder in einem anderen Zeichenstil dargestellt. In dem

45 Abrufbar unter der URL: http://fastfood.deviantart.com/art/The-„Batman"-91491966 (letzter Abruf: 15.06.2015).

folgenden Beispiel ließen sich die Künstler *Devin Kraft* und *Logan Pack*[46] ebenfalls von der Comicfigur „Batman" inspirieren. Unter dem Pseudonym „cheshirecat" veröffentlichten sie folgende Batman-Zeichnung in einem neuen Zeichenstil:

„The Batman" von Devin Kraft und Logan Pack[47]

Aufgrund der Fledermausmaske, die ein wichtiges Wiedererkennungsmerkmal „Batmans" ist, und dem Schriftzug „The Batman", der in das Bild integriert ist, erkennt der Betrachter, dass es sich um den bekannten Comichelden handelt. Allerdings wird der Held in einer untypischen Weise dargestellt. Das Gesicht ist blutverschmiert, was von Verletzlichkeit zeugt. Der Zeichenstil ist abstrakt und weist eine unruhige, expressive Strichführung auf, was auch ein unkonventionelleres Bild von dem Superhelden „Batman" vermittelt, nämlich nicht ausschließlich das Bild eines strahlenden Helden. Untertitelt wurde die Zeichnung selbstbewusst mit „The Batman. By Logan Pack". Ein Copyright- oder Urheberrechtsvermerk auf DC Comics findet sich dagegen nicht.

---

46 http://cheshirecatart.com. (letzter Abruf: 15.06.2015)

47 Abrufbar unter der URL: http://cheshirecatart.deviantart.com/art/The-„Batman"-179178207 (letzter Abruf: 15.06.2015).

Eine besondere Form der Charakterportraits ist das sog. „Crossover“, bei dem zwei vorbestehende Werke miteinander „gekreuzt“ werden. So wird bspw. eine fiktive Comicfigur in den Handlungsrahmen eines anderen Comics oder eines Films gesetzt. Als Anschauungsbeispiel soll wieder die Figur „Batman“ dienen. Im folgenden Bild entwarf ein Fan unter dem Pseudonym „pastorgavin“ eine Art Filmplakat, auf dem „Batman“ gegen einen sog. „Predator“[48] kämpft:

„Batman vs. Predator“ von „pastorgavin“[49]

Das Bild zeigt beide Figuren deutlich erkennbar in ihren eigentümlichen Kostümen und Rüstungen. „Batmans“ Kostüm ist nur leicht abgewandelt. Seine Maske gleicht einem futuristischen Helm. Der „Predator“ ist dagegen originalgetreu wiedergegeben. Beide Figuren befinden sich in einem dynamischen Kampf und werden in den ihnen eigenüblichen Kampfposen dargestellt. Ein Urheberrechtsvermerk wurde in diesem Beispiel ebenfalls nicht angebracht.

48 Bekannt aus dem Film „Predator“ von *John McTiernan* aus dem Jahr 1987.

49 Abrufbar unter der URL: http://www.deviantart.com/art/Batman-vs-Predator-153003902 (letzter Abruf: 15.06.2015).

c) Zeichnungen mit deutlich transformativem Charakter

Der Künstler *Mark Chamberlain* stellte im Jahr 2005 in einer New Yorker Galerie eine Serie von Aquarellen aus, welche die Figuren „Batman“ und „Robin“ als Liebespaar zeigten. [50]

„Batmann“ und „Robin“ als Liebespaar von „Mark Chamberlain“[51]

Eines der Aquarelle zeigt Batman und Robin in einem Garten. Der Malstil *Chamberlains* ist recht eigentümlich, dennoch bleiben Batman und Robin optisch durch ihre Superheldenkostüme erkennbar. In der Sprechblase bezeichnet Batman Robin mit seinem Kosenamen „Dick“. Seine Hände ruhen liebevoll auf Robins Schultern, der ihm halb zugewandt ist und erwidert: „Let’s not ask for the moon – we have the stars!“

---

50 Gegen die Ausstellung versuchte der Verlag „DC Comics“ vorzugehen und drohte rechtliche Schritte an, sofern die Zeichnungen nicht abgegangen würden, dazu *Katyal*, 14 Am. Journ. of Gender, Soc. Pol. & the Law, 461 (2006), S. 463.

51 http://www.apartmenttherapy.com/the-gallery-mark-chamberlain-49386 (letzer Abruf: 15.06. 2015).

Die Darstellung ist eine überspitzte Darstellung des innigen Verhältnisses von Batman und Robin in den Originalcomicserien. Dieses Verhältnis ist allerdings nicht romantisch oder erotisch konnotiert, vielmehr erfüllt „Bruce Wayne“ (Batman) eine väterliche Rolle, indem er den Waisenjungen „Dick“ bei sich aufnimmt, der ihm später als „Robin“ im Kampf gegen das Verbrechen zur Seite steht.[52] Die Darstellung des Verhältnisses von Batman und Robin in einem romantischen bis erotischen Zusammenhang verändert dieses Charakterkonzept inhaltlich und ist ein Beispiel für eine Zeichnung mit stark transformativen, d. h. inhaltlich veränderndem[53], Charakter.

2. Fan Fiction als Literaturform der Fan Art

Fan Fiction ist die Bezeichnung für literarische Werke, die Fans eines Literaturwerkes, Films, Comics oder Computerspiels schreiben, um die Protagonisten oder Nebendarsteller in einer neuen, fortgeführten oder alternativen Handlung darzustellen.[54] Die Originalcharaktere werden in der Regel mit ihren typischen Charaktereigenschaften und Hintergründen übernommen, z.T. werden sie auch weiterentwickelt und neu interpretiert.[55]

Eine besondere Gattung der Fan Fiction ist „Slash“. Dieser Begriff beschreibt Literaturwerke von Fans, in denen die romantisch-erotische Beziehung zwischen zwei gleichgeschlechtlichen Protagonisten des Originalwerks Handlungsmittelpunkt ist.[56] Die Besonderheit an „Slash“ ist, dass die homosexuelle Neigung der Originalcharaktere meist nur eine Interpretation der Fans und tatsächlich gar nicht für das Charakterkonzept der Originalfiguren vorgesehen ist. Fans unterstellen bestimmten Szenen einen gewissen Subtext. Es wird beispielsweise einer dramatischen Szene aus der Serie „Star Trek“, in der „Mr. Spock“ stirbt und „Captain Kirk“ seinen Freund nennt, entnommen, dass Spock und Kirk tiefe Empfindungen füreinander haben, die über eine bloße Freundschaft hinausgehen.[57] Die Bezeichnung des Genres mit dem Begriff „Slash“ leitet sich aus der

---

52 Vgl. *Bob Kane (u. a.)*, Robin the Boy Wonder, Detective Comics Vol. 1 #38 (1940).

53 Zur Definition der transformativen Werknutzung vgl. *Kreutzer*, Verbraucherschutz, S. 73.

54 *Schwabach*, Fan Fiction and Copyright, S. 8 f.; *Knopp*, GRUR 2010, 28; weiteres Verständnis von dem Begriff bei *von Gehlen*, Mashup, S. 194.

55 *Katyal*, 14 Am. Journ. of Gender, Soc. Pol. & the Law, 461 (2006), S. 483 f..

56 *Woledge*, in: Fan Fiction and Fan Communities, S. 97 ff.; *Katyal*, 14 Am. Journ. of Gender, Soc. Pol. & the Law, 461 (2006), S. 468 f..

57 *Katyal*, 14 Am. Journ. of Gender, Soc. Pol. & the Law, 461 (2006), S. 484; *Jenkins*, Textual Poachers, S. 185 ff..

Kennzeichnung der benutzten Charakterpaare im Titel der Geschichte ab, die durch ein „/" erfolgt, z. B. „Captain Kirk/Mr. Spock".[58]

Slash-Autoren wollen mit ihren Geschichten den Horizont der Konsumenten erweitern. Als Motivation führen sie meist an, dass sie andere Facetten ihrer Lieblingscharaktere aufzeigen wollten als das profitorientierte, stereotypische Bild der Comic- und Filmkonzerne.[59] Der U.S.-amerikanische Medienforscher *Henry Jenkins* qualifiziert Slash Fiction daher auch als das „Mittel der Kultur, den Schaden eines Systems zu reparieren, in dem Mythen das Eigentum von Konzernen sind, anstelle dem Volk zu gehören".[60] Slash-Autoren lehnen sich gegen eine rein mainstream- und profitorientierte Gestaltung von Charakteren auf und setzen sich auf kreative Art mit der Konstruktion männlicher Sexualität und starrer Geschlechterrollen in den Medien und in Pornografie auseinander.[61] Die Gleichgeschlechtlichkeit der Paare soll in Slash Fiction ihre Ebenbürtigkeit betonen, im Gegensatz zu dem Über-/Unterordnungsverhältnis von Mann und Frau im Mainstream. Slash wird daher mitunter auch als eine kreative Form der Emanzipation verstanden.[62] Auffallend ist, dass die Autoren von Slash Fiction überwiegend weiblichen Geschlechts sind, angeblich sollen über 90 Prozent der Fan-Schriftsteller Frauen sein.[63]

Diesem Phänomen versuchte der Literatur- und Sprachwissenschaftler *David Bleich* in einer Studie auf den Grund zu gehen.[64] Er bat an der University of Indiana 120 Erstsemester *William Faukners* Roman „Barn Burning" nachzuerzählen. Während die männlichen Teilnehmer dabei ihren Fokus auf die bloße Nacherzählung der Geschichte, den Aufbau und die Struktur des Textes, sowie die Intention des Autors legten, stellten die Frauen die Geschichte wie eine persönliche Erfahrung dar. Sie schienen sich mit den Charakteren zu identifizieren und versuchten diese zu verstehen, so als seien sie reale Personen. Sie entnahmen der Geschichte weitaus mehr Informationen als sie eigentlich enthielt und spekulierten über Charaktereigenschaften und Verhaltensweisen der fiktiven Figuren. Diese Herangehensweise, so schloss *Bleich*, befähige und motiviere Frauen dazu,

58 *Jenkins*, Textual Poachers, S. 188

59 *Jenkins*, Fans, Bloggers, and Gamers, S. 47.

60 *Amy Harmon*, In TV's Dull Summer Days, Plots Take Wing on the Net, N.Y. Times, Aug. 18, 1997, abrufbar unter der URL: http://www.nytimes.com/1997/08/18/business/in-tv-s-dull-summer-days-plots-take-wing-on-the-net.html (letzter Abruf: 15.06.2015).

61 *Jenkins*, Textual Poachers, S. 198; *Katyal*, 14 Am. Journ. of Gender, Soc. Pol. & the Law, 461 (2006), S. 485.

62 *Jenkins*, Fans, Bloggers, and Gamers, S. 44; *Katyal*, 14 Am. Journ. of Gender, Soc. Pol. & the Law, 461 (2006), S. 486.

63 *Jenkins*, Textual Poachers, S. 191; *Scodari*, in: Fandom, S. 51 f..

64 Vgl. *Jenkins*, Fans, Bloggers and Gamers, S. 43 ff..

auf spielerische Art neue Geschichten mit den Charakteren zu erzählen oder mit dem Inhalt der Geschichte zu experimentieren. Besonders im Comic- und Science Fiction-Bereich, in denen die fiktiven Welten durch ein patriarchalisches Weltbild geprägt seien, ermögliche das Genre „Slash" der Frau die stereotypischen Darstellungen der Geschlechter und das patriarchalische Weltbild aufzubrechen.[65]

Charakteristisch für Slash Fiction sind zudem erotische Inhalte. Sexszenen sind häufig in den Geschichten vertreten, dienen jedoch anders als im Mainstreamporno nicht ausschließlich der sexuellen Erregung, sondern als Stilmittel, um Intimität und Gefühle auszudrücken.[66] Dabei kann es durchaus auch rauer zugehen. Gewaltsame Sexszenen gelten als Ausdruck von Konflikt und innerem Kampf, den die Beteiligten Protagonisten auszutragen haben. Der sog. „plot sex" markiert den Klimax einer Geschichte.[67]

3. Fan Comic, insbesondere „Doujinshi"

Eine Mischung aus Charakterportraits und Fan Fiction ist der Fan Comic. Der Fan übernimmt fiktive Figuren eines fremden Werkes, z. B. aus Literatur, Film oder Comic, und entwickelt mit ihnen einen eigenen Comic.

Während Fan Comics in Amerika und Europa hauptsächlich im Internet und kostenfrei verfügbar sind, werden in Japan die sog. „Doujinshi", Fan Comics mit Figuren der Manga- und Animeszene, auch in Untergrundverlagen publiziert und schließlich offiziell auf Messen oder in Comicstores vertrieben. Teilweise wird angenommen, der Doujinshi-Markt sei mittlerweile genauso groß wie die Original-Manga-Industrie. Die Rede ist von mehr als 33.000 Vereinigungen von „Doujinshikas" (Fan Art-Zeichnern), die sich offiziell oder unter Pseudonymen z. B. auf dem „Comiket", einem der weltgrößten Comicmärkte, präsentieren.[68]

Statistiken zu Folge besteht der Doujinshi-Markt zu fünfzig Prozent aus Comics mit pornografischem Inhalt, sog. „Hentai-Doujinshi".[69] Aber auch in der westlichen Comicszene ist die Zahl der pornografischen Fan Comics nicht gering. Sucht man im Internet bspw. nach Disneypornos wird man auf zahlreichen Por-

---

65 *Katyal*, 14 Am. Journ. of Gender, Soc. Pol. & the Law, 461 (2006), S. 468; zahlreiche Beispiele für stereotypische Charakterdarstellungen in Disneyfilmen liefert: *Ward*, Mouse Morality, S. 45 ff..

66 *Woledge*, in: Fan Fiction and Fan Communities, S. 103.

67 *Woledge*, in: Fan Fiction and Fan Communities, S. 107 f.; *Driscoll*, in: Fan Fiction and Fan Communities, S. 85 ff..

68 *Kelts*, Japanamerica, S. 167, 170; *Lessig*, Free Culture, S. 26.

69 *Briel*, in: Ga-netchu!, S. 171.

talen fündig, die sowohl Comics als auch ganze Zeichentrickfilme enthalten, die Disney-Charaktere in sexueller Interaktion zeigen.[70]

4. Anime Music Video („AMV") und Fanvideo („Fanvid")

Auch im Video- und Filmbereich sind Fans kreativ tätig.

Anime Music Videos, in der Kurzform „AMVs" genannt, sind Musikvideos, die Fans aus Filmausschnitten einer oder mehrerer beliebter Animeserien erstellen und mit Musik meist populärer Interpreten unterlegen.[71] Der Begriff AMV wird im Zusammenhang mit Fan Art gebraucht, häufig aber nicht konkret als solche bezeichnet.[72] Möglich ist daher, dass AMVs als Unterkategorie von Fan Art zu verstehen sind. Das erste parodistische AMV soll im Dezember 1982 von *James Kaposztas* in New Jersey aufgeführt worden sein und bestand aus brutalen Szenen des Animes „Uchū Sekan Yamato", unterlegt mit dem Beatles-Titel „All You Need is Love".[73] Während AMVs die Fangemeinde ursprünglich auf sog. „Anime-Conventions" erreichten, sind heute zahlreiche Videos auf Onlineplattformen wie YouTube zu finden. Hier befinden sich neben den aus vorhandenem Ton- und Bildmaterial arrangierten AMVs auch sog. „Fan Vids". Dies sind eigenständig produzierte Kurzfilme oder ganze Filmprojekte, denen ein selbsterdachtes Drehbuch zugrunde liegt, das eine entweder völlig neue Geschichte zu einem Fanobjekt enthält oder dem Handlungsrahmen eines bekannten Comics folgt. Ein Beispiel ist das aufwendig gestaltete Fanfilm-Projekt „City of Scars", eine Fanproduktion, der ein Drehbuch zugrunde liegt, in dem Figuren aus den bekannten „Batman"-Comics mit ihren typischen Eigenschaften, Beziehungsgeflechten und Hintergründen übernommen und für einen neuen selbsterdachten Handlungsrahmen verwendet wurden.[74]

---

70 Exemplarisch: http://www.disneypornland.com/; http://www.cartoon-pussy.com/. (jeweils letzter Abruf: 15.06.2015).

71 *Schwabach*, Fan Fiction and Copyright, S. 83.

72 Vgl. Diskussionsrunde zum Thema „Illegale Fanprodukte" auf der Manga-Messe „Connichi 2010" in Kassel, abrufbar unter der URL: http://animexx.onlinewelten.com/aidb/connichi2010-fanpanel-video.php (letzter Abruf: 15.06.2015).

73 *Patten*, Watching Anime, Reading Manga, S. 30.

74 Abrufbar unter der URL: http://www.youtube.com/watch?v=0nCcdec8WdM (letzter Abruf: 15.06.2015).

5. Costume Play („Cosplay")

„Cosplay" ist die Abkürzung von Costume Play. Die Fans einer bestimmten Comicfigur treffen sich auf sog. „Cons" (Conventions) und kostümieren sich entsprechend einer bestimmten Comic-, Manga- oder Computerspielfigur. In Japan, der Wiege der Cosplayszene, gibt es Cosplay-Clubs, wo sich Fans, entsprechend kostümiert, über die Lieblingscomics austauschen können.[75]

Die folgende Fotografie von *LJinto* zeigt zwei Fans, die auf der „Dragon Con 2012", eine Convention in Atlanta[76], die Comicfiguren „Batman" und „Catwoman" darstellen.

Batman und Catwoman Cosplay auf der „Dragon Con 2012", Fotografie von „LJinto"[77]

Die Darsteller haben nicht nur das Kostüm möglichst originalgetreu nachgebildet, sondern imitieren auch die charakteristischen Posen der Comicfiguren für das Foto. Die Haltung des Fans, der „Batman" darstellt, ist sehr aufrecht und angespannt. Im Kontrast dazu posiert die Darstellerin von „Catwoman" in einer ge-

75 *Kelts*, Japanamerica, S. 150.
76 Vgl. http://www.dragoncon.org/ (letzter Abruf: 15.06.2015).
77 https://www.flickr.com/photos/ljinto/ (letzter Abruf: 15.06.2015).

schmeidigen Haltung, die besonders durch die schwungvolle um den Körper geschlungene Peitsche betont wird.

Yaya Han[78], ein bekanntes Cosplay-Model, das in der abgebildeten Fotografie die „Catwoman" mimt, bezeichnete auf der „Connichi 2012"[79] das „Cosplay" als eine Mischung aus „craftsmenship", handwerkliches Geschick und Kunstfertigkeit, da sie ihre aufwendigen Kostüme immer selbst schneidere, und „showmanship", Selbstdarstellung bzw. Darstellung der Vorbildfigur. Cosplay sei vor allem Kreativität, künstlerischer Ausdruck und Freiheit. Man könne eine fiktive Figur verkörpern und darstellen, wie man sie selbst sehe.

Auf Comicmessen finden häufig Cosplaywettbewerbe statt, die teilweise auch von den Rechteinhabern der Originalfiguren selbst initiiert werden.[80] Dabei handelt es sich meist um Bühnenshows, bei denen nicht nur möglichst originalgetreue Kostüme präsentiert werden, sondern auch ausgedachte Tanzchoreografien aufgeführt werden oder eine Szene aus dem entsprechenden Comic nachspielt oder parodiert wird.

Cosplay verbindet damit zwei Formen kreativer Tätigkeit: handwerkliches Geschick und darstellende Kunst.

III. Allgemeine Merkmale

Auf Basis der Wortbedeutung und Begriffsherkunft, sowie des aktuellen Kontextes, in dem der Begriff „Fan Art" verwendet wird, lassen sich folgende Merkmale herausarbeiten, die auf Fan Art im Allgemeinen zutreffen und somit als Kriterien für eine Definition dienen können:

Anhänger eines Fantums als Schöpfer: Fan Art wird von einzelnen Anhängern eines Fantums erstellt. Aus der etymologischen Bedeutung des Begriffs „Fan" folgt, dass Fan Art Ausdruck von Bewunderung und Verehrung sein muss und dass sie ein Phänomen ist, das aus einer Massenbewegung heraus entsteht. Dies ergibt sich daraus, dass ein Fantum immer einen großen Kreis an Verehrern umfasst.[81]

Erkennbares Fanobjekt: Fan Art ist die Auseinandersetzung mit einem Fanobjekt. Dieses muss in der Fan Art erkennbar werden, bspw. als Motiv einer Zeichnung oder als Charakter in einer Geschichte. Fanobjekte können sowohl reale Personen als auch fiktive Figuren sein, wobei die Verwendung letzterer be-

78 http://www.yayahan.com/ (letzter Abruf: 15.06.2015).

79 Jährlich stattfindende, deutsche Manga- und Animemesse in Kassel.

80 Siehe exemplarisch: www.connichi.de (letzter Abruf: 15.06.2015).

81 *Schmidt-Lux*, in: Fans, S. 57.

sonders in den Bereichen Fan Fiction, Fan Comic, AMVs und Cosplay überwiegt. Die in Fan Art benutzten fiktiven Figuren entstammen visuellen Medien, nämlich Filmen, Comics, Computerspielen und literarischen Werken und sind meist sog. „Pop-Ikonen“, d. h. in der Öffentlichkeit bekannte Persönlichkeiten.

Ergebnis kreativer Tätigkeit: Aus der Begriffsherkunft hat sich ergeben, dass unter Fan Art ursprünglich Illustrationen verstanden wurden. Der aktuelle Kontext, in dem der Begriff verwendet wird, zeigt jedoch, dass Fan Art nicht nur Zeichnungen umfasst, sondern auch Kostüme, Filme und Filmzusammenschnitte, Comics und Literatur. Fan Art ist somit das Ergebnis einer kreativen Tätigkeit. Die meiste Fan Art ist nicht bloße Kopie eines visuellen Vorbildes, sondern beinhaltet einen gewissen schöpferischen Eigenanteil des Fans, der mitunter parodistischen, aber auch kritischen Gehalt aufweisen kann.

Kommunikationsmittel: Fan Art ist ein Kommunikationsmittel von Fans, die sich über ihre Fanobjekte austauschen wollen. Ursprünglich dienten hierzu selbstpublizierte Magazine (Fanzines), heute ist das Internet ein Hauptaustauschplatz.

Ursprünglich kein Phänomen des Internets: Obgleich das Internet eine wichtige Rolle für den Austausch und die Veröffentlichung von Fan Art spielt, wäre es verfehlt, anzunehmen, dass das Phänomen mittlerweile ein reines Internetphänomen oder vom Internet abhängig sei. *Osamu Tezuka*, auch als Vater des Anime bezeichnet, veröffentlichte schon in den 1950ern eigene illustrierte Geschichten, in denen „Disneys Bambi“ der Hauptcharakter war.[82]

Auf Comicmessen finden sog. „Cosplaywettbewerbe“ statt. Zudem zählen regelmäßig professionelle, sowie semiprofessionelle Zeichner und Amateure zu den Gästen solcher Messen, die vor Ort Fan Art produzieren.

Das Internet ist somit lediglich nützliches Medium, das die Veröffentlichung und Verbreitung von Fan Art erleichtert hat, jedoch nicht untrennbar mit dem Phänomen verbunden.

Gewerbliche und nichtgewerbliche Zwecke: Der japanische Doujinshi-Markt zeigt, dass Fan Art z.T. professionell und zu gewerblichen Zwecken produziert wird. Gerade bei Fan Art-Veröffentlichungen im Internet finden sich jedoch noch häufig deutliche Hinweise, dass der Schöpfer der Fan Art keine kommerziellen Zwecke verfolgt. Auch gibt es Onlineforen, die in ihren Nutzungsbedingungen darauf aufmerksam machen, dass nur nichtkommerzielle Fan Arts gepostet werden dürfen.[83]

---

82 *Kelts*, Japanamerica, S. 156.

83 Das Online-Manga-Club „Animexx.de“ hat eine Rubrik „Fanartregeln“, in der alle Fans dazu angehalten werden, die Urheber der Originale zu nennen und ihre Werke nicht zu verkaufen.

Zumindest in einem Großteil der westlichen Fan-Szene scheint es eine Art Ehrenkodex zu geben, dass das Original, welches der Vorlage der Fan Art dient, nicht zu kommerziellen Zwecken ausgebeutet werden soll.

IV. Definition im urheberrechtlichen Zusammenhang

Auf Grundlage der vorangegangen Untersuchung, insbesondere der daraus abgeleiteten charakteristischen Merkmale von Fan Art, soll die folgende Definition des Phänomens der Fan Art als Grundlage für die urheberrechtliche Untersuchung dienen:

> „Fan Art ist jedes kreative Erzeugnis eines Fans, das dessen besonderer Bindung zu einer öffentlich präsenten realen oder fiktiven Person oder Sache (Fanobjekt) erkennbar Ausdruck verleiht, der Interaktion und Kommunikation mit anderen Fans dient und teilweise eine kritische oder komische Auseinandersetzung des Fans mit dem Fanobjekt beinhalten kann."

B. Fan Art als Teil der „Referenzkultur", Einordnung im Kontext anderer kreativer Werknutzungen

Fan Art ist eine Form kreativer Werknutzung. Sie baut auf einer Referenz auf. Diese Referenz kann das Fanobjekt selbst sein, wenn es sich um eine fiktive Figur handelt. Bei realen Personen verwenden Fans häufig Fotografien als Vorlage für ihre kreativen Erzeugnisse. Der Begriff „Fan Art" fügt sich damit in das Phänomen der sog. „Referenzkultur" ein. Der Terminus „Referenzkultur" hat mit dem Web 2.0 an Popularität gewonnen und ist ein Oberbegriff für das Verhalten von Werknutzern, die kreative Erzeugnisse erstellen, welche auf anderen Werken (Referenzen) aufbauen.[84]

Teil der Referenzkultur sind neben Fan Art auch andere Phänomene, wie Appropriation Art, Remixes oder Mashups. Um den Begriff Fan Art richtig einordnen zu können, soll auf diese Begriffe, die in der Referenzkultur gebräuchlich sind, eingegangen und – wenn nötig – eine begriffliche Abgrenzung vorgenommen werden.

Andernfalls würden ihre Bilder von der Plattform gelöscht. http://animexx.onlinewelten.com/wiki/index.php/Hinweise_FA-Hochladen (letzter Abruf: 15.06.2015).

84 von *Gehlen*, Mashup, S. 218, teilweise nennt man die Nutzer daher auch „Prosumer", vgl. dazu *Akremi/Hellmann*, in: Fans, S. 326 ff.; *Bauer*, User Generated Content, S. 374 ff..

I. Appropriation Art

Der Begriff „Appropriation Art" steht in der Kunstwissenschaft für eine Kunstpraxis der Postmoderne, welche Ende der 1970er von einer Gruppe New Yorker Künstler ins Leben gerufen wurde.[85] Der reinen Wortbedeutung zu urteilen, ist Appropriation Art die „Kunst der Aneignung oder Wiederholung".[86] Künstlerisches Konzept ist die teilweise exakte Kopie bestehender Kunstwerke. Dies soll zum einen die ästhetische Erfahrung des vom Urheber gelösten Originals und der Kopie ermöglichen und zum anderen die Begriffe der „schöpferischen Gestaltung" und der „individuellen Formgebung" in Frage stellen.[87] Bekannte Vertreter der Kunstrichtung sind u. a. *Sherry Levine* oder *Jeff Koons*, der sich für seine Aneignungskunst bereits vor dem U.S. Court of Appeals zu verantworten hatte.[88] Appropriation Art gerät nicht selten in Konflikt mit dem Urheberrecht bzw. Copyright.[89] Im juristischen Schrifttum wird die Technik der Appropriation, der bewussten Aneignung, teilweise mit dem Begriff des Plagiats, die bewusste Aneignung fremden Geistesgutes unter Anmaßung der Urheberschaft, gleichgesetzt und den Appropriation Künstlern vorgeworfen, den Ruf und die Popularität eines Originals auszubeuten.[90]

Die von den Appropriation Künstlern verfolgte Intention soll jedoch, zumindest nach eigenen Angaben, nicht das bloße Plagiieren, sondern die Überraschung und Irritation des Rezipienten sein, der, das Original meist kennend, zunächst glaubt, er habe es mit einem „Pollok" oder „Warhol" zu tun und schließlich feststellt, dass das Werk der Hand einer gewissen *Elaine Sturtevant* entstammt.[91] Um dies zu unterstreichen, bezeichnen einige Künstler die Urheber der Originale in dem Titel ihrer Kunstwerke. Die Künstlerin *Sherry Levine* prä-

---

85 *Huttenlauch*, Appropriation Art, S. 22; *Rebbelmund*, Appropriation Art, S. 11.

86 *Rebbelmund*, Appropriation Art, S. 11; *Sherman*, in: 4 Social & Legal Studies, 31 (1995), 32; *Bunz*, Wenn Wiederholung Kunst ist, abrufbar unter der URL: http://www.artnet.de/magazine/die-kunstkopie-als-neues-original/ (letzter Abruf: 02.06.2014).

87 *Fuchs*, Avantgarde und Erweiterter Kunstbegriff, S. 99; *Greenberg*, in: 11 Cardozo Arts & Ent. L. Journ., 1 (1992–93), 14; *Graw*, in: VIRUS!, S. 293 ff.; *Groys*, in: minimal – concept. Zeichenhafte Sprachen im Raum, S. 177 ff.; *von Gruben*, Das urheberrechtliche Entstellungsverbot, S. 21.

88 *Art Rogers v. Jeff Koons*, 960 F.2d 301 (2d Cir 1992); *Ames*, in: 93 Columbia Law review 1473, 1518 (1993).

89 Vgl. in den USA: *Patrick Cariou v. Richard Prince, Gagosian Gallery, Inc., Lawrene Gagosian*, U.S. Court of Appeals (2d Cir 25.4.2013), in: GRUR Int. 2013 1172; in Deutschland: OLG Hamburg, NJW 1996, 1153; LG München, GRUR 1988, 36 – Hubschrauber mit Damen.

90 Schricker/Loewenheim/*Loewenheim*, UrhG § 23 Rn. 28; *Schack*, FS Nordemann, S. 110, ähnlich *Peifer*, FS Wandtke, S. 107.

91 *Raue*, FS Pfennig, S.202; *Graw*, in: VIRUS!, S. 293 ff..

sentierte beispielsweise Werke unter den Titeln „After Walker Evans" oder „Fountain (After Duchamp)", *Elaine Sturtevant* bezeichnete eines ihrer Werke als „Warhols Flowers".[92]

Eine Ähnlichkeit von Fan Art und Appropriation Art besteht teilweise in der technischen Umsetzung der Werke. In beiden Fällen wird ein Original zumindest in Teilen imitiert. Im Gegensatz zu Appropriation Art will Fan Art jedoch keine Irritationen hinsichtlich der originären Urheberschaft hervorrufen. Zumeist findet sich bei Fan Art ein konkreter Hinweis auf die Urheber und Rechteinhaber der Vorlage, gefolgt von dem Vermerk, dass man das Original nicht schädigen wolle und keine kommerziellen Zwecke verfolge.[93] Fan Art will die Popularität des Originals keinesfalls ausbeuten, sondern vielmehr steigern. Sie ist von dem Wunsch motiviert, neben dem Original weitere Facetten des Fanobjekts erfahren zu können und von den Urhebern beendete Serien fortzusetzen.[94] Fans unterstützen zusätzlich neben Fan Art somit auch das Original. Appropriation Art dagegen dient dem Lebensunterhalt des Appropriation Künstlers, der das Original nicht zwangsläufig unterstützt, sondern dessen Originalität mitunter sogar verleugnet.

II. Parodie

Der Begriff „Parodie" geht auf das Griechische zurück (parôdios, Bei- oder Mitgesang) und bezeichnete ursprünglich die Umänderung eines Liedes oder Gesanges, die eine neue oder andere Wirkung erzielte als das Original.[95]

Heute versteht man nach gängiger Auffassung unter der „Parodie" die erkennbar nachahmende Bezugnahme auf inhaltliche oder formale Elemente eines vorbekannten Werkes, einer Kunstgattung oder eines Stils, die auf kritisch-komische Art und Weise erfolgt und eine antithematische Auseinandersetzung mit dem Thema des Originals beinhaltet.[96]

Anhand des Merkmals der werkbezogenen Auseinandersetzung wird die Parodie von der Satire und der Karikatur abgegrenzt, die sich nicht mit einem

---

92 Vgl. *Huttenlauch*, Appropriation Art, S. 27.

93 Vgl. http://animexx.onlinewelten.com/wiki/index.php/Hinweise_FA-Hochladen (letzter Abruf: 15.06.2015).

94 Vgl. *Lee*, in: 8 Participations, Journal of Audience & Reception Studies, 246 (May 2011), S. 254.

95 *Rütz*, WRP 2004, 232, 234; *Hess*, Urheberrechtsprobleme der Parodie, S. 64 ff.

96 *Hess*, Urheberrechtsprobleme der Parodie, S. 104; *Hefti*, Die Parodie im Urheberrecht, S. 92; *von Becker*, FS Loewenheim, S. 4; *Slopek*, WRP 2009, 20; *Vinck*, GRUR 1973, 251 ff..

Werk, sondern mit Personen oder gesellschaftlich-politischen Zuständen kritisch auseinandersetzt.[97]

Die erkennbar nachahmende Bezugnahme auf ein Fanobjekt ist auch wesenstypisch für Fan Art. Grundsätzlich ist allerdings festzuhalten, dass diese spielerische Nachahmung in erster Linie eine Hommage an das Fanobjekt darstellen soll und keine Kritik. Das Thema des Vorlagewerkes wird in Fan Art daher im Regelfall nicht in ein antithematisches Umfeld gesetzt. Dennoch ist es möglich, besonders, wenn es sich bei dem Fanobjekt um eine fiktive Figur handelt, dass manche Erscheinungsformen der Fan Art zumindest auch eine Parodie sein können.

Eine kritisch-komische Form der werkbezogenen Auseinandersetzung kann nämlich in manchen Fällen der sog. „Slash Fiction" vorkommen, die sich antithematisch mit stereotypischen Charakterdarstellungen fiktiver Figuren auseinandersetzt. Häufig soll zudem im Bereich der „AMVs" eine gewisse Komik durch die Kombination gegensätzlicher Filmausschnitte und Tonspuren erzielt werden.[98]

III. Collage

Der Begriff „Collage" beschreibt zum einen eine Technik der bildenden Kunst, bei der verschiedene Elemente zu einem neuen Gesamtbild zusammengesetzt werden, zum anderen steht der Begriff für eine Kunstrichtung, die sich Anfang des 20. Jahrhunderts entwickelte.

Die frühe Form der Collage sind die sog. „papiers collés" (französisch „geklebte Papiere") der Künstler *Braque* und *Picasso*, welche vorgefundene Papierstücke auf einen Untergrund klebten und daraus ein neues Kunstwerk zusammenstellten.[99] In ihren Anfängen stellte die Collage eine Erweiterung der Gestaltungsmittel und eine Abkehr von dem mimetischen Kunstbegriff dar. Kunst sollte nicht länger darauf beschränkt sein, das Gegebene nachzuahmen, sie sollte Ausdrucksmittel einer Wirklichkeit sein, die von dem individuellen Erleben des Künstlers geprägt war.[100] Konzept der Collage war das Herausarbeiten einer neuen Wahrheit aus etwas Vorgefundenem, eine Gegenüberstellung der natürlichen und künstlichen Realität.[101] Insbesondere *Picassos* Intention war es, aus alten Formen neue Zusammenhänge entstehen zu lassen. Die verwendeten Objekte sollten in

---

97 *von Becker*, GRUR 2004, 908; *Würtenberger*, NJW 1983, 1144.
98 Siehe A. II. 2. und 4..
99 *Wescher*, Die Geschichte der Collage, S. 19.
100 *Czernik*, Die Collage, S. 54 ff.; *Seibel*, Künstlerische Montagetechnik, S. 37 f..
101 *Wescher*, Geschichte der Collage, S. 17 f..

eine neue Wirklichkeit integriert werden und dennoch nicht ihre Fremdartigkeit verlieren, um eine Realität in der Malerei entstehen zu lassen, „die mit der Realität der Natur wetteifert".[102]

Die Neuzusammensetzung vorgefundener Realitätsfragmente zu einem neuen einheitlichem Ganzen ist bis heute charakteristisches Merkmal der Collage. Die Technik ist nicht auf Bilder festgelegt, sondern wird auf verschiedene Kunstgattungen, wie Musik, Literatur oder Film, übertragen.[103]

Die klassische Form der Bildcollage ist vielfach im Bereich der Fan Art vertreten. Ein Beispiel sind ästhetische Zusammenstellungen von Abbildungen bestimmter Schauspieler oder Musikkünstler. AMVs setzten sich aus neu zusammengestellten Ausschnitten bekannter Anime-Serien zusammen, die mit einem Musikstück kombiniert werden, so dass eine Video-Collage entsteht. Die ursprüngliche Intention der Collage, die Schöpfung einer neuen Wirklichkeit aus einzelnen Realitätsfragmenten, ist zumindest auch Intention von Fan Art. Besonders deutlich wird dies im Fall der Crossoverzeichnungen, bei denen verschiedene Elemente bestehender fiktiver Figuren so kombiniert werden, dass eine neue fiktive Figur oder eine neue Handlung simuliert wird. Im Bereich der Slash Fiction dienen fiktive Figuren aus einer Serie, einem Roman oder einem Comic als Realitätsfragment, um eine neue Realität mit ihnen zu formen. Auf diese Weise wird etwa aus der Freundschaft von „Batman" und „Robin" eine Liebesbeziehung.

Wann eine Collage zugleich Fan Art ist, lässt sich anhand der zu der Erstellung der Collage verwendeten Fragmente bestimmen. Um Fan Art handelt es sich, wenn diese Fragmente Fanobjekte sind, d. h. eine besondere Bindung zu einer öffentlich präsenten Person oder Sache zum Ausdruck bringen.

IV. Sampling

Als „Sampling" bezeichnet man eine Arbeitsweise der Musikproduktion, bei der mit Hilfe eines Musik-Computers, dem sog. „Sampler", Teile einer Tonaufnahme in eine eigene neue Produktion aufgenommen werden.[104] Unterschieden wird zwi-

102 Zitat von *Picasso:* „Das Ziel des „papier collè" war es, zu zeigen, dass verschiedene Strukturen in eine Komposition eingehen können, um jene Realität in der Malerei entstehen zu lassen, die mit der Realität der Natur wetteifert." Zitiert aus *Honour/Fleming*, Weltgeschichte der Kunst, S. 576.

103 *Gelke*, Mashups im Urheberrecht, S. 36 ff.; siehe auch Begriffserläuterungen zu „Sampling" und „Mashup", B. IV. und VII.

104 BGH NJW 2009, 770 – Metall auf Metall; *Salagean*, Sampling, S. 20; *Häuser*, Sound und Sampling, S. 8.

schen dem Einzeltonsampling und dem Tonfolgensampling: Beim Einzeltonsampling wird der Klang eines bestimmten Instruments digitalisiert, als Tonfolgensampling bezeichnet man die Methode, ganze Tonfolgen oder Melodieteile zu sampeln, um sie später neu zusammensetzen zu können.[105]

Der Vorteil des Sampling gegenüber dem klassischen Einspielen von Klängen und Tönen besteht in der Möglichkeit, jeden beliebigen Klang, z. B. auch Naturklänge, auf Knopfdruck verfügbar zu machen.[106] Zudem können die Samples in veränderter Form wiedergegeben werden, etwa in einer anderen als der eingegebenen Tonhöhe.[107] Somit können komplette Musikstücke am Computer produziert werden.

Mittlerweile zählt Sampling zu einer Standardtechnologie der Musikproduktion und ist in den unterschiedlichsten Musikgenres, insbesondere aber im Bereich Hip-Hop, Techno und House vertreten.[108]

Sampling ist eine reine Technik, die der Erstellung einer musikalischen Schöpfung dienlich ist, während Fan Art dagegen das Endprodukt schöpferischer Tätigkeit ist.[109] Denkbar ist, dass Sampling als Technik bei der Erstellung von Fan Art in Form des AMV verwendet wird. Sampling selbst ist jedoch nicht die eigentliche Fan Art, sondern nur Hilfsmittel zu deren Erstellung.

V. Coverversion

Der Begriff „Coverversion“ bezeichnet eine Musikproduktion, die eine Neuaufnahme eines vorbestehenden Musikstücks darstellt, das bezüglich Rhythmus, Harmonik und Instrumentierung verändert und dem neuen Musikgeschmack angepasst sein kann, in seinen wesentlichen Zügen aber erhalten bleibt.[110]

Der Bundesgerichtshof definiert den Begriff Coverversion in dem gleichnamigen Urteil als „Neueinspielung [einer Bearbeitung] mit einem anderen Interpreten unter weitergehender Beibehaltung der Eigentümlichkeiten des Vorbildes.“[111]

---

105 *Häuser*, Sound und Sampling, S. 10 f..

106 *Weßling*, Der zivilrechtliche Schutz gegen digitales Sound-Sampling, S. 31.

107 *Spieß*, ZUM 1991, 524.

108 Loewenheim/*Czychowski*, Hdb. d. UrhR., § 9 Rn. 79; *Müller*, ZUM 1999, 555; *Häuser*, Sound und Sampling, S. 8.

109 *Gelke*, Mashups im Urheberrecht, S. 57.

110 *Boddien*, Alte Musik in neuem Gewand, S. 29; *Bruhn/Kreile*, ZUM 2007, 267, 270; *Häuser*, Sound und Sampling, S. 13, Fn. 42.

111 BGH GRUR 1998, 376, 377 – Coverversion.

Während die Coverversion in ihrer Entstehungszeit in den 50er Jahren meist eine nahezu identische Nachspielung schwarzer R&B-Aufnahmen von Plattenfirmen mit weißen Künstlern war (sog. „White Cover"), wird sie heute auch als eigener Musikstil der Postmoderne (sog. „Hit-Recycling") verstanden.[112] Gerade in der Pop-Musikindustrie sind Coverversionen bekannter und erfolgreicher Songs ein bewährtes Mittel, um Verkaufssteigerungen zu erzielen.[113] Dabei können Coverversionen heute sowohl von fremden Interpreten, als auch von dem Original-Interpreten selbst stammen, der einen erfolgreichen Song als Neuauflage produziert, um an alte Erfolge anzuknüpfen oder diese wieder aufleben zu lassen (sog. „Come-Back").[114] Sofern ein Interpret das Musikstück eines anderen Interpreten covert, wird dessen Originalurheber in der Regel nicht geleugnet, sondern die Coverversion als solche gekennzeichnet.[115]

Mit Fan Art haben Coverversionen gemeinsam, dass sie an ein vorbestehendes Werk anknüpfen und es gegebenenfalls modifizieren.

Ein maßgeblicher Unterschied zwischen den Phänomenen besteht in der Motivation, mit der eine Coverversion und Fan Art erstellt werden. Bei der Herstellung von Coverversionen steht entweder das Revival eines alten Schlagers oder das Anknüpfen an einen vorbekannten Song und dessen Erfolg im Vordergrund. In manchen Fällen kann dies zwar als Hommage an den Original-Künstler gedacht sein, in der Regel sind Coverversionen jedoch nicht die Schöpfungen eines Fans, sondern eines anderen professionellen Künstlers, in manchen Fällen sogar des Original-Künstlers. Damit fehlt es bei Coverversionen regelmäßig an dem wesentlichen Merkmal, dass es sich bei dem Schöpfer um den Angehörigen eines Fantums handelt.

VI. Remix

Ein „Remix" ist nach klassischem Verständnis, ähnlich wie die Coverversion, eine Variante eines vorbekannten Musikstücks.[116] Von der Coverversion ist ein Remix dadurch abzugrenzen, dass wesentliche Merkmale eines alten Liedes abgewandelt und mit Hilfe des sog. „Multitrack-Verfahrens" mit neuen Elementen, wie Bassläufen oder Beats, vermischt werden.[117]

---

112 *Pendzich*, Von der Coverversion zum Hit-Recycling, S. 316, 343, 418; *Salagean*, Sampling, S. 56.
113 *von Gehlen*, Mashup, S. 187.
114 *Boddien*, Alte Musik in neuem Gewand, S. 29.
115 *Pendzich*, Von der Coverversion zum Hit-Recycling, S. 418.
116 *Gelke*, Mashups im Urheberrecht, S. 55.
117 Loewenheim/*Czychowski*, Hdb. d. UrhR., § 9 Rn. 79; *Schulz*, FS Hertin, S. 214.

In Anlehnung an die Wortbedeutung Remix, „Mixen, Mischen", wird unter dem Begriff im engeren Sinne eine Neuabmischung von vorhandenen Einzelspuren verstanden, die klangliche und stilistische Veränderungen beinhaltet und deren Erstellung meist den Produzenten der Originalversionen vorbehalten ist.[118] Nicht selten kommt bei der Neuabmischung der Tonspuren auch die Samplingtechnik zum Einsatz, indem der Refrain eines vorbekannten Titels kopiert wird und die Strophen durch Rapgesang ersetzt werden.[119]

Der Begriff „Remix" wird heute vermehrt auch für andere Medien als Musikerzeugnisse verwendet. Man spricht von der sog. „Remix-Kultur" als Synonym für „Referenzkultur", um das Phänomen zu beschreiben, dass Nutzer kreativer Inhalte selbst zu kreativen Zwecken gebrauchen und neu kombinieren („remixen").[120]

Ein Remix kann nach aktuellem Verständnis somit auch eine visuelle Produktion bezeichnen.

Versteht man den Begriff „Remix" als Oberbegriff für kreative Werknutzungen, so kann Fan Art als eine Ausprägung der sog. „Remix-Kultur" verstanden werden. Denn bei der Erstellung von Fan Art wird in den meisten Fällen an etwas Bestehendes angeknüpft, sei es eine fiktive Figur oder aktuelle Fotografien eines Popstars. Um einen Remix im engeren Sinne als Fan Art bezeichnen zu können, ist, wie bei der Collage, darauf abzustellen, ob es sich dabei um eine Auseinandersetzung mit einem Fanobjekt handelt.

VII. Mashup

Der Begriff Mashup bezeichnet die Verbindung von Inhalten des Internets wie Texten, Daten, Bildern, Töne oder Videos zu einem neuen Produkt. Meist wird er in Verbindung mit dem Begriff „Remix-Kultur" gebraucht.[121]

Ursprünglich stammt der Begriff aus der Musikbranche und steht auch heute noch für eine Form des Remix, bei dem verschiedene Musikstücke zu einem neuen

---

118 OLG Hamburg ZUM-RD 2002, 145, 149; *Boddien*, Alte Musik in neuem Gewand, S. 31

119 *Häuser*, Sound und Sampling, S. 13.

120 *Stadler*, Neun Thesen zur Remix-Kultur; abrufbar unter der URL: http://irights.info/filead min/texte/material/Stalder_Remixing.pdf (letzter Abruf: 15.06.2015).

121 *Ott*, K&R 2007, 623; Schricker/Loewenheim/*Schricker/Spindler*, UrhG § 51 Rn. 53; *Gelke*, Mashups im Urheberrecht, S. 14 ff.; *Shiga*, in: 24:2 Critical Studies in Media and Communication, 93 (2007), 93–114.

kombiniert werden. Dies wird auch als „Bastard Pop“ bezeichnet.[122] Im Netz gibt es mittlerweile eine beachtliche Amateur- und Semi-Profiszene, in der Mashups ausgetauscht und beurteilt werden.[123]

Auch in der Internetentwicklung ist der Begriff „Mashup“ gebräuchlich. Hier steht er für eine Neukombination von Inhalten unterschiedlicher Anbieter über deren offene Programmierschnittstellen (APIs[124]).[125] Es wird etwa die API von „Flickr“ genutzt, um Fotos in neue Anwendungen einzubinden.

Insgesamt kann man das Mashup als eine Montage ansehen, bei der digitale Medien als Arbeitsmaterialien dienen.[126] Fan Art und zugleich ein Mashup können damit sog. AMVs sein, da diese eine Neukombination von verschiedenen Filmausschnitten aus einer Animeserie und eines Musiktitels darstellen und damit einen Mix von digitalen Medien.

VIII. „User Generated Content“

„User Generated Content“ ist eine Erscheinung des Web 2.0[127] Kennzeichnend dafür ist die Entwicklung des Nutzers von einem anfänglich passiven Konsumenten zu einem aktiven Teilnehmer, welcher selbst Inhalte erstellt und auf Online-Plattformen wie YouTube, Twitter, Wikipedia, ebay oder Facebook veröffentlicht.[128] Der Begriff „User Generated Content“ steht in einem weit verstandenen Sinne für diese Inhalte, seien es Texte, Bilder, Videos oder die Gestaltung einer Internetauktion.

Bauer definiert User Genereated Content als die „Gesamtheit aller von Internetnutzern bewusst erzeugten wahrnehmbaren elektronischen Medieninhalte, die von diesem unmittelbar und unabhängig von einer vorherigen redaktionellen Auswahl über das Internet der Öffentlichkeit zugänglich gemacht werden, sofern es sich hierbei nicht um professionell erstellte und zu gewerblichen Zwecken

122 *von Gehlen*, Mashup, S. 206; *Gelke*, Mashups im Urheberrecht, S. 58; *Mc Granaham*, Mashnography, S. 1ff.; vgl. OECD-Studie, Participative Web and User-created Content (2007), S. 17, abrufbar unter der URL: http://browse.oecdbookshop.org/oecd/pdfs/free/9307031e.pdf (letzter Abruf: 15.06.2015).

123 Exemplarisch: http://www.mashup-charts.com/; http://www.mashuptown.com/ (jeweils letzter Abruf: 15.06.2015).

124 Kurzform von: „application programming interfaces“.

125 *von Gehlen*, Mashup, S. 206; *Roggenkamp*, Web 2.0, S. 39.

126 *Gelke*, Mashups im Urheberrecht, S. 58.

127 *Roggenkamp*, Web 2.0, S. 30 – 38.

128 Teilweise auch „Prosumer“ genannt, dazu *Akremi/Hellmann*, in: Fans, S. 326ff.; *Bauer*, User Generated Content, S. 374ff..

veröffentlichte Inhalte handelt".[129] Gut vertretbar ist jedoch mittlerweile, User Generated Content als nicht notwendig unprofessionellen Inhalt zu verstehen, da er zunehmend auch Teil der Unternehmenskommunikation geworden ist, z. B. in Gestalt eines Firmenprofils auf Facebook.[130]

Fan Art ist, was ihre Veröffentlichung betrifft, nicht zwingend auf das Internet angewiesen. Vielfach dienen auch Messen oder Conventions als Veröffentlichungsplattform. Da User Generated Content als ein umfassender Begriff für von Nutzern im Internet veröffentlichte elektronische Medieninhalte verstanden wird, kann zumindest die Fan Art zugleich User Generated Content sein, die auf einer Online Plattform, etwa einem Onlineforum für Comickünstler oder als AMV auf YouTube veröffentlicht wird. Die Bedeutung des Begriffs der Fan Art erschöpft sich allerdings nicht darin.

C. Eingrenzung des Untersuchungsgegenstandes

Die vorliegende Arbeit befasst sich mit der urheberrechtlichen Zulässigkeit von Fan Art.

Die vorangegangene Untersuchung und die Festlegung einer Definition lassen vermuten, dass das Phänomen der Fan Art auch mit anderen rechtlichen Bereichen als dem Urheberrecht kollidieren könnte. Sobald das Fanobjekt eine real existierende Person ist, sind Kollisionen mit dem allgemeinen Persönlichkeitsrecht dieser Person denkbar. Die nachfolgende Darstellung soll daher diese Erscheinungsform der Fan Art unberücksichtigt lassen.

Aus der Betrachtung der unterschiedlichen Erscheinungsformen von Fan Art hat sich des Weiteren ergeben, dass eine kreative Auseinandersetzung meist mit Fanobjekten erfolgt, die eine Identifikation des Fans mit dem Objekt leicht ermöglichen. Dies ist besonders bei fiktiven Figuren der Fall. Der Begriff „Fan Art" umfasst zwar ebenso die kreative Auseinandersetzung mit realen Personen oder Sachen, der aktuelle Kontext, in dem der Begriff verwendet wird, verdeutlicht jedoch, dass Fan Art klassischerweise die Auseinandersetzung mit einer fiktiven menschlichen oder menschenähnlichen Figur ist, mit der sich ein Fan identifiziert.

Die folgende Untersuchung soll sich daher auf die kreative Verwendung von fiktiven Figuren als Fanobjekte beschränken.

---

129 *Bauer*, User Generated Content, S. 26.
130 *Reinemann/Remmertz*, ZUM 2012, 216.

Teil II: Die urheberrechtliche Zulässigkeit von Fan Art

Der zweite Teil der Arbeit befasst sich mit der Problematik der urheberrechtlichen Zulässigkeit von Fan Art. Kernthemen sind die Fragen, ob Fan Art in urheberrechtliche Schutzbereiche eingreift und falls ja, ob sich diese urheberrechtsrelevanten Vorgänge unter die derzeit geltenden Inhalts- und Schrankenbestimmungen subsumieren lassen.

Zunächst gilt es somit festzustellen, ob die in Fan Art verwendeten fiktiven Figuren überhaupt und berechtigterweise urheberrechtlichen Schutz genießen (2. Kapitel). Im Anschluss daran stellt sich die Frage nach der Zulässigkeit der Verwendung geschützter fiktiver Figuren in Fan Art nach geltender Rechtslage (3. Kapitel). Schließlich soll untersucht werden, inwiefern sich Lösungsmodelle de lege ferenda für einen gerechten Interessenausgleich zwischen kreativen Fans und Urhebern als tauglich erweisen (4. Kapitel).

2. Kapitel: Die fiktive Figur als Grundlage von Fan Art und als Schutzgegenstand des Urheberrechts

Grundlage von Fan Art ist die fiktive Figur, eine erdachte Gestalt, die von ihrem Schöpfer durch bestimmte Charakterzüge und äußere Merkmale individualisiert wird.[131]

Die Zulässigkeit von Fan Art hängt somit auch davon ab, ob die fiktive Figur urheberrechtlich schutzfähig ist. Regelmäßig schutzfähig ist das Gesamtwerk, in dem eine fiktive Figur auftritt, etwa der Comic, der Roman, der Film oder eine Serie.[132] Stellte man nur auf das Gesamtwerk ab, so beschränkte sich die Schutzfähigkeit der darin auftretenden Gestalten ausschließlich auf ihre konkrete Darstellung. Die Comicfigur wäre als Werkteil einer Comicseite nur in der konkreten, abgebildeten Pose schutzfähig. Fan Art, die eine Figur in einer anderen Pose oder in einer anderen Umgebung darstellte, könnte sich bereits ausreichend von der ursprünglichen Darstellung abgrenzen und aus dem urheberrechtlichen Schutzbereich herausfallen.

Einen solchen Schutz der fiktiven Figur hat man sowohl in Rechtsprechung als auch Literatur für zu eng erachtet.[133] Denn nicht nur die Gestaltung der Comicseite, sondern auch die Gestaltung der einzelnen fiktiven Figur sei das Ergebnis schöpferischer Tätigkeit und damit ein tauglicher Schutzgegenstand des Urheberrechts. In Rechtsprechung und Literatur ist daher der sog. „isolierte Gestaltenschutz" anerkannt.[134] Danach ist nicht nur das Gesamtwerk urheberrechtlich schutzfähig, sondern auch die einzelne Figur, die in dem Werk in charakteristischer Weise auftritt.[135] Die fiktive Figur genießt somit einen doppelten Schutz, zum einen als konkrete Einzeldarstellung, etwa auf einer Comicseite, zum anderen als abstrakte Figur, losgelöst von dem Comic.

---

131 *Meyer*, Character Merchandising, S. 4; *Fezer*, MarkenG, 4. A. 2009, § 15 Rn. 258.

132 BGH NJW 2000, 2202 – Laras Tochter; OLG München, GRUR 1990, 674, 676 – Forsthaus Falkenau; LG Köln NJOZ 2010, 97, 98 – Fantasy-Rollenspiel; LG Hamburg ZUM 2003, 403 – Die Päpstin.

133 BGH NJW 1971, 2169 – Disney-Parodie; BGH GRUR 1960, 144 – Bambi; BGH GRUR 1958, 354 – Sherlock Holmes; *Rehbinder*, FS Schwarz, S. 170.

134 BGH WRP 2014, 178 – Pippi Langstrumpf; BGH GRUR 1994, 191 – Asterix-Persiflagen; OLG Frankfurt a.M. GRUR 1984, 520 – Schlümpfe; *Ruijsenaars*, Character Merchandising, 1997, S. 116; Fromm/Nordemann/*Nordemann*, § 2 Rn. 102; *Graef*, ZUM 2012, 108, 110 ff..

135 BGH GRUR 1994, 191 – Asterix-Persiflagen; BGH GRUR 1994, 206, 207 – Alcolix.

Legt man einen isolierten Schutz fiktiver Gestalten zugrunde, bleiben dem Fan weniger Möglichkeiten, sich hinreichend von dem Original zu lösen und einen Eingriff in Urheberrechte zu vermeiden. Ein Fan, der eine einzelne Comicfigur in einen neuen Kontext setzt und in einer atypischen Haltung zeichnet, kann ebenso Urheberrechte des Originalurhebers verletzen, wie der Fan, der eine ganze Comicseite kopiert.

Dieses Kapitel dient der Erörterung der Schutzerfordernisse, die Rechtsprechung (A.) und Literatur (B.) an den isolierten Gestaltenschutz stellen, sowie der kritischen Betrachtung des isolierten Gestaltenschutzes (C.).

A. Schutzkriterien und Reichweite des sog. Gestaltenschutzes in der Rechtsprechung

Die urheberrechtliche Erfassung fiktiver Figuren ist für die deutschen Gerichte ein bekanntes Thema. Die Rechtsprechung des Bundesgerichtshofs und der Instanzgerichte behandelt die Anforderungen an die Schutzfähigkeit fiktiver Figuren bereits seit Jahrzehnten[136]; erstmalig 1952 noch auf Grundlage des Kunst-Urhebergesetzes im Fall sog. „Hummel-Figuren“, jüngst im Fall „Pippi Langstrumpf“.[137]

I. Schutzkriterien des Gestaltenschutzes

Entscheidend geprägt haben den Gestaltenschutz die Entscheidungen des Bundesgerichtshofs zur isolierten urheberrechtlichen Schutzfähigkeit der Comicpersönlichkeiten „Asterix“ und „Obelix“.[138] Bis dahin hatte man den Schutz fiktiver Figuren entweder pauschal bejaht oder auf die recht allgemeingehaltenen Kriterien des ästhetischen Gehalts und die Neuartigkeit des Gesamteindrucks abgestellt.[139] In der „Asterix-Persiflagen“-Entscheidung bestimmte der Bundesgerichtshof schließlich, dass eine Comicfigur „ausnahmsweise“ dann isolierten

---

136 BGH WRP 2014, 178 – Pippi Langstrumpf ; BGH ZUM 2004, 748, 750 – Hundefigur; BGH GRUR 1994, 191, 192 – Asterix-Persiflagen; BGH GRUR 1992, 697 – Alf; BGH NJW 1971, 2169 – Disney-Parodie; BGH GRUR 1958, 500 – „Mecki“-Igel; KG ZUM 2003, 867, 869; OLG Köln ZUM 2012, 407, 408; OLG Frankfurt a.M. GRUR 1984, 520 – Schlümpfe; einen Überblick liefert *Graef*, ZUM 2012, 108, 110 ff..

137 BGH WRP 2014, 178 – Pippi Langstrumpf; BGH GRUR 1952, 516 – Hummel-Figuren.

138 BGH GRUR 1994, 191, 192 – Asterix-Persiflagen; BGH GRUR 1994, 206, 207 – Alcolix.

139 BGH NJW 1971, 2169 – Disney-Parodie; BGH GRUR 1958, 500, 501 – „Mecki“-Igel ; OLG Frankfurt a.M. GRUR 1984, 520 – Schlümpfe.

urheberrechtlichen Schutz genieße, wenn sie durch „eine unverwechselbare Kombination äußerer Merkmale sowie Eigenschaften, Fähigkeiten und typischen Verhaltensweisen zu einer besonders ausgeprägten Persönlichkeit geformt sei".[140]

Der Gestaltenschutz der Rechtsprechung honoriert somit die individuelle Konzeption einer fiktiven Figur. Dass eine Konzeption überhaupt schutzfähig ist, mag zunächst verwundern, da anderen Konzepten, wie z. B. Fernsehshowformaten, die urheberrechtliche Schutzfähigkeit regelmäßig mit der Begründung versagt wird, dass es ihnen an hinreichender Formgebung fehle.[141]

Da die fiktive Figur üblicherweise Bestandteil einer Fabel ist[142], überträgt die Rechtsprechung auf sie die Grundsätze des Fabelschutzes. Danach können bei Sprachwerken im Sinne des § 2 Abs. 1 Nr. 1, Abs. 2 UrhG nicht nur die individuelle sprachliche Form, sondern auch der Inhalt schutzfähig sein, sofern er durch eine phantasievolle Ausgestaltung der einzelnen Szenen und das charakteristische Auftreten der handelnden Figuren eine einheitliche individuelle Prägung aufweist.[143] Was für die Fabel als Gesamtwerk gilt, ist auch für die fiktive Figur als Werkteil gültig: Nicht nur die konkrete Formgebung, etwa als Text, sondern auch der in dem Text zum Ausdruck kommende Inhalt der Figur, d. h. die individuelle Kombination von Charaktereigenschaften und optischen Merkmalen, kann urheberrechtlichen Schutz erlangen.[144]

Während in der „Asterix"-Entscheidung allerdings noch ausdrücklich der Ausnahmecharakter dieses inhaltlichen Schutzes betont wird[145], ist mittlerweile die Tendenz erkennbar, dass zumindest bildliche fiktive Figuren in der Regel als isoliert schutzfähig gelten, wenn sie den Kriterien aus der „Asterix"-Entscheidung entsprechen.[146]

---

140 BGH GRUR 1994, 191, 192 – Asterix-Persiflagen.

141 BGH NJW 2003, 2828, 2830 – Sendeformat; kritisch dazu *Stamer*, Schutz der Idee, S. 76; *Berking*, GRUR 2004, 109, 110 f..

142 Ausnahmen können Figuren wie z. B. das „Michelin-Männchen" sein, die ausschließlich als Marke genutzt werden.

143 BGH ZUM 1999, 644, 647 – Laras Tochter; KG ZUM 2003, 867, 869 – Anna Marx; *Graef*, ZUM 2012, 108, 109.

144 Inhaltliche Elemente sind heute anerkanntermaßen dem Urheberschutz zugänglich, vgl. BT Drucks. IV/270, S. 38; Schricker/Loewenheim/*Loewenheim*, § 2 Rn. 56; zurückgehend auf: *Kohler*, Das Autorrecht, 1880, S. 169, der neben die „äußeren Form" eine sog. „innere Form" stellte, die schutzfähig sein könne.

145 Es ist die Rede davon, dass „nicht alle" Figuren urheberrechtlichen Schutz erlangen können, BGH GRUR 1994, 191, 192 – Asterix-Persiflagen.

146 BGH ZUM 2004, 748 – Hundefigur; OLG München, GRUR-RR 2008, 37, 41 – Pumuckl-Illustration I; LG München ZUM-RD 2006, 139, 142 – unanständige Bären.

Im Fall literarischer Figuren legte man zunächst keine eindeutigen Schutzkriterien fest. Teilweise übertragen die Instanzgerichte die Kriterien für Comicfiguren aus der „Asterix“-Entscheidung auf literarische Figuren, teilweise beruft man sich auch auf die Entscheidung des Bundesgerichtshofs „Laras Tochter“, wenn es darum geht, die isolierte Schutzfähigkeit von Romanfiguren zu belegen.[147] Dabei bleibt allerdings außer Betracht, dass der Bundesgerichtshof sich darin vorwiegend mit dem Schutz der Fabel „Dr. Schiwago“ auseinandersetzte, nicht mit der Schutzfähigkeit einzelner Figuren. Es heißt lediglich, dass „auch eigenpersönlich geprägte Bestandteile und formbildende Elemente des Werkes, die im Gang der Handlung, in der Charakteristik und Rollenverteilung der handelnden Personen (...) liegen“, urheberrechtlichen Schutz genießen können.[148]

In einem jüngeren Fall, der die Schutzfähigkeit der literarischen Figur „Pippi Langstrumpf“ betrifft, ist der Bundesgerichtshof deutlicher geworden, was den isolierten Schutz von literarischen Figuren angeht.[149]

Auf den Fall und seinen Werdegang soll im Folgenden näher eingegangen werden. Er geht dabei vor allem um die Reichweite des Gestaltenschutzes.

II. Untersuchung der Reichweite des Gestaltenschutzes anhand des Falls „Pippi Langstrumpf“

In dem Rechtsstreit um die Urheberrechte an der Figur „Pippi Lang-strumpf“ ging es um Abbildungen eines Karnevalskostüms in den Werbeprospekten einer Supermarktkette, die ein junges Mädchen mit einer roten Zopfperücke zeigten, das ein knielanges grünes Kleid, darunter ein Ringelhemd und Ringelkniestrümpfe trug. Die klagende *Saltkråkan AB,* die Erbengemeinschaft der Autorin *Astrid Lindgren,* sah durch die Abbildung des Kostüms ihre Rechte an der literarischen Figur „Pippi Langstrumpf“ verletzt.[150]

Eine Kernfrage, die sich hinsichtlich des Schutzes der literarischen Figur „Pippi Langstrumpf“ stellt, ist, ob sich ihr Schutzbereich auf eine völlig andere

---

147 KG ZUM 2003, 867, 869 – Anna Marx; Schricker/Loewenheim/*Loewenheim*, § 2 Rn. 56; Fromm/Nordemann/*Nordemann*, § 2 Rn. 101 f..

148 BGH GRUR 1999, 984, 987 – Laras Tochter; In der Literatur gibt es daher vereinzelte Ansichten, die literarische Figuren von dem isolierten Schutz ausnehmen wollen (siehe unten B.), vgl. *Erdmann,* WRP 2002, 1329, 1335.

149 BGH WRP 2014, 178 – Pippi Langstrumpf.

150 BGH a.a.O.; OLG Köln ZUM 2012, 407.

Werkgattung wie die des Karnevalskostüms erstrecken kann. Die Antwort auf diese Frage ist besonders für die Fan Art-Gattung „Cosplay" von Relevanz.[151]

1. Ausdehnung des Gestaltenschutzes durch die Instanzgerichte

Unter den Instanzgerichten, die sich mit der Schutzfähigkeit „Pippi Langstrumpfs" beschäftigt hatten, sprach das Oberlandesgericht Köln der Figur einen besonders weiten Schutzbereich zu.[152]

Bezüglich der isolierten Schutzfähigkeit „Pippi Langstrumpfs" stellte man auf die anerkannten Kriterien aus den „Asterix"-Entscheidungen ab. Es kam somit darauf an, ob die Figur eine „charakteristische und unverwechselbare Persönlichkeit (sei), die auch außerhalb der Geschichte *Astrid Lindgrens* eine hinreichend individuelle Kombination von äußeren Merkmalen sowie Eigenschaften, Fähigkeiten und typischen Verhaltensweisen vorweise".[153]

Das Oberlandesgericht Köln hob besonders die detaillierten Beschreibungen der Optik der Figur hervor sowie deren außergewöhnliche Lebensumstände und ihre unverkennbaren Charaktermerkmale, die „Pippi Langstrumpf" als ein Mädchen mit übermenschlichen Kräften, viel Fantasie und Wortwitz kennzeichneten. Die Figur verfüge daher über eine „beachtliche Schöpfungshöhe".[154]

Dementsprechend weit dehnte das Oberlandesgericht Köln den Schutzbereich der Figur aus. Auch Werktransformationen wie das vorliegende Kostüm hielt man für einen Eingriff, da „es (...) bereits im Werk der Urheberin angelegt (sei), dass sich der Leser ein Bild von der Romanfigur mache."[155] Die Tatsache, dass das abgebildete Kindermodell offensichtlich nur der Präsentation des Kostüms diente und nicht für sich beanspruchte, „Pippi Langstrumpf" zu sein, hielt das Oberlandesgericht Köln für irrelevant, da auch „der Gedanke, dass ein beliebiges Mädchen in die Rolle der Pippi Langstrumpf" schlüpft, (...) nicht neu, sondern bereits in der Erzählung angelegt (sei)".[156]

Dieser weit ausgedehnte Schutzbereich der Figur „Pippi Langstrumpf" ließ anmuten, dass bereits die bloße Kostümierung als fiktive Figur aus urheberrechtlicher Sicht problematisch ist.

151 Siehe 1. Kap. A. II. 5.
152 OLG Köln ZUM 2012, 407, 408; LG Berlin ZUM 2010, 69, 71.
153 OLG Köln a.a.O.; LG Berlin ZUM 2010, 69, 71.
154 OLG Köln a.a.O.
155 OLG Köln a.a.O.
156 OLG Köln a.a.O..

2. Eingrenzung des Gestaltenschutzes durch den Bundesgerichtshof

Anders als die Vorinstanz sah der Bundgerichtshof in der Abbildung des „Pippi Langstrumpf"-Kostüms keine Urheberrechtsverletzung.[157]

Was die isolierte Schutzfähigkeit der literarischen Figur anlangt, so folgt man dem Oberlandesgericht Köln nur im Ergebnis. Zwar stellt der Bundesgerichtshof klar, dass die „Grundsätze" für den isolierten Schutz von Comicfiguren „gleichermaßen" auf fiktive Figuren aus Sprachwerken im Sinne des § 2 Abs. 1 Nr. 1, Abs. 2 UrhG übertragbar seien, begründet deren Schutz jedoch ausschließlich mit der prägenden Kombination innerer Merkmale. Eine detaillierte Beschreibung der Charaktereigenschaften einer Figur könne nämlich „deren nur begrenzt konkretisierbare Darstellung des Äußeren ohne weiteres ausgleichen".[158] Die äußeren Merkmale lässt der Bundesgerichtshof für einen isolierten Gestaltenschutz literarischer Figuren außer Betracht. Er betont, dass allein die Beschreibung des Erscheinungsbildes einer fiktiven Figur „in aller Regel" keinen isolierten Schutz begründen könne. Auch die optischen Merkmale der Figur „Pippi Langstrumpf, die auffällige Haartracht und die bunte Kleidung, würden zwar deren äußere Gestalt prägen, jedoch nicht isoliert am Schutz der Figur teilnehmen.[159] Der Bundesgerichtshof kommt im Fall der Figur „Pippi Langstrumpf" somit zu dem Ergebnis, dass zwar eine „besondere eigenschöpferischen Kombination" vorliege, diese sich jedoch lediglich aus der Kombination der Wesenszüge und den Lebensumständen der Figur ergebe.[160]

Etwas irritierend ist in diesem Zusammenhang die Formulierung, dass bei der Bestimmung des Schutzumfangs einer fiktiven Figur „keine an der Werkart orientierte rein formelle Betrachtung" zu erfolgen habe[161], da der Bundesgerichtshof sehr wohl Unterschiede zwischen den Werkarten macht. Optische Merkmale werden bei Comicfiguren nämlich in den Schutzbereich einbezogen, bei literarischen Figuren soll hingegen lediglich die Kombination ihrer inneren Merkmale und nicht der Optik schutzfähig sein.[162] Der Bundesgerichtshof will mit der Formulierung offenbar nicht die werkspezifische Betrachtung einer fiktiven Figur an sich untersagen, sondern klarstellen, dass die schutzfähigen Eigenschaften einer Figur auch bei der Transformation in einer andere Werkart zum Ausdruck gebracht

157 BGH WRP 2014, 178 – Pippi Langstrumpf; zur lauterkeitsrechtlichen Dimension des Falls vgl. OLG Köln GRUR-Prax 2014, 328.

158 BGH WRP 2014, 178, Tz. 27 – Pippi Langstrumpf; dies war bislang umstritten, siehe hierzu unten B.

159 BGH WRP 2014, 178, Tz. 45 – Pippi Langstrumpf

160 BGH WRP 2014, 178, Tz. 31 – Pippi Langstrumpf.

161 Vgl. BGH WRP 2014, 178, Tz. 42 – Pippi Langstrumpf.

162 Vgl. BGH GRUR 1994, 191, 192 – Asterix-Persiflagen.

werden können. Laut Bundesgerichtshof soll somit auch eine Zeichnung den Schutzbereich einer literarischen Figur berühren können, wenn sie ihre Charaktereigenschaften gemäß der Beschreibung visualisiert.[163] Die Transformation in eine andere Werkart sei nicht automatisch eine freie Benutzung gemäß § 24 Abs. 1 UrhG.

Legt man zugrunde, dass die Optik einer literarischen Figur gerade nicht schutzfähig sein soll, ist diese Aussage des Bundesgerichtshofs etwas inkonsequent. Es fällt nämlich schwer Fälle zu bilden, in denen eine einzelne Zeichnung hauptsächlich von der Visualisierung der Charaktereigenschaften einer Figur lebt und nicht von der Darstellung ihrer Optik. Um festzustellen, ob eine Zeichnung die Figur „Pippi Langstrumpf" darstellt, wird der Betrachter wohl eher nicht darauf abstellen, ob das fröhliche Gemüt, die Stärke und der Ideenreichtum der Figur zum Ausdruck kommen, sondern er wird darauf achten, ob die Zeichnung ein junges Mädchen mit Sommersprossen und karottenroten abstehenden Zöpfen in einem kurzen gelben Kleid und langen Kniestrümpfen zeigt. Wenn diese Merkmale nicht schutzfähig sein sollen, müsste man konsequenterweise annehmen, dass die zeichnerische Darstellung einer literarischen Figur eben doch im Regelfall eine freie Benutzung gemäß § 24 Abs. 1 UrhG ist.

Man merkt dem Urteil an, dass der Bundesgerichtshof zwar einerseits die Schutzmöglichkeiten fiktiver Figuren nicht einschränken will, andererseits jedoch auch vermeiden will, die Möglichkeit der Kostümierung als fiktive Figur zu unterbinden. Im Gegensatz zum Oberlandesgericht Köln hielt man es daher für relevant, dass die abgebildeten Personen nur „zu Karnevalszwecken" in die Rolle der „Pippi Langstrumpf" schlüpfen wollten und leitet daraus einen hinreichenden inneren Abstand her, der eine freie Benutzung im Sinne des § 24 Abs. 1 UrhG begründe.[164] Diese Vorgehensweise ist allerdings nicht ganz korrekt. Sofern der Bundesgerichtshof nämlich argumentiert, dass dadurch ein hinreichend innerer Abstand zur Vorlage „Pippi Langstrumpf" erzielt werde, dass erkennbar werde, dass die abgebildete Person sichtbar zu Karnevalszwecken kostümiert sei, verkennt dies den Umstand, dass der Streitgegenstand nicht die Kostümierung als Pippi Langstrumpf im Karneval, sondern die Bewerbung eines „Pippi Langstrumpf"-Kostüms in einem Katalog mit deutlichen Anspielungen auf die fiktive Figur „Pippi", z. B. durch Bezeichnung des Kostüms als „Püppi", war.[165] Richtigerweise hätte sich der Bundesgerichtshof mit dem inneren Abstand, den diese

163 BGH WRP 2014, 178, Tz. 42 – Pippi Langstrumpf; a.A. LG Köln GRUR-RR, 2002, 3, 4 – Harry Potter.

164 BGH WRP 2014, 178, Tz. 47 – Pippi Langstrumpf.

165 Die Gefahr einer Rufausbeutung sieht darin: *Stang*, GRUR 2014, 262, 263; a.A. *Heim/Hauck*, GRUR-Prax 2014, 196, 198.

Abbildung zu dem Original einhält, beschäftigen müssen und nicht mit der Motivation der Kostümierten. Davon wird jedoch mit Verweis auf die vorangegangenen Ausführungen Abstand genommen.[166]

3. Relevanz der Debatte für die Einordnung von Fan Art

In seiner „Pippi-Langstrumpf"-Entscheidung hat der Bundesgerichtshof den zuvor weit ausgedehnten Schutzumfang literarischer Figuren begrenzt, indem er deren Optik nicht an einem isolierten Gestaltenschutz teilnehmen lassen will. Die Zulässigkeit des „Pippi Langstrumpf"-Kostüms wird vorwiegend mit dem Rechtsinstitut der freien Benutzung gemäß § 24 Abs. 1 UrhG begründet, da das Kostümieren zu Karnevalszwecken nicht zu einer vollständigen Wiedergabe der geschützten Kombination der Charaktereigenschaften der fiktiven Figur führe. Dies macht die Entscheidung besonders für die Frage der Zulässigkeit des Fan Art-Genres Cosplay relevant. Die vom Bundesgerichtshof angeführte „erkennbare Spannung zwischen realer und dargestellter Person" als Indiz für einen hinreichenden inneren Abstand zur Vorlage lässt sich nämlich auf jegliche Art der Kostümierung übertragen, so dass auch Cosplay eine freie Benutzung im Sinne des § 24 Abs. 1 UrhG sein könnte.

Es bleibt jedoch zu bedenken, dass Cosplayer nicht nur die Optik einer Figur imitieren, sondern die inneren Merkmale der dargestellten Charaktere darzustellen versuchen, was ein Karnevalist typischerweise nicht tut. Ob auch in diesen Fällen das bloße Spiel mit Realität und Fiktion für einen inneren Abstand ausreichend ist, lässt sich der Entscheidung des Bundesgerichtshofs nicht eindeutig entnehmen.

III. Zusammenfassung der Kriterien an den Gestaltenschutz in der Rechtsprechung

Festzuhalten ist, dass der Gestaltenschutz in der Rechtsprechung aus einer Übertragung der Grundsätze des Fabelschutzes auf die einzelne fiktive Figur resultiert. Geschützt wird demnach ein hinreichend persönlicher und wahrnehmbarer Inhalt und nicht allein die konkrete Formgebung. Dies ermöglicht es, eine fiktive Figur auch losgelöst von dem Gesamtwerk, dem sie entspringt, zu schützen.

---

166 BGH WRP 2014, 178, Tz. 48 – Pippi Langstrumpf; verfassungsrechtliche Bedenken hinsichtlich dieser Ausdehnung des Maßstabs des „inneren Abstandes" durch den BGH äußert *Hahn*, ZUM 2014, 239, 240.

Grundsätzlich soll ein „strenger Maßstab" an die Anforderungen dieser isolierten Schutzfähigkeit gestellt werden.

Je nach Art der fiktiven Figur können sich Unterschiede hinsichtlich der Reichweite des Gestaltenschutzes ergeben. Dies hat insbesondere die „Pippi-Langstrumpf"-Entscheidung des Bundesgerichtshofs gezeigt, in der bestimmt wurde, dass die Optik einer literarischen Figur nicht an einem isolierten Gestaltenschutz teilnehmen könne, da sie nicht hinreichend objektiv erkennbar werde. Literarische Figuren sind demnach dem isolierten Gestaltenschutz zwar grundsätzlich zugänglich, für sie gelten jedoch andere Maßstäbe als für Comicfiguren, deren Schutz sich auch aus einer einprägsamen Kombination ihrer optischen Merkmale ergeben kann. Dementsprechend ist der Schutzbereich von Comicfiguren weiter als der von literarischen Figuren.

B. Unterschiedliche Modelle für den urheberrechtlichen Gestaltenschutz in der Literatur

In der Literatur wird der isolierte Gestaltenschutz unterschiedlich beurteilt.[167] Zumindest für bildliche fiktive Figuren wird er überwiegend befürwortet, im Falle der literarischen Figuren wird er teilweise gänzlich abgelehnt, teilweise nur unter gewissen Voraussetzungen zugelassen.

I. Gestaltenschutz unabhängig von der Werkgattung der fiktiven Figur

Ausdrücklich bejaht *Graef* den Schutz der Gestalt, unabhängig davon, ob es sich um eine bildliche oder literarische Figur handelt.[168] Die Erschaffung fiktiver Figuren sei eine honorable Leistung von besonderem geistig-kreativen Gehalt, welcher der Schutz der konkreten Einzeldarstellung oder des Gesamtwerkes, in dem die Figur auftrete, nicht gerecht würde. Ein zu enger Schutzbereich führe vor allem zu Lücken bei der Bekämpfung von Produktpiraterie im Merchandisingbereich, was die Urheber fiktiver Figuren schädigen könne.

---

167 *Ruijsenaars*, Character Merchandising, S. 116; *ders.*, GRUR Int. 1993, 811; *Schulze*, ZUM 1997, 77, 78; *Willi*, WRP 1996, 652, 656; für einen Gestaltenschutz auch für literarische Figuren: *Graef*, ZUM 2012, 108; gegen den Gestaltenschutz literarischer fiktiver Figuren: *Erdmann*, WRP 2002, 1329, 1335.
168 *Graef*, ZUM 2012, 108, 110, 117; ähnlich *Hahn*, ZUM 2014, 239, 241.

II. Umfassender Schutz des „inneren Gesamtbildes“ einer fiktiven Figur

Einen besonders weiten Schutzumfang spricht *Ruijsenaars* fiktiven Figuren zu. Er schlägt vor, dass Schutzgegenstand nicht nur das äußerlich wahrnehmbare Konzept, sondern auch das sog. „innere Gesamtbild“ des Autors von der Figur sein müsse, da dieses der Konzeption der Figur des Autors von Beginn an zu Grunde läge und nicht erst, nachdem alle Aspekte der Figur zum Publikum vorgedrungen seien.[169] Er kritisiert an der Rechtsprechung zu Comicfiguren, dass diese innere Merkmale stets aus dem äußeren Erscheinungsbild ableite, was zu einer Überbewertung des Kriteriums der optischen Gestaltung führe. Insbesondere bei Comicfiguren sei eine ausgewogene Gewichtung sowohl innerer als auch äußerer Merkmale bei der Bestimmung der Schutzfähigkeit geboten, da diese eine „Doppelnatur“ aufwiesen, indem sie sowohl grafische als auch literarische Figur seien.[170] Diese Bedenken dürften seit der „Pippi Langstrumpf“-Entscheidung, in der der Bundesgerichtshof sogar überwiegend auf die inneren Merkmale der fiktiven Figur eingeht, jedoch überholt sein.

III. Differenzierung zwischen Comicfiguren und literarischen Figuren

Gegenüber den Befürwortern eines weiten isolierten Gestaltenschutzes steht eine Position, welche die Nähe des Gestaltenschutzes zum unzulässigen Ideenschutz problematisiert.[171] Es könne schnell übersehen werden, dass die einzelnen Merkmale einer Figur lediglich eine „Ansammlung von Ideen“ seien und für sich betrachtet nicht schutzfähig seien. Allenfalls könne ein individuelles Gesamtkonzept oder Persönlichkeitsprofil einen schutzfähigen Inhalt formen, sofern dieser in der optischen Darstellung oder mit Hilfe des literarischen Kontextes hinreichend wahrnehmbar werde.

Erdmann hält die Unterscheidung zwischen Form und Inhalt grundsätzlich für missverständlich, da Form und Inhalt nicht selten untrennbar miteinander verbunden seien.[172] Er schlägt hinsichtlich der isolierten Schutzfähigkeit fiktiver Figuren eine klare Differenzierung zwischen Comicfiguren und literarischen Figuren vor. Der Schutz visueller Gestalten ergebe sich aus vorhandenen „jeweils

169 *Ruijsenaars*, Character Merchandising, 1997, S. 116.
170 *Ruijsenaars*, Character Merchandising, München 1997, S. 10, S. 123; *ders.*, GRUR Int. 1993, 811, 815.
171 *Kitz*, GRUR-RR 2007, 217, 218; *Hertin*, WRP 2000, 889, 892; *Schulze*, ZUM 1997, 77, 78; *Willi*, WRP 1996, 652. 657; *Rehbinder*, FS Schwarz, S. 170.
172 *Erdmann*, WRP 2002, 1329, 1335.

gleichbleibenden Äußerlichkeiten“, die in den Schutzbereich einbezogen würden. Da die Äußerlichkeiten von literarischen Figuren nur verbal beschrieben werden könnten, hält er diese für nicht ausreichend konkretisiert. Entgegen der Ansicht des Bundesgerichtshofs könnten auch besondere charakterliche Eigenschaften nicht zur isolierten Schutzfähigkeit literarischer Persönlichkeiten führen. Diese seien nämlich stets abhängig von dem konkreten Beziehungs- und Handlungsgeflecht innerhalb der konkreten Fabel.[173]

Rehbinder will literarische Figuren immerhin dann isoliert schützen, wenn diese neben den prägenden Eigenschaften auch eine bedeutende Funktion innerhalb des Handlungsablaufs erfüllen, so dass sie sich deutlich von der Geschichte abheben und nicht bloße „Handlungsvehikel“ seien, deren eigenständige Merkmale hinter dem Inhalt der Geschichte verblassen.[174] Er unterscheidet vier Merkmale, die einer fiktiven Figur in ihrer Gesamtheit persönliche Prägung verleihen können: „Ihre körperliche Erscheinung, ihr sprachlicher Ausdruck, ihre charakterlichen Eigenschaften und ihr Name“. Entscheidend sei, dass die Figur aus einer Vielzahl der denkbaren Merkmale zu einem „differenzierten, lebensechten“ Bild einer fiktiven Persönlichkeit modelliert würde.[175] Im Gegensatz zu *Graef*, der ohne einen Gestaltenschutz Lücken im Schutz des Merchandisingbereichs befürchtet, hält *Rehbinder* den Schutz der fiktiven Figur, gerade aufgrund der Merchandisingfähigkeit der Figuren hauptsächlich für eine Aufgabe des gewerblichen Rechtsschutzes.[176]

Raue vertritt eine Ansicht, die weitgehend den Ausführungen des Bundesgerichtshofs entspricht. Er hält literarische Figuren für isoliert schutzfähig und auch eine Übernahme ihrer äußeren Merkmale in andere Werkarten für möglich. Im Ergebnis seien diese aber meist nur eine freie Anspielung, die eine freie Benutzung darstelle.[177]

C. Gestaltenschutz als unangemessene Einschränkung für Fan Art?

Im Folgenden soll zunächst Stellung zur Notwendigkeit eines isolierten Gestaltenschutzes genommen werden. Dabei ist auf die unterschiedlichen Ausprägun-

---

173 *Erdmann*, WRP 2002, 1329, 1335.
174 *Rehbinder*, FS Schwarz, S. 171.
175 *Rehbinder*, FS Schwarz, S. 170.
176 *Rehbinder*, FS Schwarz, S. 182; ähnlich: *Raue*, FS Wandtke, S. 296; a.A. *Graef*, ZUM 2012, 108, 110, 117.
177 *Raue*, FS Wandtke, S. 295; i. Erg. auch: Fromm/Nordemann/*Nordemann*, § 2 Rn. 102.

gen des Gestaltenschutzes in Rechtsprechung und Literatur einzugehen und zu ermitteln, ob das Schutzkonzept zu einer ungerechtfertigten Beeinträchtigung von Fan Art führt oder ob es gewichtige Gründe gibt, die dafür sprechen an einem isolierten Gestaltenschutz festzuhalten.

I. Zur Rechtfertigung des Gestaltenschutzes

1. Überblick

Begrenzt man den Schutz fiktiver Figuren nur auf ihre konkrete Formgebung, blieben ihr aus urheberrechtlicher Sicht einige Schutzbereiche verwehrt. Gemeint sind damit nicht nur Transformationen in eine völlig neue Werkart, wie bspw. die Darstellung einer Comicfigur durch Cosplay, auch innerhalb derselben Werkart wäre es möglich, eine fiktive Figur zu übernehmen, ohne urheberrechtliche Schutzbereiche zu tangieren, wie folgendes Beispiel verdeutlicht:

Der Bestsellerroman „Fifty Shades of Grey“ von *E.L. James* war in Fankreisen der „Twilight“-Saga von *Stephenie Meyer* ursprünglich als Fan Fiction zu der Romanreihe unter dem Titel „Master of the Universe“ bekannt.[178] *E.L. James* hatte eine Reihe von „Twilight“-Charakteren, darunter auch die Hauptcharaktere „Edward Cullen“ und „Bella Swan“ teilweise nahezu identisch übernommen und in ein alternatives Setting ohne die prägenden mystischen Elemente (Vampirismus und Lykanthropie) der „Twilight“-Romane integriert.[179] Die Handlung der Fan Fiction legt ihren Fokus auf die sexuelle Beziehung der Charaktere „Edward“ und „Bella“ und hat nicht viel mit dem Handlungsablauf in „Twilight“ gemein.

Unterstellt man die Schutzfähigkeit der übernommenen Charaktere unter Zugrundelegung des isolierten Gestaltenschutzes, könnte bereits die Übernahme der Charaktere trotz der alternativen Handlung ein urheberrechtlich relevantes Verhalten darstellen, mit dem Ergebnis, dass *Stephenie Meyer* an *E.L. James* herantreten und gegebenenfalls Lizenzgebühren für die Nutzung „ihrer“ Charaktere verlangen könnte.[180] Ohne Gestaltenschutz könnte *E.L. James* die Charaktere in beliebig vielen Geschichten auftreten lassen, solange diese nicht dem Handlungsrahmen der „Twilight“-Saga ähneln. Vergegenwärtigt man sich den Werdegang von „Master of the Universe“ von der Fan Fiction zum Bestselleroman „Fifty

178 *E.L. James* alias „Snowqueens Icedragon“, Master oft he Universe – Fifty Shades Of Fucked Up. Die Fan Fiction war 2013 noch online abrufbar, mittlerweile ist sie aus dem Netz genommen worden.

179 *Djordevic*, Fanfiction: 50 Shades of Copryright, abrufbar unter der URL: http://irights.info/blog/arbeit2.0/ 2013/01/28/50-shades-of-copyright/ (letzter Abruf: 15.06.2015).

180 Vgl. BGH WRP 2014, 178 – Pippi Langstrumpf; BGH GRUR 1999, 984, 986 – Laras-Tochter.

Shades of Grey" erscheint es nicht abwegig, dass *Stephenie Meyer* ein Interesse daran haben darf, an dem Erfolg von *E.L. James* zu partizipieren. Schließlich erregte die Fan-Autorin zunächst vor allem deshalb Aufmerksamkeit, weil sie sich die Bekanntheit der „Twilight"-Charaktere für ihre Geschichten zu Nutze machte. Sie profitierte von einer kreativen Leistung *Stephenie Meyers*, nämlich der Entwicklung einprägsamer Charakterkonzepte, dem sog. „Character Design".

2. Gestaltenschutz als Schutz von „Character Design" als kreative Leistung

Ein Argument, dass für die Notwendigkeit eines isolierten Gestaltenschutzes vorgebracht wird, ist die kreative Leistung, die beim sog. „Character Design" erbracht wird.[181]

Character Design spielt sowohl für die Gestaltung eines Comics, als auch eines Romans, Films oder Computerspiels eine wichtige Rolle. Meist werden die Figuren bereits vor der Ausgestaltung der eigentlichen Geschichte oder Storyline konzipiert.[182] Im Comic- und Filmbereich wird dazu ein sog. „Character Sheet" erstellt, das mehrere Ansichten der Figur darstellt und Bemerkungen zu ihren wesentlichen Charaktereigenschaften und ihrer Hintergrundgeschichte enthält.[183]

Wenn die fiktiven Figur im Fall des Character Design von Beginn an losgelöst von dem Gesamtwerk konzipiert wird, erscheint es sinnvoll, die Gestalt dementsprechend isoliert von dem Gesamtwerk zu schützen, sofern das Charakter Design hinreichend eigenpersönliche Merkmale aufweist.

3. Gestaltenschutz als Grundlage des „Character Merchandising"

Teilweise wird befürchtet, dass eine Begrenzung des Schutzes fiktiver Figuren eine Beeinträchtigung der Merchandisingindustrie zu bekannten fiktiven Figuren bewirken könnte und dass daraus eine Schädigung der Rechteinhaber fiktiver Figuren resultieren könnte.[184]

Unter dem sog. „Character Merchandising" oder „Licensing" versteht man die Sekundärnutzung einer fiktiven Figur, die sowohl eine wirtschaftliche Verbesse-

---

181 Vgl. BGH GRUR 1994, 191, 192 – Asterix-Persiflagen; *Graef*, ZUM 2012, 108, 110.

182 Zu Techniken des „Character Designs" vgl. *Formann/Raphelt*, Character Design, 2011; *Tillman*, Creative Character Design, 2011; *Eisner*, Expressive Anatomy for Comics and Narrative, 2008; *McCloud*, Comics machen, 2007.

183 *Tillman*, Creative Character Design, S. 144.

184 *Graef*, ZUM 2012, 108, 110, 117, der auf jährliche Schäden in Milliardenhöhe durch Produktpiraten und Plagiateure hinweist.

rung des Primärmarkts der Rechteinhaber bezweckt, als auch eine Bewerbung des Sekundärmarkts des Lizenznehmers.[185]

Als Vorreiter des klassischen „Character Merchandisings" gilt *Walt Disney.* Er begann Anfang der 1930er Jahre mit der umfassenden Lizensierung seiner Charaktere, insbesondere der Figur „Mickey Mouse" für Waren und Dienstleistungen jeglicher Art. Die Einnahmen, die aus der Lizensierung erzielt wurden, dienten der Finanzierung des Primärguts, nämlich der Filmproduktion.[186] Sie verschafften Disney die Möglichkeit, den Schaffensprozess durch notwendige finanzielle Mittel zu fördern und die Qualität des Endprodukts zu steigern.

Heute ist der Disney-Konzern für seine sog. „pre-release strategies" bekannt, man spricht teilweise auch vom sog. „Disney Licensing", wenn Merchandising bereits vor der Veröffentlichung des eigentlichen kreativen Produktes genutzt wird, um dessen Produktion zu fördern und schließlich die Bekanntheit und Beliebtheit der auftretenden Figuren zu steigern.[187]

Die Merchandisingindustrie gilt als ein „multi-billion dollar business", was den lizensierten „Characters" einen hohen ökonomischen Wert zukommen lässt.[188] Im Jahr 2013 erzielte bspw. der Disney-Konzern Einnahmen in Höhe von 3,6 Billionen Dollar allein durch die Lizensierung von Merchandisingartikeln.[189] Zu der Disneyfilmproduktion „Der König der Löwen" sollen die Handelsumsätze aus dem Lizenzgeschäft bei über 1,5 Mrd. Dollar gelegen haben und in Deutschland rund 60 Lizenznehmer aus den unterschiedlichsten Branchen verzeichnet worden sein (u. a. Lebensmittelindustrie, Spielzeugbranche, Computerspielhersteller).[190] Diese breit gefächerte Nebenrechtverwertung nennt man „360-Grad Lizensierung".[191] Im Rahmen eines umfassenden Lizenzprogramms werden

185 Vgl. WIPO-Studie zum Character Merchandising, Dokument WO/INF/93, S. 5 ff.; *Meyer*, Character Merchandising, S. 8 f.; *Schertz*, ZUM 2003, 631; *ders.*, Merchandising, Rn. 21 ff.; *Ruijsenaars*, GRUR Int. 1994, 309; *Feindor*, in: Publishing Research Quarterly, (Spring 2002), S.3.

186 *Böll*, Merchandising und Licensing, S. 19.

187 vgl. *Wasko*, Understanding Disney, S. 72 ff.; *Böll*, Merchandising and Licensing, S. 156 ff.; *Meyer*, Character Merchandising, S. 13.

188 *Karjala*, in: 38 Ariz. St. L. J., 17, (2006) S. 24; *Leaffer*, in: 11 Entertainment & Sports Law Review, 453, (1995), S. 453 f.; *Lalor*, in: Journal of Law and Technology, (2005), S. 497; *Pagenberg*, IIC 1987, 457, 459.

189 Vgl. Jahresbericht 2013 der Walt Disney Company: The Walt Disney Company Reports Fourth Quarter and Full Year Earnings for Fiscal 2013, S. 5.

190 Vgl. *Böll*, Merchandising und Licensing, S. 157.

191 *Booth/Hayes*, in: 7:1 Young Consumers: Insight and Ideas for Responsible Marketers, 43, (2006), 43–53; *Pagenberg*, IIC 1987. 457, 460 ff.; zu den Prinzipien des Character Merchandising in der Spielzeugindustrie *Steinberg*, in: 9:2 journal of visual culture, 209, (2010), S. 211 ff.; vgl. auch *Joppich*, GRUR-Prax 2010, 213 zum Fall der Schutzproblematik bei Fernsehshowformaten, wo Erlöse aus der Nebenrechteverwertung (neben der TV-Auswertung eine Vermarktung durch hierbei nicht nur Urheberrechte, sondern das gesamte Spektrum der Immaterialgüterrechte ausgeschöpft, um mögliche Vermögenseinbußen zu minimieren oder ganz zu verhindern. Merchandisingverträge sind daher in der Regel gemischte Verträge, die sowohl Elemente des Marken- als auch des Urheberlizenzvertrages enthalten können.[192]

Kritiker eines allzu umfassenden urheberrechtlichen Gestaltenschutzes verweisen deswegen auf die Schutzmöglichkeit fiktiver Figuren durch Gewerbliche Schutzrechte, insbesondere das Marken- und Geschmacksmusterrecht und sehen hierin die Hauptschutzmöglichkeit für fiktive Figuren, während das Urheberrecht allenfalls eine Art Bonus-Schutzmöglichkeit darstellen solle.[193]

Eine profitable Verwertung fiktiver Figuren scheint ohne das Urheberrecht zumindest nicht unmöglich zu sein, dennoch wäre eine Beschränkung des Schutzes fiktiver Figuren auf gewerbliche Schutzrechte eine nicht unerhebliche Beeinträchtigung. Ein Vorteil des urheberrechtlichen Schutzes fiktiver Figuren besteht nämlich darin, dass er automatisch ab Fertigstellung des Werkes einsetzt, keine kostenpflichtige Anmeldung oder Registrierung erfordert und einen langjährigen Schutz bis zu 70 Jahre nach dem Tod des Urhebers gewährt.[194] Des Weiteren kann der urheberrechtliche Gestaltenschutz umfassender sein als etwa markenrechtlicher Schutz, da sich der urheberrechtliche Schutzbereich nicht auf eine konkrete Darstellung der Figur beschränkt, sondern auch auf Werktransformationen erstrecken kann. Dies kann die Anmeldung mehrerer Marken oder Geschmacksmuster für Illustrationen, Puppen oder Kostüme sogar ersparen.

Der isolierte urheberrechtliche Schutz fiktiver Figuren ist somit vor allem für die Bewertung der Vermarktungsmöglichkeiten der Figur von Relevanz.[195] Erfährt der Schutz eine Einschränkung, hat dies auch eine Einschränkung der Vermarktungsmöglichkeiten und damit eine Beeinträchtigung wirtschaftlicher Interessen der Urheber und Rechteinhaber zur Folge.

Merchandising und Licensing in den Bereichen Online, Mobile, Print und Event) dazu dienen, rückläufige Werbeeinnahmen und mögliche Vermögenseinbußen durch Nachahmer auszugleichen.

192 *Schertz*, Merchandising, Rn. 37, 56; *ders.*, ZUM 2003 631, 639; *Adams*, Merchandising Intellectual Property, S. 5.

193 *Rehbinder*, FS Schwartz, S. 182; *Raue*, FS Wandtke, S. 296; insb. zur markenrechtlichen Schutzfähigkeit *Meyer*, Character Merchandising, S. 23 ff.; einen Überblick über diverse Schutzmöglichkeiten fiktiver Figuren liefern *Ruijsenaars*, Character Merchandising, S. 90 ff.; *Schertz*, Merchandising, Rn. 48 ff.; *Adams*, Merchandising Intellectual Property, S. 3 ff..

194 ähnlich verhält es sich im Copyright, dazu *Vaver*, IIC 1978, 541, 546.

195 *Ruijsenaars*, Character Merchandising, S. 180.

4. Ergebnis

Es sprechen gewichtige Gründe für ein Festhalten an dem Grundmodell des isolierten Gestaltenschutzes.

Für die Erschaffung einer fiktiven Figur wird nicht nur ein zu wertschätzender kreativer Aufwand betrieben, mit der Figur sind auch beachtenswerte wirtschaftliche Interessen der Rechteinhaber im Bereich des sog. „Character Merchandising“ verbunden.

Dem isolierten Gestaltenschutz eine völlige Absage zu erteilen, würde zwar deutlich mehr Freiräume für Fan Art schaffen, hätte allerdings auch gravierende Einbußen auf Seiten der Urheber zur Folge.

Da ein gerechter Interessenausgleich erzielt werden soll, kann die völlige Abschaffung eines isolierten Gestaltenschutzes nicht das Ziel sein.

Es stellt sich jedoch die Frage, ob die derzeitige Ausprägung des Gestaltenschutzes zu einer Übergewichtung des Ausschließlichkeitsinteresses der Urheber führt.

II. Begrenzung des Gestaltenschutzes

In der „Pippi Langstrumpf“-Entscheidung hat der Bundesgerichtshof den zuvor durch die Vorinstanz weit ausgedehnten Schutzbereich literarischer Figuren wieder eingrenzt und Klarheit hinsichtlich der anzulegenden Maßstäbe geschaffen.[196]

Die Differenzierung zwischen literarischen Figuren und bildlichen Figuren, die der Bundesgerichtshof bei der Bestimmung des Schutzumfangs vornimmt, ist begrüßenswert. Sie trägt vor allem dem Umstand Rechnung, dass das „Bild“ einer literarischen Figur nicht in jedem Fall einheitlich ist.[197] Es entsteht im Regelfall erst im Kopf des Lesers und ist folglich subjektiv. Dennoch sollte die literarische Figur deswegen nicht schutzunfähig sein. In ihrem Fall kann sich die Schutzfähigkeit aus einer einprägsamen Kombination von Charaktereigenschaften ergeben.

Beachtet werden muss besonders mit Sicht auf die Unzulässigkeit des Schutzes der Idee, dass es zu keiner Überdehnung von Schutzbereichen kommt. Sofern es im Fall „Pippi Langstrumpf“ tatsächlich lediglich um das Kostümieren als „Pippi Langstrumpf“ gegangen wäre, ist dem Bundesgerichtshof zuzustimmen, wenn er den Schutzbereich einer literarischen Figur eingrenzt. Von einer Beschreibung bis zu einer Kostümierung sind mehr als ein transformativer Akt

---

196 BGH WRP 2014, 178 – Pippi Langstrumpf; OLG Köln ZUM 2012, 407, 408; *Hahn*, ZUM 2014, 239.
197 So argumentierte bereits LG Köln GRUR-RR 2002, 3, 4 – Harry Potter.

erforderlich. Zunächst bedarf es eines konkreten Bildes, das ausgehend von der Beschreibung entstehen muss. Erst dann kann die Umsetzung des zweidimensionalen Bildes in ein dreidimensionales Kostüm erfolgen, das Kostüm wiederum ist in seiner Wirkung abhängig von der Art und Weise seiner Präsentation durch den Träger oder die Trägerin. Argumentierte man, dass all diese Schritte in einer Literaturvorlage angelegt seien, unterwirft man zahlreiche, möglicherweise alle Darstellungsmöglichkeiten einer fiktiven Figur der Kontrolle des Urhebers. Es würde nicht deutlich, wo der Schutz einer fiktiven Figur endet.

Der isolierte Gestaltenschutz birgt bei zu starker Ausdehnung gewisse Nachteile in sich, die sich allerdings vermeiden lassen, wenn gewisse Grundsätze beachtet werden, die im Folgenden erörtert werden sollen.

1. Freihaltebedürfnis für Ideen beim Schutz fiktiver Figuren

Der isolierte Schutz fiktiver Figuren sollte den Grundsatz des Freihaltebedürfnisses von Ideen im Urheberrecht wahren.[198] Dieses Freihaltebedürfnis folgt aus der Abwägung der materiellen und ideellen Interessen des Urhebers mit dem Interesse der Allgemeinheit schöpferisch tätig sein zu können und auf kulturelle Erzeugnisse zugreifen zu können, ohne durch Monopole eines einzelnen Urhebers Einschränkungen zu erfahren.[199] Im Extremfall könnte sonst der kulturelle und wissenschaftliche Fortschritt zum Erliegen kommen.[200] Die reine Idee ist nicht sinnlich wahrnehmbar und mangels äußerer Gestaltungsform als Rechtsgut nicht begrenzbar.[201] Etwas nicht oder nur schwer Begrenzbares zu schützen, führt zu Rechtsunsicherheit.

Will man eine fiktive Figur unter Wahrung des Freihaltebedürfnisses von Ideen schützen, so kommt es vor allem darauf an, was an der Figur als wahrnehmbarer und schutzfähiger Inhalt angesehen wird und was nicht wahrnehmbare, schutzunfähige Idee bleibt.[202]

---

198 BGH GRUR 2003, 876, 878 – Sendeformat; BGH GRUR 1979, 119, 120 – Modeschmuck; Fromm/Nordemann/*Nordemann*, § 2 Rn. 44; Schricker/Loewenheim/*Loewenheim*, 4. A. 2010, § 2 Rn. 51; Dies ist auch der internationale Konsens, Art. 9 Abs. 2 TRIPS: „Der urheberrechtliche Schutz erstreckt sich auf Ausdrucksformen und nicht auf Ideen, Verfahren, Arbeitsweisen (...)."

199 BGH GRUR 1995, 47, 48 – Rosaroter Elefant; BGH GRUR 1987, 704, 706 – Warenlexika; Wandtke/Bullinger/*Bullinger*, § 2 Rn. 39; *Hoeren*, MMR 2000, 3; *Berking*, Die Unterscheidung von Form und Inhalt im Urheberrecht, S. 35.

200 *Stamer*, Schutz der Idee, S. 56; *Schack*, §9 Rn. 194.

201 *Berking*, Die Unterscheidung von Inhalt und Form im Urheberrecht, 2002, S. 73; Wandtke/Bullinger/*Bullinger*, § 2 UrhG Rn. 39.

202 *Kitz*, GRUR-RR 2007, 217, 18; zur Formgebung als allgemeine Schutzvoraussetzung: *Berking*, Unterscheidung von Inhalt und Form im Urheberrecht, S. 72.

2. Schutz des „äußeren", nicht des „inneren Gesamtbildes" der Gestalt

Mit dem Modell von *Ruijsenaars*, wonach die Gestalt, die allen Einzeldarstellungen zu Grunde liegt, das sog. „innere Gesamtbild" von der Figur, geschützt werden soll, läuft man Gefahr auf einer rein geistigen Ebene anzusetzen, die der objektiven Wahrnehmung nicht zugänglich ist. Das reine Vorstellungsbild eines Autors von einer Figur ist nicht objektiv überprüfbar. Diese Ebene ist nichts anderes als die Idee von der Figur.[203]

Das von *Ruijsenaars* vorgeschlagene Modell ist daher abzulehnen. Anknüpfungspunkt für einen isolierten Gestaltenschutz sollte nicht das „innere Gesamtbild" sein, welches sich auf der rein geistigen Ebene der Idee befindet, sondern das „äußere Gesamtbild" der Gestalt, das sich aus allen konkreten und objektiven Einzeldarstellungen, den sog. formbildenden Elementen[204], einer Figur ergibt, wie folgende Abbildung veranschaulicht:

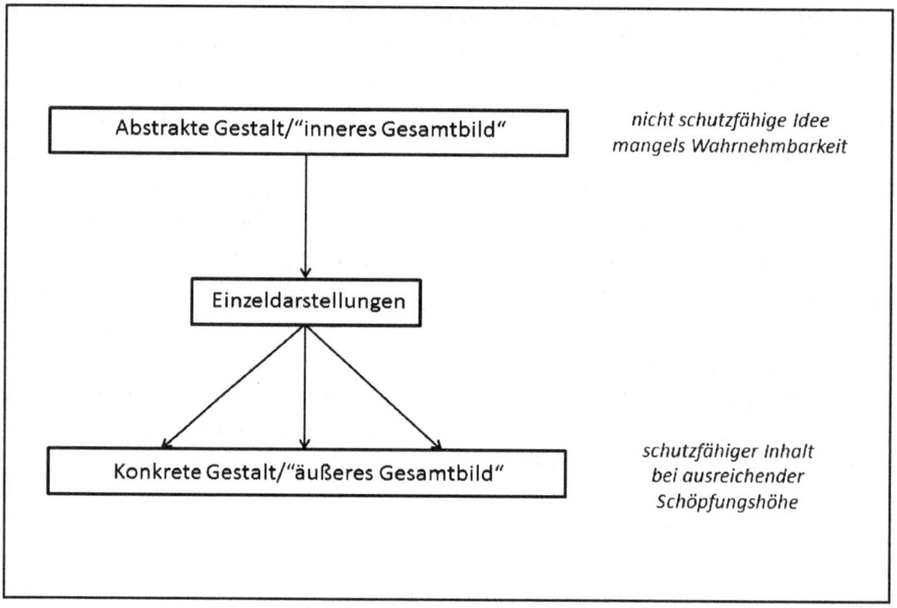

203 Vgl. *Stamer*, Schutz der Idee, S. 42.

204 In diesem Sinne auch BGH WRP 2014, 178, Tz. 31 – Pippi Langstrumpf; BGH GRUR 1994, 191, 192 – Asterix-Persiflagen; *Willi*, WRP 1996, 652, 657, der von der „Summe aller möglichen Bilder" spricht.

3. Konkretisierter Schutzumfang

Ein isolierter Gestaltenschutz birgt die Gefahr in sich, zu schwer begrenzbaren Schutzbereichen zu führen. Entgegen der grundsätzlichen Tendenz, die Schwelle des Urheberschutzes kreativer Leistungen stetig abzusenken[205], sollte zumindest im Falle des isolierten Gestaltenschutzes ein strenger Maßstab an die erforderliche Gestaltungshöhe fiktiver Figuren angelegt werden. Zudem sollte der Umfang des isolierten Gestaltenschutzes hinreichend konkretisiert sein, um Rechtunsicherheit und eine Behinderung des kulturellen Austauschs zu vermeiden.[206] Die Reichweite des isolierten Gestaltenschutzes kann danach bestimmt werden, welche formgebenden Elemente Teil des objektiven „äußeren Gesamtbildes" der Figur geworden sind.

Erdmann schlägt eine grundsätzliche Differenzierung nach Art der fiktiven Figur vor, indem er einen isolierten Gestaltenschutz für Comicfiguren befürwortet und für literarische Figuren ablehnt.[207] Diese Differenzierung kann jedoch nicht überzeugen, insbesondere nicht die These, dass eine literarische Figur stets an die Fabel gebunden sei und folglich nicht isoliert schutzfähig sein könne. Ebenso wie sich das „äußere Gesamtbild" von einer Comicfigur durch zahlreiche Einzeldarstellungen der Figur in den Comics formen kann, ist es möglich, dass sich ein konkretes Charakterbild aus zahlreichen Charakterbeschreibungen der literarischen Figur in dem Roman formt.[208]

Problematisch ist im Falle literarischer Figuren lediglich, ob auch optische Merkmale Teil des schutzfähigen „äußeren Gesamtbildes" von der Figur werden können oder ob sie auf der rein abstrakten Ebene verbleiben. Dies hätte Auswirkungen auf die Reichweite ihres Schutzumfangs. Wenn nämlich optische Merkmale einer literarischen Figur nicht schutzfähig sind, wären Zeichnungen von literarischen Figuren, den Ansatz des Bundesgerichtshofs konsequent zu Ende gebracht, im Regelfall freie Benutzungen gemäß § 24 Abs. 1 UrhG.[209] Um festzustellen, ob die Optik einer literarischen Figur Teil des schutzfähigen „äußeren Gesamtbildes" ist, kann danach differenziert werden, ob in zeichnerischen Darstellungen der Figur eine **einheitliche** Optik erkennbar wird oder ob diese variiert. Letzteres lässt darauf schließen, dass sich das optische Bild der Figur aus-

205 Vgl. dazu BGH NJW 2014, 469 – Geburtstagszug; BGH GRUR 2009, 403 – Metall auf Metall.
206 Erkennbarkeit eines zunehmenden Schutz des „banaler" Schöpfungen bei BGH NJW 2014, 469 – Geburtstagszug; BGH GRUR 2009, 403 – Metall auf Metall; Kritisch demgegenüber *Peifer*, FS Pfennig, S. 95; *Schack*, FS Wandtke, S. 12.
207 siehe B. III.
208 Vgl. BGH WRP 2014, 178, Tz. 31 – Pippi Langstrumpf.
209 Siehe dazu: A. II. 2..

schließlich in der subjektiven Vorstellung des jeweiligen Lesers formt und nicht Teil eines hinreichend konkreten Charakterbildes geworden ist.

Einen ähnlichen Ansatz verfolgte das Landgericht Köln hinsichtlich des Schutzumfangs der literarischen Figur „Harry Potter".[210] Man stellte fest, dass zwar visuelle Darstellungen der Figur „Harry Potter" auf Buchcovern und in Verfilmungen existieren, dennoch gleichen sich die Darstellungen jeweils nur darin, dass sie einen Jungen mit Brille, einer Narbe auf der Stirn und dunklen Haaren darstellen. Im Übrigen vermitteln die Zeichnungen jeweils einen anderen optischen Eindruck von der Figur. Während der „Harry Potter" auf den Buchcovern der deutschen Übersetzung einen vorwitzigen und frechen Eindruck vermittelt, der in dem verwegenen Gesichtsausdruck, den zerzausten braun-grünen Haaren und einer notdürftig geflickten bunten Brille zum Ausdruck kommt[211], gleicht der „Harry Potter" auf dem englischen Original[212] einem unscheinbaren Musterschüler in Schuluniform. Diese Gegenüberstellung verdeutlicht, dass es kein einheitliches Bild von der Figur „Harry Potter" gibt. Die übereinstimmenden Eigenschaften „Junge mit Brille, Narbe und braunen Haaren" sind nicht individuell genug, um urheberrechtlich schutzfähig zu sein. Die Optik von „Harry Potter" kann demnach nicht an dem isolierten Schutz der Figur teilnehmen. Dementsprechend berühren einzelne Zeichnungen der Figur nicht ihren Schutzbereich.

Das Beispiel „Pippi Langstrumpf" scheint auf den ersten Blick anders gelagert zu sein. Es existiert eine sehr detaillierte Beschreibung der optischen Merkmale der literarischen Figur. In der deutschen Übersetzung heißt es über „Pippi Langstrumpf":

> „Ihr Haar hatte dieselbe Farbe wie eine Möhre und war in zwei feste Zöpfe geflochten, die gerade vom Kopf abstanden. Ihre Nase hatte dieselbe Form wie eine ganz kleine Kartoffel und war völlig von Sommersprossen übersät. Unter der Nase saß ein wirklich riesig breiter Mund mit gesunden weißen Zähnen. Ihr Kleid war auch ziemlich merkwürdig. (...) Es war wunderschön gelb; aber weil der Stoff nicht gereicht hatte, war es zu kurz, und so guckte eine blaue Hose mit weißen Punkten darunter hervor. An ihren langen Beinen hatte sie ein Paar lange Strümpfe, einen geringelten und einen schwarzen. Und dann trug sie ein paar schwarze Schuhe, die genau so groß waren wie ihre Füße."[213]

---

210 LG Köln GRUR-RR 2002, 3, 4 – Harry Potter.

211 Vgl. Covergestaltung von *Sabine Wilharm* zur deutschen Übersetzung von „Harry Potter und der Stein der Weisen", erschienen im Carlsen Verlag, 1998.

212 Vgl. Covergestaltung von *Mary GrandPré* zum englischen Original „Harry Potter and the Sorcerer's Stone", by J.K. Rowling, Scholastic, 1998.

213 Vgl. BGH WRP 2014, 178, Tz. 2 – Pippi Langstrumpf.

Die optischen Merkmale der Figur sind sehr detailliert beschrieben. Denkbar ist somit zumindest in der Theorie, dass dadurch ein einheitliches Bild von der Figur erzeugt wird und eine Zeichnung, die sich an der vorliegenden Beschreibung orientiert, automatisch den Schutzbereich der literarischen Figur „Pippi Langstrumpf" berührt. Interessanterweise variiert das Darstellungsbild der „Pippi Langstrumpf" in den bislang offiziell veröffentlichten Illustrationen und Covergestaltungen dennoch.

Die von *Astrid Lindgren* 1944 noch selbst gezeichnete „Ur-Pippi" zeigt eine Gestalt in einem sehr abstrakten Zeichenstil mit hochstehenden Zöpfen in einem überwiegend blauen Hemdkleid, die einem Clown gleicht.[214] Wesentlich geprägt haben die Vorstellung von „Pippi Langstrumpf" erst die Zeichnungen von *Vang Nyman*, welche „Pippi Langstrumpf" in einem naiven Zeichenstil mit abstehenden roten Zöpfen, in einem ebenfalls blauen Hemdkleid und mit mandelförmigen Augen darstellen.[215] Auf die Darstellung der Figur mit schräg stehenden Augen verzichteten wiederum die deutschen Verleger *Heidi* und *Friedrich Oetinger*, weil sie diese für zu „asiatisch" und damit für den deutschen Markt untauglich hielten.[216] Der deutsche Illustrator *Walter Scharnweber* sollte „Pippi" daher mit „europäischeren" Gesichtszügen zeichnen. *Scharnwebers* Zeichnungen von „Pippi Langstrumpf" vermitteln zudem einen deutlich braveren Eindruck von der Figur. Die Zöpfe stehen nicht ab, sondern hängen ordentlich geflochten auf die Schultern des Mädchens herab.[217] Das „zu kurze" Kleid wurde sowohl in der Übersetzung als auch in der zeichnerischen Darstellung durch eine Hose ergänzt, weil man es für zu anstößig hielt.[218] In späteren Illustrationen von *Kartin Engelking* hat Pippi Langstrumpf wiederum ein sehr asiatisch wirkendes Gesicht mit Schlitzaugen.[219] Die offiziellen Darstellungen von „Pippi Langstrumpf" haben lediglich gemeinsam, dass sie ein junges Mädchen in bunten Kleidern, mit roten Zöpfen und Kniestrümpfen darstellen. Dass es sich dabei um „Pippi Langstrumpf" handelt, wird besonders dann erkennbar, wenn in der Zeichnung die Charaktereigenschaften der Figur wahrnehmbar werden. Die Darstellung von *Walter Scharnweber* hat wenig mit der beschriebenen „Pippi Langstrumpf" gemeinsam. Sie wirkt zu brav. Die Darstellungen von *Vang Nyman* sind dagegen sehr dynamisch und

---

214 Vgl. Cover der sog. „Ur-Pippi", erschienen beim Oetinger-Verlag, 2007; einen Überblick über die Entwicklung der zeichnerischen Darstellung der Figur liefert *Kümmerling-Meibauer*, kjl & m, 59. Heft (2007), S. 19 – 27.

215 Vgl. Covergestaltung zu „Kennst du Pippi Langstrumpf?", Oetinger-Verlag, 1961.

216 *Kümmerling-Meibauer*, kjl & m, 59. Heft (2007), S. 19 – 27.

217 Vgl. Covergestaltung zu „Pippi Langstrumpf", deutsche Übersetzung, Oetinger-Verlag, 1986.

218 *Kümmerling-Meibauer*, kjl & m, 59. Heft (2007), S. 19 – 27.

219 Vgl. Covergestaltung zu „Pippi Langstrumpf geht an Bord", Oetinger-Verlag, 2007.

verdeutlichen den unkonventionellen Charakter der Figur. In der Covergestaltung zu „Kennst du Pippi Langstrumpf“ wird insbesondere die außergewöhnliche Stärke des Mädchens erkennbar, indem „Pippi“ dargestellt wird, wie sie ihr Pferd stemmt.[220]

Vergegenwärtigt man sich die Entwicklung der zeichnerischen Darstellung von „Pippi Langstrumpf“, entsteht auch bei diesem Beispiel der Eindruck, dass kein einheitliches **optisches** Bild von der Figur existiert, sondern dass die eigentlichen schutzfähigen Elemente die **Charaktereigenschaften** der Figur sind. Das optische Bild der Figur entsteht erst durch die Transferleistung eines jeden einzelnen Lesers und ist subjektiv. Zwar können Zeichnungen, die nach der Beschreibung einer literarischen Figur angefertigt werden, ein gewisses Bild von dieser Figur verfestigen, dabei ist jedoch zu berücksichtigen, dass diese nicht in jedem Fall von dem Urheber der Figur selbst geschaffen werden, sondern das Werk eines unabhängigen Illustrators sind. Die roten Zöpfe haben im Fall der „Pippi Langstrumpf“ einen gewissen Wiederkennungswert. Dem Bundesgerichtshof ist jedoch zuzustimmen, dass rote Zöpfe und bunte Kleidung allein nicht für einen urheberrechtlichen Schutz ausreichen.[221]

Darüber hinaus ist dem Bundesgerichtshof in dem Punkt zuzustimmen, dass er grundsätzlich äußere Merkmale dem isolierten Gestaltenschutz literarischer Figuren entzieht und diesen vorwiegend mit einer einprägsamen Kombination von Charaktereigenschaften und Verhaltensweisen der Figuren begründet.[222] Denn diese können Teil eines hinreichend konkreten und einheitlichen „äußeren Gesamtbildes“ von der Figur werden, während optische Merkmale einer literarischen Figur im Regelfall von der subjektiven Vorstellung des einzelnen Lesers abhängig sind.

Dies begrenzt den Schutzbereich literarischer Figuren hinsichtlich ihrer Übertragung in andere Werkarten. Denkbar ist, dass die Wesenszüge einer literarischen Figur in einem Comic erkennbar werden, da dieser durch die Handlung und in den Sprechblasen die schutzfähige Kombination der Charaktereigenschaften darstellen kann. Einzelne Zeichnungen berühren den Schutzbereich literarischer Figuren dagegen im Regelfall nicht, da sie vorwiegend optische Merkmale darstellen.

---

220 Vgl. Covergestaltung von *Vang Nyman* zu „Kennst du Pippi Langstrumpf?“, Oetinger-Verlag, 1961

221 BGH WRP 2014, 178, Tz. 45 – Pippi Langstrumpf.

222 Vgl. BGH WRP 2014, 178, Tz. 27 ff. – Pippi Langstrumpf.

III. Konsequenzen für Fan Art

Legt man das Modell eines isolierten Gestaltenschutzes mit konkretisierten Schutzbereichen bei der Verwendung fiktiver Figuren in Fan Art zugrunde, hat dies folgende Konsequenzen:

Ein Charakterportrait, das die Figur „Batman" lediglich in einer anderen Pose darstellt oder Fan Fiction, in der eine alternative Geschichte mit der Figur „Harry Potter" erzählt wird, können Eingriffe in den Schutzbereich der benutzten fiktiven Figur darstellen.

Berücksichtigt werden muss zudem, dass ein Fantum meist mit einem hohen Bekanntheitsgrad einer fiktiven Figur verknüpft ist, der häufig aus deren Präsenz in mehreren Medien resultiert. Illustriert ein Fan „Harry Potter" und orientiert er sich dabei an einer geschützten bildlichen Vorlage, z. B. der Verfilmung, so greift der Fan unter Umständen in Urheberrechte an dieser bildlichen Darstellung ein.

Ein Fan, der allerdings Charaktere aus einem Roman nach seinen Vorstellungen zeichnet und online präsentiert, hat auch dann im Regelfall nicht mit urheberrechtlichen Konsequenzen zu rechnen, wenn er sich dabei an die Beschreibung der literarischen Vorlage hält. Die Optik literarischer Figuren ist nur bedingt konkretisierbar und nimmt daher nicht an einem isolierten Gestaltenschutz teil.

Durch konkretisierte Schutzbereiche kommt es in vereinzelten Fällen der Fan Art somit gar nicht erst zu einem Eingriff.

Der Regelfall ist jedoch, dass eine fiktive Figur, die einmal die Schwelle zur Schutzfähigkeit überschritten hat, einen aus genannten Gründen zu Recht starken isolierten Schutz genießt. In der Konsequenz für Fan Art heißt dies, dass auch konkretisierte Schutzbereiche meist nur wenige Freiräume für kreative Nachschöpfungen von Fans offenlassen. Dies liegt vor allem in der Natur von Fan Art begründet. Es soll eine Hommage an das Original erbracht werden, demzufolge muss dieses in der kreativen Nachschöpfung erkennbar werden.

D. Ergebnis zur urheberrechtlichen Schutzfähigkeit fiktiver Figuren

Verfolgt wurde die These, dass die derzeitige Ausprägung des Gestaltenschutzes mitverantwortlich dafür ist, dass Fan Art in ungerechtfertigter Art und Weise behindert wird, da das Modell zu ausufernden Schutzbereichen führt, welche die Möglichkeiten der freien künstlerischen Auseinandersetzung mit vorbekannten Werken verhindern.

Die These hat sich nur teilweise bestätigt.

Für Fan Art eröffnen sich bei einem Festhalten am isolierten Gestaltenschutz in der Tat nur wenige Freiräume, dennoch wird sie als künstlerische Auseinandersetzung mit vorbekannten Werken nicht gänzlich verhindert.

Es hat sich zudem herausgestellt, dass der isolierte Gestaltenschutz gewichtige urheberrechtliche Interessen schützt, so dass die Einschränkungen, welche sich für Fan Art ergeben, nicht unberechtigt sind. Die Erschaffung einer fiktiven Figur (sog. „Character Design") stellt eine zu wertschätzende kreative Leistung dar. Mit fiktiven Figuren sind zudem beachtenswerte wirtschaftliche Interessen im Bereich des sog. „Character Merchandising" verbunden. Eine Abschaffung oder starke Eingrenzung des isolierten Gestaltenschutzes würde zu einer Verlagerung des Ungleichgewichts zwischen den Interessen von Fans und Urhebern zu Lasten der Urheber und Rechteinhaber führen.

Es wurde zudem festgestellt, dass sich die Nachteile des isolierten Gestaltenschutzes, etwa die Nähe zu einem unzulässigen Ideenschutz, vermeiden lassen, wenn die Schutzbereiche hinreichend konkretisiert werden. Dies kann dadurch erreicht werden, dass sich der isolierte Gestaltenschutz auf das „äußere Gesamtbild" einer Figur bezieht, d. h. das einheitliche Gesamtbild, welches losgelöst von dem Werk, in dem die Figur auftritt, objektiv erkennbar wird. Das sog. „innere Gesamtbild" als Schutzgegenstand ist dagegen ein zu vager Ausgangspunkt, der Gefahr läuft, die Grenze zu einem unzulässigen Ideenschutz zu überschreiten und den Schutzbereich einer fiktiven Figur zu weit aufzublähen. Die Ansicht, welche dieses Schutzkonzept befürwortet, ist mit Rücksicht auf Nutzer- und Gemeinwohlinteressen abzulehnen.

Ob Fan Art zulässig ist, die fiktive Figuren verwendet, ist somit vorrangig davon abhängig, ob urheberrechtlich relevante Verhaltensweisen durch eine Inhalts- oder Schrankenbestimmung privilegiert werden.

3. Kapitel: Die Zulässigkeit der Verwendung geschützter fiktiver Figuren in Fan Art de lege lata

Im 3. Kapitel sollen die Möglichkeiten einer zulässigen kreativen Verwendung geschützter Figuren in Fan Art untersucht werden.

Es ist zunächst festzustellen, in welche urheberrechtlichen Befugnisse Fan Art auf welche Art und Weise eingreift (A.). Dabei sollen Fallgruppen gebildet werden, um die anschließende Untersuchung zu erleichtern, ob mögliche Eingriffe in Urheberrechte durch Inhalts- oder Schrankenbestimmungen ausgeschlossen werden können. Es werden insbesondere das Zitatrecht gemäß § 51 UrhG (B.) und das Rechtsinstitut der freien Benutzung gemäß § 24 UrhG (C.) als Privilegierungsmöglichkeiten untersucht, da es Vorschriften sind, welche die freie Auseinandersetzung mit vorbestehendem Kulturgut fördern sollen. Die Untersuchung berücksichtigt sowohl die geltenden Maßstäbe der Rechtsprechung als auch Auslegungsvorschläge des Schrifttums (D. – E.).

Zudem soll ein Blick auf Lösungsmöglichkeiten geworfen werden, die vereinfachte Lizenzmodelle wie Creative Commons für Fan Art bieten können, die von keinem Privilegierungstatbestand erfasst wird (F.).

Kernfrage der Untersuchung ist, ob sich die Zulässigkeit von Fan Art, in der geschützte fiktive Figuren verwendet werden, bereits aus dem geltenden Recht ergibt und ob dabei die Interessen der Urheber und der Fans als kreative Werknutzer gleichermaßen berücksichtigt werden.

Die These ist, dass vor allem das Rechtsinstitut der freien Benutzung für die Privilegierung von Fan Art besonderes Potential aufweist.

A. Fan Art als Eingriff in Urheberrechte

Die rechtliche Einordnung von Fan Art gestaltet sich angesichts der Bandbreite an Werken, die von dem Begriff erfasst werden, als schwierig. Allgemein kann festgehalten werden, dass ein konkreter Bezug auf die fiktive Figur als Vorlage genommen wird, es können jedoch je nach Erscheinungsform der Fan Art große Unterschiede in der Qualität und der Intensität der Anlehnung bestehen.[223]

Eine allgemeingültige Aussage bezüglich der Zulässigkeit von Fan Art, die urheberrechtlich geschützte fiktive Figuren ohne Einwilligung des Urhebers be-

223 *Knopp*, GRUR 2010, 28.

nutzt, kann folglich nicht getroffen werden. Entscheidend wird es auf die Beurteilung des Einzelfalls ankommen.

Im Rahmen dieser Arbeit kann nicht auf alle denkbaren Einzelfälle eingegangen werden. Zur Bestimmung, wann Fan Art einen Eingriff in Urheberrechte darstellen kann, ist es daher sinnvoll, ähnliche Erscheinungsformen und Genres in Kategorien einzuteilen und diese jeweils auf ihre urheberrechtliche Zulässigkeit zu untersuchen.

Aus den im 1. Kapitel umfassend beschriebenen Erscheinungsformen der Fan Art lassen sich drei Hauptkategorien bilden: kopierende Fan Art (I.), transferierende Fan Art (II.) und transformative Fan Art (III.).

I. Kopierende Fan Art als Vervielfältigung gemäß §§ 15 Abs. 1, 16 UrhG

Kopierende Fan Art ist das Ergebnis einer nachahmenden Tätigkeit des Fans dergestalt, dass die Vorlage 1:1 übernommen wird. Dies kann bei Charakterportraits der Fall sein, in denen die fiktive Figur originalgetreu nachgezeichnet wird.[224]

Solche Fan Art ist eine körperliche Festlegung des Vorlagewerkes, die als Vervielfältigung im Sinne des 16 UrhG zu qualifizieren ist und dementsprechend in das Vervielfältigungsrecht des Urhebers oder Rechteinhabers eingreift gemäß §§ 15 Abs. 1 Nr. 1, 16 UrhG.[225] Ihr Vertrieb verletzt §§ 17 UrhG, ihre Veröffentlichung etwa in einem Onlineforum
§§ 15 Abs. 2, 19a UrhG.

II. Transferierende Fan Art als unfreie Bearbeitung oder Umgestaltung gemäß § 23 UrhG

Eine weitere Kategorie bilden insbesondere Fortsetzungswerke oder Alternativgeschichten zum Vorlagewerk. Sie werden in dieser Arbeit als „transferierende Fan Art“ bezeichnet, da im Fall der Fortsetzungswerke an vorgezeichnete Entwicklungen, Szenen und Personenbeziehungen angeknüpft wird, um diese in eine neuartige Szenerie zu „transferieren“. Diese Übertragung kann nicht als blanke

224 Siehe 1. Kap. A. II. 1. a)
225 BGHZ 17, 267, 269 f. – Grundig Reporter; BGH GRUR 1983, 28, 29 – Presseberichterstattung; Dreier/Schulze/*Schulze*, § 16 Rn. 6.

Kopie bewertet werden. Zu würdigen ist der neue Kontext, in den die Figur gestellt wird, der Einfluss auf die Charakterdarstellung nehmen kann.

Regelmäßig wird es sich dabei noch um unfreie Bearbeitungen oder Umgestaltungen gemäß § 23 S. 1 UrhG handeln, deren Veröffentlichung von der Einwilligung des Urhebers oder einer Lizenz des Rechteinhabers abhängig ist.[226]

III. Transformative Fan Art, insbesondere als Verletzung des Integritätsinteresses aus § 14 UrhG

Eine dritte Kategorie bildet die transformative Fan Art. Als transformative Werknutzung ist solche Fan Art zu qualifizieren, welche wesentliche Elemente einer geschützten Figur im formalen Sinne übernimmt, um deren Erkennbarkeit zu gewährleisten, im Übrigen aber erkennbare inhaltliche Veränderungen an der Figur vornimmt, indem ihr entweder völlig neue Eigenschaften hinzugefügt werden oder indem bestehende optische oder innere Merkmale verändert oder ins Gegenteil verkehrt werden.[227]

Im Fall der AMVs kann dies dadurch geschehen, dass bestehende Werkteile, z. B. Filmausschnitte, vollständig übernommen werden, diese aber zu einer Art Collage zusammengefügt werden, die eine neue inhaltliche Wirkung erzielt.[228] Zu beachten ist bei der unveränderten Übernahme von Ton- und Bildspuren, dass Leistungsschutzrechte betroffen sein können. Dies gilt besonders für das Leistungsschutzrecht des Tonträgerherstellers aus § 85 UrhG, des Filmherstellers gemäß § 94 UrhG und den Schutz von Laufbildern gemäß § 95 UrhG.

Gravierende inhaltliche Veränderungen an den übernommenen Charakteren nehmen insbesondere pornografische Fan Art sowie das Genre „Slash" vor, indem sie bspw. asexuelle Figuren in einen erotischen bis pornografischen Zusammenhang stellen oder indem sie stark heteronormativ geprägte Charakterbilder in einen homosexuellen Kontext stellen.[229]

Je nach Intensität der inhaltlichen Veränderung können diese Formen der Fan Art gegebenenfalls berechtige geistige oder persönliche Interessen des Originalurhebers am Werk gefährden.[230]

---

226 *Knopp*, GRUR 2010, 28, 29; *Peifer* in: FS Wandtke, S. 102.

227 Vgl. zum Begriff der „transformativen Werknutzung" *Kreutzer*, Verbraucherschutz im Internet, S. 73.

228 Vgl. zum Fall des Mashup *Gelke*, Mashups, S. 228.

229 Zur Frage, ob insb. in solchen Fällen eine freie Benutzung vorliegt, siehe C. III. 3. c).

230 Nicht erforderlich ist nämlich ein Eingriff in die Werksubstanz selbst, sondern es genügt bspw. die veränderte Werkwiedergabe oder ein verändernder Sachzusammenhang: BGH GRUR

Besonders betroffen ist das durch § 14 UrhG geschützte Integritätsinteresse des Urhebers, das dem Erhalt und der Unversehrtheit seines geistigen Werkes dient.[231] Grundsätzlich soll nämlich der Urheber selbst bestimmen, in welcher Gestalt das von ihm geschaffene Werk für die Öffentlichkeit wahrnehmbar ist und muss sich keine Veränderungen seines Werkes durch Dritte zurechnen lassen.[232]

IV. Keine Beeinträchtigung des Rechts auf Anerkennung der Urheberschaft, § 13 UrhG

Die Vorschrift des § 13 UrhG bringt das persönliche und geistige Band zwischen Urheber und Werk zum Ausdruck. Sie schützt den Urheber vor Fremdanmaßungen seiner Urheberschaft und gibt ihm in diesen Fällen das Recht, die wahre Urheberschaft feststellen zu lassen.[233] Des Weiteren wird ihm ein Urhebernennungsrecht gemäß § 13 S. 2 UrhG gewährt, das sowohl das Recht auf Anonymität enthält, als auch gewährleistet, dass der Urheber die Art und Weise bestimmen kann, in der sein Werk bezeichnet wird.[234] Erfasst sind von § 13 UrhG nicht nur Originale, sondern auch Kopien und Bearbeitungen des Ursprungswerkes.[235]

Eine Verletzung des Namensnennungsrechts des Originalurhebers durch Fan Art käme nur dann in Betracht, wenn dieser in keiner Weise erkennbar würde. Charakteristisch für Fan Art ist jedoch, dass gerade keine Anmaßung einer fremden Urheberschaft bezweckt wird. Mit einem solchen Zweck ist Fan Art schon ihrem Wesen nach kaum vereinbar, da sie vor allem der Hommage an den Urheber und dessen Werk dient. Im Regelfall wird der Urheber daher ausdrücklich genannt, zumindest wird im Rahmen der Fan Art-typischen Disclaimer darauf aufmerksam gemacht, dass der Fan keine Rechte an den benutzten Figuren besitzt.

Fan Art ist somit typischerweise keine Beeinträchtigung des Rechts auf Anerkennung der Urheberschaft gemäß § 13 UrhG.

2002, 532, 534 – Unikatrahmen; BGH GRUR 1982, 107, 109 – Kirchen-Innenraumgestaltung; Schricker/Loewenheim/*Dietz/Peukert*, § 14 Rn. 23f..

231 BGH GRUR 2008, 984, 986 Tz. 23 – St. Gottfried; OLG München NJWE-MietR 1996, 116, 117; Schricker/Loewenheim/*Dietz/Peukert*, § 14 Rn. 1; *Bullinger*, Kunstfälschung und UPR, S. 70.

232 BGH GRUR 2008, 984, 986 Tz. 23 – St. Gottfried; BGH GRUR 2002, 532, 534 – Unikatrahmen; BGH GRUR 1971, 35, 38 – Maske in Blau; OLG München GRUR Int. 1993, 332, 333; *Schilcher*, Schutz des Urhebers gegen Werkänderungen, S. 102; Schricker/Loewenheim/*Dietz/Peukert*, § 14 Rn. 3.

233 BGH GRUR 1972, 713, 714 – Im Rhythmus der Jahrhunderte; Dreicher/Schulze/*Schulze*, § 13 Rn. 1; Wandtke/Bullinger/*Bullinger*, § 13 Rn. 2.

234 Dreier/Schulze/*Schulze*, § 13 Rn. 3ff.; Schricker/Loewenheim/*Dietz/Peukert*, § 13 Rn. 12ff.; Wandtke/Bullinger/*Bullinger*, § 13 Rn. 10.

235 BGH GRUR 2002, 607, 608 – Stadtbahnfahrzeug; Wandtke/Bullinger/*Bullinger*, § 13 Rn. 7ff.

V. Zusammenfassung

Festzuhalten ist, dass Fan Art einen Eingriff sowohl in Verwertungs- als auch Urheberpersönlichkeitsrechte darstellen kann.

Häufig handelt es sich um unfreie Bearbeitungen oder Umgestaltungen gemäß § 23 S. 1 UrhG, deren Veröffentlichung und Verwertung der Einwilligung des Urhebers bedarf. Unter Umständen kann auch ein Eingriff in Leistungsschutzrechte vorliegen.

Transformative Fan Art, die Merkmale einer geschützten Figur gravierend verändert, kann vor allem das Integritätsinteresse des Urhebers aus § 14 UrhG beeinträchtigen. Das Namensnennungsrecht aus § 13 UrhG ist dagegen in aller Regel nicht beeinträchtigt, da Fans die Originalurheber kenntlich machen.

Urheberrechtlich zulässig kann Fan Art dennoch sein, wenn zu ihren Gunsten Inhalts- oder Schrankenbestimmungen greifen.

B. Fan Art als Zitat

§ 51 UrhG erlaubt die „Vervielfältigung, Verbreitung und öffentliche Wiedergabe eines veröffentlichten Werkes zum Zweck des Zitats, sofern die Nutzung in ihrem Umfang durch den besonderen Zweck gerechtfertigt ist". Die Norm zählt zu den Schranken des Urheberrechts, die eine geistige Auseinandersetzung fördern sollen.[236]

Sie wurde 2007 im Rahmen des Zweiten Gesetzes zur Regelung des Urheberrechts in der Informationsgesellschaft unter Angleichung an Art. 5 Abs. 3 Buchst. d der Richtlinie 2001/29/EG neu gefasst und generalklauselartig formuliert.[237] Erfasst werden sollten insbesondere die bis dahin im Wege der Analogie gelösten Fälle, wie das Filmzitat[238]. Der Gesetzgeber spricht in seiner Gesetzesbegründung insofern von einer „vorsichtigen inhaltlichen Erweiterung".[239]

Die Verwendung urheberrechtlich geschützter fiktiver Figuren in Fan Art könnte als Bild-, Film- oder Sprachzitat zulässig sein.

---

236 *Schack*, § 15 Rn. 540; Dreier/Schulze/*Dreier*, § 51 Rn. 1.

237 Zweites Gesetz zur Regelung des Urheberrecht in der Informationsgesellschaft vom 26.10. 2007, BGBl. I S. 2513; Reg. Begr. BT-Drucks. 16/1828.

238 BGH NJW 1987, 1408 – Filmzitat.

239 Reg. Begr. BT-Drucks 16/1828, S. 25 zu Nr. 10.

I. Tatbestandsvoraussetzungen des § 51 UrhG und ihre Anwendung auf Fan Art

Es ist zu prüfen, ob die einzelnen Tatbestandsmerkmale im Fall der Fan Art einschlägig sind.

1. Selbstständiges Zitatsubjekt

Seit der Neugestaltung des § 51 UrhG ist umstritten, ob das in § 51 UrhG a.F. noch eindeutig vorausgesetzte Merkmal der Werkqualität des Zitatsubjekts auch für § 51 UrhG n.F. gelten muss.[240] Der Streit könnte besonders für solche Fan Art von Relevanz sein, die geschützte fiktive Figuren exakt kopiert und mangels eines persönlich individuellen Beitrags kein schutzfähiges Werk im Sinne des § 2 Abs. 2 UrhG wäre.

Eine weit verbreitete Ansicht vertritt die Auffassung, dass das Zitatsubjekt auch nach der Neufassung des § 51 UrhG Werkqualität aufweisen müsse.[241] Sie stützt sich auf die Gesetzesbegründung, in welcher der Gesetzgeber dargelegt hat, dass nur eine „vorsichtige inhaltliche Erweiterung" durch die Neugestaltung der Zitatschranke bezweckt werde.[242] Daraus wird gefolgert, dass der Gesetzgeber keine sachliche Änderung des § 51 UrhG bezweckt habe. Das Werkerfordernis ergebe sich insbesondere aus dem Sinn und Zweck der Zitatschranke, die geistige Auseinandersetzung zu fördern.

Eine andere Ansicht hält die Übernahme des Zitats in ein neues Werk für nicht mehr erforderlich.[243] Dies ergebe sich aus dem geänderten Wortlaut des § 51 UrhG n.F., der im Gegensatz zu § 51 UrhG a.F. die Werkqualität des Zitatsubjekts nicht mehr voraussetze. Der Gesetzgeber habe sich bei der Neufassung der Schranke nach den internationalrechtlichen Vorgaben von Art. 10 Abs. 1 RBÜ und Art. 5 Abs. 3 Buchst. d der RL 2001/29/EG gerichtet, wonach das Zitatsubjekt nur selbstständig, aber keine persönlich geistige Schöpfung sein müsse.[244] Sinn und Zweck der Zitatschranke sei nicht die Privilegierung einer Schöpfungsleistung, sondern die Förderung des Allgemeininteresses an Dialog und Kritik in Gestalt der

---

240 Von BGH GRUR 2010, 928, Tz. 25 – Vorschaubilder wurde die Frage offen gelassen; für die Aufgabe der Voraussetzung dagegen OLG Jena ZUM 2008, 522, 524; a.A. *Schack* MMR 2008, 414, 415.

241 *Schack*, MMR 2008, 414, 415; *Kubis*, ZUM 2006, 370, 376; Fromm/Nordemann/*Dustmann*, § 51 Rn. 19; Wandtke/Bullinger/*Lüft*, § 51 Rn. 8; Schricker/Loewenheim/*Schricker/Spindler*, § 51 Rn. 20.

242 Vgl. Reg. Begr. BT-Drucks 16/1828, S. 25 zu Nr. 10.

243 OLG Jena ZUM 2008, 522, 524; *Steinbeck*, FS Bornkamm, S. 983 f.; *Dreier* in FS Krämer, S. 232; *Haesemann*, Auslegung des § 51 UrhG n.F., S. 72; Dreier/Schulze/*Dreier*, § 51 Rn. 22, 24.

244 Vgl. EUGH EuZW 2012, 182, Tz. 130 – Painer.

Auseinandersetzung mit bereits bestehendem Kulturgut, was nicht zwingend in Form eines Werkes im Sinne des § 2 Abs. 2 UrhG erfolgen müsse.[245]

Ob eine dem Sinn und Zweck der Zitatschranke entsprechende geistige Auseinandersetzung stattfindet, kann jedenfalls hinreichend durch das Kriterium der Selbstständigkeit des Zitatsubjekts und den erkennbaren Zitatzweck bestimmt werden. Um selbständig zu sein, muss das Zitatsubjekt nämlich zumindest einen eigenständigen Beitrag leisten.[246] Es muss von dem zitierten Werk unabhängig sein, und das Zitat darf lediglich eine ergänzende Funktion haben, z. B. indem das zitierte Werk in einen völlig neuen Kontext gesetzt wird. Häufig wird eine solche selbstständige Auseinandersetzung zugleich den Voraussetzungen des § 2 Abs. 2 UrhG genügen, so dass sich der Streit um die Werkeigenschaft des Zitatsubjekts erübrigt.[247] Eine abhängige Bearbeitung oder Umgestaltung nach § 23 UrhG allerdings, sei sie auch schutzfähig im Sinne des § 2 Abs. 2 UrhG, würde dem Selbstständigkeitserfordernis nicht entsprechen.[248]

Fan Art, die geschützte fiktive Figuren ohne Veränderungen übernimmt, muss diese somit wenigstens in einen neuen Kontext übertragen. Ein Fortsetzungsroman, der auch bestehende Handlungsstränge übernimmt und geradlinig fortführt, erfüllt diese Voraussetzung nicht.[249] Klassische Fan Fiction entspräche damit bereits nicht dem Kriterium der Selbstständigkeit im Sinne von § 51 UrhG und wäre somit von der Zitatschranke nicht erfasst. Eine Fan Fiction, welche die agierenden Figuren einer Geschichte übernimmt und sie in ein alternatives Setting setzt, kann dagegen ausreichend selbstständig sein, wenn die Figur durch die neue Umgebung auch eine neue Prägung erfährt.[250] Dem Kriterium der Selbstständigkeit im Sinne von § 51 UrhG entsprächen daher allenfalls manche Formen der transferierenden Fan Art, sofern geschützte fiktive Figuren zumindest in einen neuen Kontext übernommen werden, und transformative Fan Art.

245 *Steinbeck*, FS Bornkamm, S. 984; *Haesemann*, Auslegung des § 51 UrhG n.F., S. 72; Dreier/Schulze/*Dreier*, § 51 Rn. 1; *Schack*, § 15 Rn. 540.

246 BVerfG NJW 2001, 598 – Germania 3; BGH GRUR 2012, 819, 820 – Blühende Landschaften; BGH GRUR 1994, 800, 802 – Museumskatalog; BGH GRUR 1973, 216, 217 – Handbuch moderner Zitate; *Haesemann*, Auslegung des § 51 UrhG n.F., S. 75.

247 *Dreier*, FS Krämer, S. 232.

248 LG Frankfurt UFITA 94 (1982) 334, 337; Dreier/Schulze/*Dreier*, § 51 Rn. 7; Schricker/Loewenheim/*Schricker/Spindler*, § 51 Rn. 21.

249 BGH GRUR 1999, 984 – Laras Tochter.

250 BGH GRUR 1994, 191 – Asterix-Persiflagen.

2. Zentrales Tatbestandsmerkmal: Zitatzweck

Zentrales Tatbestandsmerkmal des zulässigen Zitats im Sinne des § 51 UrhG ist der Zitatzweck.[251] Dieser ist ein subjektives Tatbestandmerkmal, das anhand objektiver Kriterien festzustellen ist, die sich aus dem Wesen des Zitats ergeben.[252] Kann ein Zitatzweck nicht festgestellt werden, so ist die Zulässigkeit des Zitats selbst im Falle des Vorliegens eines der Regelbeispiele aus § 51 S. 2 UrhG abzulehnen.[253]

a) Kriterium der Erkennbarkeit des fremden Werkes

Dem Zitat ist wesensimmanent, dass es als fremdes Werk erkannt wird.[254] Der zitierende Autor darf sich eine fremde geistige Schöpfungsleistung nicht zu eigen machen, sonst produziert er ein Plagiat.[255] Er muss das Zitat als solches deutlich kennzeichnen, im Regelfall durch Anführungszeichen, optische Hervorhebung, Nennung des Originalurhebers im Werktitel oder in einem Filmabspann.[256] Sofern eine optische Hervorhebung nur schwer möglich ist, wie etwa bei Musikstücken, wird es auch für ausreichend erachtet, wenn das zitierte Werk schon aufgrund seiner Bekanntheit von dem künstlerisch gebildeten und aufgeschlossenen Rezipienten als fremdes Beiwerk erkannt wird.[257]

Da Fantum an die Bekanntheit einer fiktiven Figur anknüpft, wird eine in Fan Art verwendete fiktive Figur regelmäßig als fremdes Werk erkannt werden. Zudem ist es in der Fanszene geläufig, die Originalurheber im Werktitel zu nennen. Selbst im Falle der AMVs, die sich aus fremden Film- und Tonspuren zusammensetzen, löst man das Problem der optischen Hervorhebung des Zitats und des Urhebers mit einer namentlichen Kennzeichnung des verwendeten Materials und der entsprechenden Rechteinhaber in einem Vor- oder Abspann oder im Titel des AMVs.

Eine geschützte fiktive Figur wird daher in Fan Art in der Regel als fremdes Werk erkennbar.

---

251 BGH GRUR 1986, 59 – Geisteschristentum.

252 Schricker/Loewenheim/*Schricker/Spindler*, § 51 Rn. 14.

253 OLG München AfP 2012, 395; Dreier/Schulze/*Dreier*, § 51 Rn. 3.

254 OLG Köln GRUR-RR, 2010, 143, 144 – Wie ein Tier im Zoo; OLG München NJW 1999, 1975 – Stimme Brechts; Dreier/Schulze/*Dreier*, § 51 Rn. 3.

255 Schricker/Loewenheim/*Schricker/Spindler*, § 51 Rn. 15.

256 OLG ZUM 2009, 961, 962 – Klaus Kinski; OLG München NJW 1999, 1975, 1976 – Stimme Brechts; Schicker/Loewenheim/*Schricker/Spindler*, § 51 Rn. 15.

257 Wandtke/Bullinger/*Lüft*, § 51 Rn. 5; Schricker/Loewenheim/*Schricker/Spindler*, § 51 Rn. 15; *Huttenlauch*, Appropriation Art, S. 102.

b) Kriterium der Belegfunktion

In Anlehnung an die in § 51 S. 2 Nr. 1 UrhG umschriebenen Anforderungen an den Zitatzweck, gilt dieser jedenfalls dann als erfüllt, wenn die Aufnahme des fremden Werkes der „Erläuterung des Inhalts" des Zitatsubjekts dient, also eine sog. „Belegfunktion" hat.[258] Die Belegfunktion ist nicht erfüllt, wenn das zitierte Werk lediglich um seiner selbst willen aufgenommen wird oder keinerlei innerer Bezug dazu hergestellt wird.[259]

Bei der Verwendung geschützter fiktiver Figuren in Fan Art kann nicht von einer Beleg- oder Erläuterungsfunktion des Inhalts der Fan Art gesprochen werden. Die fiktiven Figuren werden zum Inhalt der Fan Art selbst, indem sie in einem besonderen Stil portraitiert werden oder in eine alternative Szenerie eingebunden werden. Es geht nicht um die Untermauerung eines bestimmten Gedankengangs, sondern um die Darstellung und gegebenenfalls Transformation der geschützten Figur zum Zweck der Hommage.

Somit scheidet die Belegfunktion als objektiver Nachweis des Zitatzwecks aus.

c) Kriterium der inneren Verbindung beim künstlerischen Zitat seit dem „Germania 3-Beschluss"

Über die Belegfunktion hinaus kommt jedoch bei künstlerischen Zitaten auch das Kriterium der inneren Verbindung in Betracht.[260]

Das Kriterium der „künstlerischen inneren Verbindung" ist Ausdruck einer verfassungskonformen Auslegung des Zitatrechts im Lichte der Kunstfreiheit gemäß Art. 5 Abs. 3 GG und geht auf die „Germania 3"-Entscheidung des Bundesverfassungsgerichts zurück.[261]

Gegenstand der Entscheidung war das Verbot der Verbreitung des Theaterstücks „Germania 3 – Gespenster am toten Mann" von *Heiner Müller* durch das Oberlandesgericht München.[262] *Müller* hatte in sein Theaterstück Auszüge aus verschiedenen Bühnenwerken *Berthold Brechts* eingebunden ohne die Einwilligung der Erben einzuholen. Das Oberlandesgericht München sah diese Übernahme nicht durch die Zitatschranke gerechtfertigt, da es keine Auseinander-

---

258 BGH GRUR 1987, 34, 35 – Liedtextwiedergabe I; BGH GRUR 1986, 59, 60 – Geisteschristentum; Schricker/Loewenheim/*Schricker/Spindler*, § 51 Rn. 14; Dreier/Schulze/*Dreier*, § 31 Rn. 1.

259 OLG Köln WRP 2014, 211, 213 – Sara's Show; LG Berlin GRUR 1962, 207, 210 – Maifeiern; Schricker/Loewenheim/Schricker/*Spindler*, § 51 Rn. 16; *Krusemarck*, Die abhängige Schöpfung, S. 310.

260 Dreier/Schulze/*Dreier*, § 51 Rn. 4.

261 BVerfG NJW 2001, 598 – Germania 3.

262 OLG München NJW 1999, 1975 ff. – Stimme Brechts.

setzung mit den verwendeten Textpassagen feststellen konnte, die der Voraussetzung des Zitatzwecks des § 51 Nr. 2 UrhG a.F. gerecht würde, insbesondere hielt es eine „innere Verbindung“ für nicht gegeben.[263]

Das Bundesverfassungsgericht setzte sich in seinem Beschluss besonders mit dem Verhältnis der Kunstfreiheit und dem Urheberrecht auseinander. Es kam zu der Einschätzung, dass im Zuge der Abwägung zwischen dem Eigentumsrecht des Urhebers aus Art. 14 GG und der Kunstfreiheit des Künstlers aus Art. 5 Abs. 3 S. 1 GG bei geringfügigen Eingriffen in das Urheberrecht, welche die wirtschaftlichen Interessen des Urhebers nicht merklich beeinträchtigen, die Verwertungsinteressen des Urhebers hinter der Kunstfreiheit zurückzustehen hätten.[264]

Die Übernahmen *Müllers* hielt es daher im Lichte der verfassungsrechtlich geschützten Kunstfreiheit für gerechtfertigt, da eine „künstlerische Verarbeitung fremder Texte (...) nicht auf eine kritische Erörterung der darin enthaltenen Aussagen beschränkt (sei)“.[265] Das Werk beeinflusse ab seiner Veröffentlichung das kulturelle und geistige Bild der Zeit und löse sich dadurch von der privatrechtlichen Verfügbarkeit. Es könne „umso stärker als Anknüpfung für eine künstlerische Auseinandersetzung dienen (...), je mehr es seine gewünschte gesellschaftliche Rolle erfüllt“. Mit der Zeit werde es daher zum kulturellen Allgemeingut. [266]

Seither ist überwiegend anerkannt, dass eine dem Zitatzweck entsprechende innere Verbindung zwischen Zitatsubjekt und Zitatobjekt auch durch eine künstlerische Auseinandersetzung erfolgen kann, solange das übernommene Werk Bestandteil einer eigenständigen künstlerischen Gestaltung und Aussage wird.[267]

Für nicht ausreichend hielt der Bundesgerichtshof den rein formalen Einsatz einer künstlerischen Technik in seiner Entscheidung „Blühende Landschaften“.[268] Von einer künstlerischen Gestaltung im Sinne des Art. 5 Abs. 3 GG könne erst dann gesprochen werden, wenn auch die der Kunst eigenen materiellen Strukturmerkmale erkennbar würden, insbesondere „Eindrücke, Erfahrungen und Fantasien des Autors zum Ausdruck kommen“.[269]

---

263 OLG München NJW 1999, 1975, 1976 – Stimme Brechts.

264 BVerfG NJW. 2001, 598, 599 – Germania 3.

265 BVerfG a.a.O. – Germania 3.

266 BVerfG a.a.O. – Germania 3.

267 Dreier/Schulze/*Dreier*, § 51 Rn. 4; Schricker/Loewenheim/*Schricker/Spindler*, § 51 Rn. 17; kritisch demgegenüber *Czernik*, Die Collage, S. 284 ff.

268 BGH GRUR 2012, 819 – Blühende Landschaften; zuvor: OLG Brandenburg GRUR 2011, 141, das ein zulässiges künstlerisches Zitat angenommen hatte.

269 BGH GRUR 2012, 819, 821 – Blühende Landschaften.

Unterstellt, Fan Art wäre als Kunst im Sinne des Art. 5 Abs. 3 GG zu qualifizieren[270], könnte die Verwendung geschützter fiktiver Figuren den Anforderungen des Zitatzwecks als künstlerisches Zitat genügen, wenn durch die künstlerische Gestaltung auch eine innere Verbindung zu der Figur als benutztes Werk erkennbar wird. Eine solche wäre dann hergestellt, wenn die fiktive Figur integraler Bestandteil der künstlerischen Aussage der Fan Art ist. Jede Fan Art dient zumindest auch der Hommage an ein Fanobjekt. Ist eine fiktive Figur das Fanobjekt, so ist sie charakteristischerweise zentraler Mittelpunkt der Fan Art und damit integraler Bestandteil der künstlerischen Aussage.[271]

Unterstellt man Fan Art eine künstlerische Qualität, kann die Verwendung geschützter fiktiver Figuren somit ein künstlerisches Zitat darstellen.

3. Keine unzumutbare Beeinträchtigung der Interessen des Urhebers

Bei der Bestimmung der Zulässigkeit eines Zitats ist insbesondere zu berücksichtigen, ob das Zitat die Werknutzung in unzumutbarer Weise beeinträchtigt.[272] Dies ergibt sich vor allem aus Art. 9 Abs. 2 RBÜ, wonach es den Verbandstaaten vorbehalten ist, „die Vervielfältigung in gewissen Sonderfällen unter der Voraussetzung zu gestatten, dass eine solche Vervielfältigung weder die normale Auswertung des Werkes beeinträchtigt, noch die berechtigten Interessen des Urhebers unzumutbar verletzt“ (sog. „Dreistufentest“).

Die „Germania 3“-Entscheidung beschäftigte sich vorwiegend mit verwertungsrechtlichen Interessen des Urhebers aus Art. 14 GG. Da der monistische Ansatz des Urheberrechts jedoch auch im Verfassungsrecht gelten muss, sind ebenso die ideellen Interessen des Urhebers zu berücksichtigen.[273] Fan Art darf also weder in Substitutionskonkurrenz zu dem zitierten Werk treten, noch darf sie die ideellen Interessen des Originalurhebers unzumutbar beeinträchtigen.[274]

Der Fan Art-Markt wird in der Regel als Parallelmarkt zu dem Markt des Originals verstanden. Fans des Originals erwerben sowohl Fan Art als auch das Original. [275] Als Indiz kann auch die subjektive Betrachtung des Fans dienen, der Fan Art produziert. Dieser erstrebt nicht, das Original zu ersetzen, sondern es geht

270 Siehe ausführlich dazu D. I. 5.

271 so wohl auch: Schricker/Lowenheim/*Schricker/Spindler*, § 51 Rn. 17.

272 BGH GRUR 1986, 59, 61 – Geisteschristentum; BGH GRUR 1987, 362 – Filmzitat; Schricker/Lowenheim/*Schricker/Spindler*, § 51 Rn. 17.

273 *Metzger*, ZUM 2000, 924, 930.

274 BGH GRUR 1986, 59, 61 – Geisteschristentum; BGHZ 50, 147, 153 – Kadinsky I; KG GRUR-RR 2002, 313, 315 – Das Leben, dieser Augenblick; Wandtke/Bullinger/*Lüft*, § 51 Rn. 7.

275 *Lessig*, Free Culture, S. 26; *Knopp*, GRUR 2010, 28, 32.

ihm um die Hommage an das Original. Verwertungsrechtliche Interessen werden durch Fan Art daher im Regelfall nicht in unzumutbarer Weise beeinträchtigt werden.

Problematisch könnte dagegen die Beeinträchtigung ideeller Interessen des Originalurhebers sein, wenn der Eindruck seines Werkes durch Fans verfälscht werden könnte. Dies betrifft insbesondere das Fan Art-Genre „Porn", in dem asexuelle Charaktere pornografisch dargestellt werden.[276] In Extremfällen kann dies zu einer Interesseabwägung zugunsten des Originalurhebers ausfallen.[277]

4. Veränderungsverbot (§ 62 UrhG) und Pflicht zur Quellenangabe (§ 63 UrhG)

Sofern die Voraussetzungen des § 51 UrhG erfüllt sind, muss das Veränderungsverbot des § 62 UrhG und die Pflicht zur Quellenangabe aus § 63 UrhG beachtet werden. Systematisch sind die Vorschriften als urheberpersönlichkeitsrechtliche Schranken-Schranken zu betrachten, so dass ein Verstoß insgesamt zu einer Unzulässigkeit der Nutzung führt.[278]

Das Veränderungsverbot des § 62 UrhG steht im Zusammenhang mit dem Entstellungsverbot aus § 14 UrhG, die Pflicht zur Quellenangabe des § 63 UrhG mit dem Namensnennungsrecht des Urhebers aus § 13 UrhG.[279]

Unproblematisch gestaltet sich bei Fan Art im Allgemeinen die Pflicht zur Quellenangabe, da diese in den meisten Fällen ausdrücklich befolgt wird. Klassischerweise enthält ein Fan Art-Disclaimer zumindest die Namen der Rechteinhaber und im Fall der fiktiven Figur auch meist einen Hinweis aus welchem Gesamtwerk die Figur entnommen wurde.

Die Schranken-Schranke des § 62 UrhG erschwert dagegen die Subsumtion von Fan Art unter § 51 UrhG. Modifikationen des zitierten Werkes sind nur in den Grenzen des § 62 Abs. 2 bis 4 UrhG erlaubt.[280] Zulässig sind demnach Übersetzungen (Abs. 2), Formatänderungen (Abs. 3) oder Änderungen, die für Kirchen-, Schul- und Unterrichtsgebrauch notwendig sind (Abs. 4).

---

276 Ausführlich dazu unten C. III. 3. a).

277 Vgl. zum Fall der Parodie *Stuhlert*, Behandlung der Parodie im Urheberrecht, S. 79 ff.; *Hess*, Urheberrechtsprobleme der Parodie, S. 50.

278 Schricker/Loewenheim/*Peukert/Dietz/Spindler*, § 51 Rn. 15, § 62 Rn. 27; *Stuhlert*, Behandlung der Parodie im Urheberrecht, S. 63; a.A. Dreier/Schulze/*Dreier*, § 51 Rn. 26, der aber zumindest einen eigenen Unterlassungs- bzw. Schadensersatzanspruch aus § 97 UrhG bei einem Verstoß gegen §§ 62, 63 UrhG für begründet hält.

279 Schricker/Loewenheim/*Dietz/Spindler*, § 62 Rn. 1, § 63 Rn. 1; Wandtke/Bullinger/*Bullinger*, § 62 Rn. 6, § 63 Rn. 1.

280 Wandtke/Bullinger/*Bullinger*, § 62 Rn. 6.

Eine unveränderte Übernahme des Werkes in Fan Art findet bei der sog. kopierenden Fan Art statt. Diese entspricht jedoch nicht dem Selbstständigkeitskriterium und kann schon deshalb kein Zitat im Sinne des § 51 UrhG sein.[281]

In transferierender Fan Art wird die fiktive Figur zwar in formeller Hinsicht unverändert übernommen, indem etwa die Optik der Figur erkennbar bleibt. Das Charakterkonzept der Figur wird jedoch unter Umständen um weitere Eigenschaften ergänzt, z. B. indem die Figur in dem Kontext einer neuen Fortsetzung auftritt.

Transformative Fan Art verändert das Gesamtkonzept der fiktiven Figur und verkehrt es im Extremfall ins Gegenteil.

Somit kann insbesondere bei transformativer Fan Art nicht mehr von einer unveränderten Übernahme im Sinne des § 62 UrhG gesprochen werden.[282]

Teilweise wird vertreten, in Fällen wie der transferierenden Fan Art, trotz kleinerer Veränderungen von einer „unveränderten Übernahme" im Sinne des § 62 UrhG auszugehen, soweit die Figur im Gesamteindruck mit der Grundgestaltung übereinstimme und als Original-Figur wahrgenommen werde.[283] Besonders bei einer kunstspezifischen Auslegung der Voraussetzung des Zitatzwecks nach § 51 UrhG ist dies konsequent, da die Integration eines Werkes in eine eigenständige künstlerische Aussage leichte Veränderungen des Zitatsubjekts zur Folge haben kann. Eine nachträgliche Einschränkung des Auslegungsmodells über § 62 UrhG liefe dessen Sinn, auch künstlerische Auseinandersetzung im Sinne von Art. 5 Abs. 3 UrhG durch § 51 UrhG zu privilegieren, zuwider.

II. Zusammenfassung und Ergebnis

Fan Art könnte nur dann ein zulässiges Zitat gemäß § 51 UrhG sein, wenn sie eine selbstständige Leistung ist, die das zitierte Werk zum integralen Bestandteil einer eigenständigen künstlerischen Aussage werden lässt, die weder die verwertungsrechtlichen noch die ideellen Interessen des Urhebers unzumutbar beeinträchtigt. Da nicht auszuschließen ist, dass Fan Art von dem verfassungsrechtlichen Schutz der Kunstfreiheit aus Art. 5 Abs. 3 GG erfasst ist, können ihr die gelockerten Anforderungen an die innere Verbindung zum zitierten Werk nach der „Germania 3" – Entscheidung des Bundesverfassungsgerichts zugute kommen. [284] Dies erteilt Fan Art dennoch keinen Freibrief.

281 Siehe B. I. 1..

282 So auch für den Fall der Parodie: *Stuhlert*, Behandlung der Parodie im Urheberrecht, S. 64.

283 *Kakies*, Kunstzitate, Rn. 239.

284 Vgl. BVerfG NJW 2001, 598 – Germania 3.

Kopierende Fan Art, die Figuren originalgetreu übernimmt, tut sich bereits mit dem Erfordernis der Selbstständigkeit schwer.

Die kunstspezifische Auslegung des § 51 UrhG setzt eine gewisse innere Verbindung zwischen Zitatsubjekt und Zitatobjekt voraus, die dadurch gekennzeichnet ist, dass das zitierte Werk Bestandteil einer eigenständigen künstlerischen Gestaltung und Aussage wird.[285] Um den Sinn und Zweck des Zitats gemäß § 51 UrhG nicht völlig auszuhöhlen, sollten an die eigenständige künstlerische Auseinandersetzung nicht allzu niedrige Anforderungen gestellt werden. Im Falle transferierender Fan Art, die dadurch gekennzeichnet ist, dass sie fiktive Figuren formell übernimmt und in einen Handlungsrahmen überträgt, der an die Handlung des Originalwerks anknüpft, überwiegt die Motivation, das Werk des Originalurhebers fortzusetzen, nicht die der künstlerischen Auseinandersetzung. Die Fortsetzung kann zwar künstlerisch formuliert sein, die kunstspezifische Auslegung des § 51 UrhG dient jedoch vorwiegend dem kulturellen Austausch. Wo kein eigenständiger Austausch stattfindet, sondern das Werk des Originalurhebers lediglich fortgesetzt wird, würde eine Anwendung der kunstspezifischen Auslegung die Grenzen des Wortlauts von § 51 UrhG sprengen. Transferierende Fan Art ist demnach ebenfalls kein Zitat gemäß § 51 UrhG.

Bei transformativer Fan Art, in der eine kritische Auseinandersetzung mit dem Zitatsubjekt durch dessen inhaltliche Modifikation erfolgt, sind ideelle Interessen des Urhebers zu berücksichtigen, die sich vor allem aus dem Entstellungsverbot aus § 14 UrhG ergeben können. Besondere Genres der Fan Art können eine unzumutbare Beeinträchtigung der Interessen des Urhebers darstellen. Zudem ist transformative Fan Art nur schwer mit dem Veränderungsverbot des § 62 UrhG vereinbar, da sie die übernommenen Figuren inhaltlich modifiziert.

Insgesamt erweist sich § 51 UrhG somit als unpassend für eine Privilegierung von Fan Art.

Die kunstspezifische Auslegung der Schranke schafft zwar Freiräume für künstlerische Auseinandersetzung, läuft jedoch bei zu geringen Anforderungen an diese Auseinandersetzung Gefahr, den Sinn und Zweck des Zitatrechts zu weit auszudehnen.[286] Die Zitatschranke dient vornehmlich dem Allgemeininteresse der Meinungsbildung durch die geistige Auseinandersetzung mit geschützten Inhalten.[287] In dieser geistigen Auseinandersetzung ist das Zitat typischerweise als

---

285 Dreier/Schulze/*Dreier*, § 51 Rn. 4; Schricker/Loewenheim/*Schricker/Spindler*, § 51 Rn. 17; kritisch demgegenüber *Czernik*, Die Collage, S. 284 ff.

286 Vgl. *Schack*, FS Schricker, S. 520.

287 BGH GRUR 1986, 59, 60 – Geisteschristentum; BGH 1973, 216, 217 – Handbuch moderner Zitate; Dreier/Schulze/*Dreier*, § 51 Rn. 1; *Haesemann*, Auslegung des § 51 UrhG n.F., S. 72.

fremdes Werk erkennbar, und der zitierende Autor macht es sich nicht zu eigen.[288] Für ein zulässiges künstlerisches Zitat soll es nach der „Germania 3"-Entscheidung des Bundesverfassungsgerichts aber gerade darauf ankommen, dass sich das benutzte Werk als „integraler Bestandteil" in die künstlerische Aussage „einfügt".[289] Dieser Ansatz ist mit dem Wesensgehalt des Zitats kaum noch vereinbar. Es ist zudem schwer nachvollziehbar, wie der integrale Bestandteil einer Aussage „wesentlicher Teil" der Aussage und ein erkennbar fremdes Werk zugleich sein kann.[290]

Als passenderes Einfallstor für die Privilegierung künstlerischer Auseinandersetzungen, insbesondere transformativer Fan Art, bietet sich das Rechtsinstitut der freien Benutzung gemäß § 24 UrhG an, welches die Förderung geistigen Schaffens bezweckt und gerade die Fälle, in denen fremdes Kulturgut in eine eigenständige kulturelle Leistung integriert wird, erfassen soll.[291]

C. Fan Art als freie Benutzung gemäß § 24 UrhG nach traditioneller Auslegung

Für die Reichweite der Werkherrschaft des Urhebers in Bezug auf Änderungen an seinem Werk ist die Abgrenzung zwischen freier und unfreier Benutzung gemäß § 23 UrhG maßgeblich.[292] Sowohl die freie als auch die unfreie Benutzung beinhalten eine Anknüpfung an ein vorbestehendes geschütztes Werk. In beiden Fällen handelt es sich somit um nachschöpfende Tätigkeiten. Im Fall der unfreien Benutzung kann der Urheber über Veröffentlichung und Verwertung seines bearbeiteten oder umgestalteten Werkes entscheiden (§ 23 S. 1 UrhG). Gemäß § 24 Abs. 1 UrhG darf ein selbstständiges Werk, das in freier Benutzung des Werkes eines anderen geschaffen worden ist, ohne Zustimmung des Urhebers des benutzten Werkes veröffentlicht und verwertet werden. Abwandlungen seines Werkes, die eine freie Benutzung nach § 24 UrhG darstellen, sind somit der Werkherrschaft des Urhebers entzogen.

Eine scharfe Grenze lässt sich zwischen freier und unfreier Benutzung schwer ziehen, der Grenzverlauf ist vielmehr fließend.[293] Kernfrage bei der Unterschei-

288 OLG Köln GRUR-RR 2010, 143, 144 – Wie ein Tier im Zoo; OLG München NJW 1999, 1975 – Stimme Brechts; Dreier/Schulze/*Dreier*, § 51 Rn. 3.
289 BVerfG NJW 2001, 598 – Germania 3.
290 so auch *Czernik*, Die Collage, S. 284 f..
291 Schricker/Loewenheim/*Loewenheim*, § 24 Rn. 2; Wandtke/Bullinger/*Bullinger*, § 24 Rn. 1.
292 Wandtke/Bullinger/*Bullinger*, § 24 Rn. 7; Fromm/Nordemann/*Nordemann*, §§ 23/24, Rn. 27.
293 *Schack*, § 9 Rn. 266; Fromm/Nordemann/*Nordemann*, §§ 23/24, Rn. 28 ff..

dung zwischen freier Benutzung und unfreier Bearbeitung ist, ob die nachschöpfende Tätigkeit abhängig von dem benutzten Werk bleibt oder ob sie einen derart individuellen Beitrag enthält, dass ein neues Werk entsteht, welches selbstständig ist.[294] Dazu kommt es entgegen einer teilweise vertretenen Auffassung[295] nicht auf die Intensität der Inanspruchnahme des vorbekannten Werkes an. Entscheidend ist in welchem Maße die nachschöpfende Tätigkeit einen individuellen Beitrag enthält und in welchem Maße sich dieser Beitrag von den individuellen Merkmalen der Vorlage abgrenzt, wobei es nach allgemeiner Ansicht auf die Übereinstimmung, nicht die Unterschiede der sich gegenüberstehenden Werke ankommt.[296] Dadurch wird gewährleistet, dass die Übernahme fremder Leistungen nicht lediglich der Ersparnis eigener Mühen dient, sondern dass das kulturelle Gesamtgut durch eine kreative Leistung bereichert wird.[297] Das Rechtsinstitut der freien Benutzung soll nämlich dem Umstand Rechnung tragen, dass kreatives Schaffen auf vorbekannten Leistungen aufbaut.[298]

Eine freie Benutzung muss somit stets eine persönliche geistige Schöpfung im Sinne von § 2 Abs. 2 UrhG sein.[299] Wann die Benutzung zudem „frei“ ist, hat der Gesetzgeber in der Begründung zum Regierungsentwurf nicht näher bestimmt. Es ist lediglich die Rede von einer „völlig selbstständigen Neuschöpfung“.[300] Die Auslegung des unbestimmten Rechtsbegriffs der „freien“ Benutzung wurde der Rechtsprechung und Literatur überlassen.

Die Zulässigkeit von Fan Art als freie Benutzung gemäß § 24 UrhG soll zunächst nach den derzeit geltenden Maßstäben der Rechtsprechung und Literatur bestimmt werden.

---

294 *Stuhlert*, Behandlung der Parodie im Urheberrecht, S. 21; *Chakraborty*, Das Rechtsinstitut der freien Benutzung, S. 30; Wandtke/Bullinger/*Bullinger*, § 24 Rn. 2; Möhring/Nicolini/*Ahlberg*, § 24 Rn. 4.

295 vgl. BGH GRUR 1994, 191, 194 – Asterix-Persiflagen; OLG München GRUR 1990, 674, 675 – Forsthaus Falkenau; OLG Frankfurt ZUM 1996, 97, 98 – René Magritte; *Knopp*, GRUR 2010, 28, 29; *Hess*, Urheberrechtsprobleme der Parodie, S. 32; Schricker/Loewenheim/*Lowenheim*, § 24 Rn. 1

296 BGH GRUR 1994, 191, 193 – Asterix-Persiflagen; BGH GRUR 1981, 267, 269 – Dirlada; OLG Köln GRUR 2000, 43, 44 – Klammerpose; *Chakraborty*, Das Rechtsinstitut der freien Benutzung, S. 30; *Plassmann*, Bearbeitungen, S. 128 ff.; *Reinhart*, UFITA 103 (1986), 73.

297 Dreier/Schulze/*Schulze*, § 24 Rn. 5; Schricker/Loewenheim/*Loewenheim*, § 24 Rn. 9; *Hess*, Urheberrechtsprobleme der Parodie, S. 34.

298 Dreier/Schulze/*Schulze*, § 24 Rn. 1; Schricker/Loewenheim/*Loewenheim*, § 24 Rn. 2; *Krusemarck*, Die abhängige Schöpfung, S. 319; *Brauns*, Entlehnungsfreiheit, S. 13.

299 BGH GRUR 1999, 984, 987 – Laras Tochter; BGH GRUR 1961, 631, 632 – Fernsprechbuch; KG GRUR 1997, 128 – Verhüllter Reichstag; Dreier/Schulze/*Schulze*, § 24 Rn. 5; Schricker/Loewenheim/*Loewenheim*, § 24 Rn. 9; *Reinhart*, UFITA 103 (1986), 77.

300 Vgl. Reg. Begr. BT-Drucks IV/270 S. 51.

I. Die Verblassensformel

Zur Feststellung, ob eine freie Benutzung vorliegt, verwendet die ständige Rechtsprechung die sog. „Verblassensformel“.[301] Diese wurde ursprünglich von *Ulmer* entwickelt und besagt, dass eine freie Benutzung vorliegt, wenn angesichts der Eigenart des neuen Werkes die entlehnten eigenpersönlichen Züge des geschützten Werkes verblassen.[302]

In einem ersten Schritt ist zunächst festzustellen, durch welche objektiven Merkmale die schöpferische Eigentümlichkeit des Originalwerkes geprägt wird und wie hoch der Grad ihrer Individualität ist.[303] Je individueller die entlehnten eigenpersönlichen Züge des geschützten Werkes sind, desto seltener werden sie gegenüber dem nachschöpfenden Werk verblassen; umgekehrt wird eine freie Benutzung eher vorliegen, wenn das Originalwerk eine geringe Schöpfungshöhe aufweist.[304]

Ein hoher Bekanntheitsgrad eines Werkes kann ebenfalls dazu führen, dass bereits wenige Andeutungen eine Assoziation zu dem Werk hervorrufen. Eine Assoziation allein führt allerdings nicht dazu, dass eine freie Benutzung ausgeschlossen ist.[305]

Im 1. Kapitel wurde bereits eine Batman-Zeichnung von *Logan Pack* vorgestellt, die den bekannten Comichelden auf eine recht eigentümliche Art und Weise wiedergab, indem sie sich auf eine abstrakte Darstellung des Gesichts des Superhelden beschränkte.[306] Aufgrund der Bekanntheit der Figur „Batman“ genügt bereits die Fledermausmaske, um eine Assoziation hervorzurufen. Diese Assoziation allein ist jedoch bei der Frage, ob ein Verblassen vorliegt nicht entscheidend. Maßgeblich kommt es darauf an, ob die Assoziation aus der Übernahme eigenpersönlicher schutzfähiger Merkmale des geschützten Originalwerkes resultiert.[307] Dies wird in einer vergleichenden Beurteilung des Originalwerkes und

301 BGH WRP 2014, 68, Tz. 37 – Beuys-Aktion; BGH GRUR 2011, 134, 137 – Perlentaucher; BGH GRUR 2009, 403, 406 – Metall auf Metall; BGH GRUR 2004, 855, 857 – Hundefigur; BGH GRUR 2003, 956, 958 – Gies-Adler; BGH GRUR 1999, 984, 987 – Laras Tochter; BGH GRUR 1994, 191, 193 – Asterix-Persiflagen; Dreier/Schulze/*Schulze*; § 24 Rn. 8; *Koch*, FS Bornkamm, S. 842.

302 erstmals BGH GRUR 1958, 402 – Lili Marleen; *Ulmer*, Urheber- und Verlagsrecht, § 36 II, S. 163 (1.Aufl. 1951).

303 BGH GRUR 2004, 855, 857 – Hundefigur; BGH GRUR 1994, 191, 192 – Asterix-Persiflagen.

304 BGH GRUR 1991, 531, 532 – Brown Girl I; BGH GRUR 1982, 37, 39 – WK-Dokumentation; KG ZUM 2003, 867, 869 f. – Anna Marx; Dreier/Schulze/*Schulze*, § 24 Rn. 8.

305 BGH ZUM 2004,748 – Hundefigur; BGH GRUR 1994, 206, 208 – Alcolix.

306 Siehe 1. Kap. A II. 1. b).

307 Vgl. BGH GRUR 1994, 206, 208 – Alcolix.

des nachschöpfenden Werkes festgestellt, bei der auf den Gesamteindruck abgestellt wird.[308]

Im Fall der Batman-Zeichnung wird man von einem Verblassen sprechen können, da die Maske isoliert betrachtet nicht urheberrechtlich schutzfähig ist.[309] Hinzu kommt, dass sie nicht einmal vollständig übernommen wurde und in einem abstrakten, sehr eigentümlichen Stil gezeichnet ist.

Die Batman-Zeichnung *Logan Packs* ist somit eine Fan Art, die auch nach der strengen Verblassensformel eine freie Benutzung nach § 24 Abs. 1 UrhG sein kann.

Im Regelfall wird es bei Werken der Fan Art jedoch nicht zu einem Verblassen im wörtlichen Sinne kommen. Dies liegt in der Natur von Fan Art begründet. Sie soll Bewunderung für ein Fanobjekt zum Ausdruck bringen und der Interaktion mit anderen Fans dienen, was dadurch geschieht, dass das Bezugsobjekt deutlich im Vordergrund steht.[310]

II. Der sog. „innere Abstand“, ein Verblassen im weiteren Sinne

Neben dem Verblassen im wörtlichen Sinne entwickelte die Rechtsprechung in einer Reihe von Entscheidungen, vorwiegend zum Fall der Parodie, das Kriterium des sog. „inneren Abstandes“, das zugunsten der künstlerischen Schaffensfreiheit (Art. 5 Abs. 3 GG) dem Umstand Rechnung tragen soll, dass gewisse Kunstformen gerade davon leben, dass sie die Bezugnahme auf das benutzte Werk deutlich erkennbar lassen.[311] Bei einer restriktiven Anwendung der Verblassenformel wäre man stets zu dem Ergebnis gekommen, dass derartige Kunstformen nie freie Benutzung im Sinne des § 24 Abs. 1 UrhG sein können und somit durch das Urheberrecht verhindert würden.

Dieses Ergebnis hielt der Bundesgerichtshof schon früh für unbillig. In der Entscheidung „Sherlock Holmes“ aus dem Jahre 1957 erklärte man die rein formelle Übernahme von Äußerlichkeiten geschützter Figuren, wie es im Falle der Parodie geschehe, daher für zulässig, solange sie einen solchen Grad an Selbst-

---

308 BGH GRUR 2008, 693, 695 – TV-Total; BGH GRUR 2000, 703, 706 – Mattscheibe; BGH GRUR 1961, 635, 638 – Stahlrohrstuhl; KG GRUR 2006, 54 – Bauhaus-Glasleuchte II; Schricker/Loewenheim/*Loewenheim*, § 24 Rn. 17

309 Problematischer ist dagegen der Titel des Bildes „The „Batman““, da er ggf. mit Rechten an der Marke „The „Batman““ kollidieren könnte.

310 vgl. hierzu die Beispiele aus Kap. 1, A., II..

311 BGH GRUR 2003, 956 – Gies-Adler; BGH GRUR 2000, 703 – Mattscheibe; BGH GRUR 1994, 191, 193 – Asterix-Persiflagen; BGH GRUR 1994, 206, 208 – Alcolix; BGH NJW 1971, 2169, 2172 – Disney-Parodie; OLG Hamburg ZUM 1989, 305 – Schlümpfe-Parodien; OLG Hamburg UFITA 86 (1980), 289 – Häschenschule.

ständigkeit und Eigenart aufwiesen, dass jedenfalls nicht von einer abhängigen Nachschöpfung gesprochen werden könne.[312] In der „Disney-Figuren"-Entscheidung ergänzte der Bundesgerichtshof den gewissen Grad an Selbstständigkeit und Eigenart des neuen Werkes um die Voraussetzung der „Erforderlichkeit der Übernahme" von Eigenheiten des Vorlagewerkes für die Erreichung eines parodistischen Zwecks.[313] Eine Parodie qualifizierte man als eine „antithematische Behandlung" des Vorlagewerkes, die auf komische, satirische oder auch kritische Art und Weise erfolgen könne.[314] Das Kriterium der Antithematik ist seither ein wichtiges Indiz für das Vorliegen einer freien Benutzung trotz erkennbarer Übernahme des Vorlagewerkes.[315]

Die Privilegierungsmaßstäbe aus der „Sherlock Holmes" und „Disney-Figuren"-Entscheidung ließen erkennen, dass die künstlerische Schaffensfreiheit aus Art. 5 Abs. 3 GG in § 24 Abs. 1 UrhG berücksichtigt werden sollte. Das Erforderlichkeitskriterium erwies sich jedoch insofern für andere nachschaffende Kunstformen als nachteilig, als es lediglich auf den Einzelfall der Parodie zugeschnitten war. In den „Asterix"-Entscheidungen begann der Bundesgerichtshof den engen Privilegierungsbereich für andere Formen der nachschaffenden Kunst vorsichtig zu öffnen, indem man betonte, dass „auch in anderen Fällen" als dem der Parodie eine freie Benutzung gegeben sein könne.[316]

Den für die freie Benutzung erforderlichen Abstand hielt man für dann gegeben, wenn „das neue Werk zu den entlehnten eigenpersönlichen Zügen des älteren Werkes aufgrund eigenschöpferischen Schaffens einen so großen inneren Abstand hält, dass das neue Werk seinem Wesen nach als selbständig anzusehen ist", in diesem Fall läge ein Verblassen „in einem weiteren Sinn" vor.[317] Ob der sog. „innere Abstand" als ausreichend zu qualifizieren sei, bestimme sich anhand einer wertenden Gesamtbetrachtung, in der zu prüfen sei, ob in dem neuen Werk eine künstlerische Auseinandersetzung mit der Vorlage stattfinde

---

312 BGH GRUR 1958, 354, 356 – Sherlock Holmes; ähnlich BGH GRUR 1958, 402, 404 – Lili Marleen.

313 BGH GRUR 1971, 588, 589 – Disney-Parodie.

314 BGH GRUR 1971, 588, 589 – Disney-Parodie; BGH GRUR 1958, 354, 356 – Sherlock Holmes; BGH GRUR 1958, 402, 404 – Lili Marleen; ausführlich zum Parodiebegriff: *Stuhlert*, Die Behandlung der Parodie, S. 27; *Hefti*, Die Parodie im Urheberrecht, S. 56; *Hess* Urheberrechtsprobleme der Parodie, S. 121.

315 BGH GRUR 2003, 956, 958 – Gies-Adler; BGH GRUR 1994, 191, 193 – Asterix-Persiflagen; Schricker/Loewenheim/*Loewenheim*, § 24 Rn. 29.

316 BGH GRUR 1994, 191, 193, 194 – Asterix-Persiflagen; BGH GRUR 1994, 206, 200 – Alcolix; mittlerweile eindeutig in der „Pippi Langstrumpf"-Entscheidung: BGH WRP 2014, 178, Tz. 47 – Pippi Langstrumpf.

317 BGH GRUR 1994, 191, 193 – Asterix-Persiflagen.

oder ob die Vorlage lediglich benutzt werde, um „eigene Zwecke" zu verfolgen.[318] Diese Gesamtbetrachtung habe aus Sicht eines Betrachters zu erfolgen, dem die Vorlage bekannt sei und der ein ausreichend intellektuelles Verständnis für das neue Werk besäße.[319]

Der Maßstab des „inneren Abstandes" ließ somit mehr Freiräume für nachschaffende künstlerische Tätigkeiten. Im „Asterix"-Fall, der u.a. die urheberrechtliche Schutzfähigkeit von Comicfiguren behandelte, ist er die notwendige Konsequenz, die sich aus dem isolierten Gestaltenschutz ergibt, um das Interessengleichgewicht zwischen Nutzer und Urheber zu wahren. Wenn nämlich dem Urheber zugesprochen wird, dass der Inhalt einer fiktiven Figur isolierten Schutz genießen kann, und es nicht auf ihre konkrete Formgebung ankommt, so muss es auch für den Nutzer möglich sein, sich bei Übernahme nur der konkreten Form inhaltlich von der Figur abzugrenzen. Zu den inhaltlichen Abgrenzungsmöglichkeiten traf der Bundesgerichtshof keine generelle Aussage, sondern griff, da es um Parodien ging, auf das Indiz der werkbezogenen antithematischen Auseinandersetzung zurück.[320]

Aus dem zufälligen Umstand, dass die Rechtsprechung das Vorliegen eines „inneren Abstandes" überwiegend am Fall der Parodie zu bestimmen hatte, wurde vereinzelt der Trugschluss gezogen, dass lediglich die antithematische Auseinandersetzung einen hinreichenden inneren Abstand begründen könne.[321] Dass dem nicht so ist, ergibt sich jedoch bereits daraus, dass das Kriterium der Antithematik ein parodiespezifisches Merkmal darstellt, und der Bundesgerichtshof dennoch nicht jede Parodie als freie Benutzung qualifiziert.[322] Zum anderen wird in allen Entscheidungen seit „Asterix-Persiflagen" anhaltend betont, dass „auch in anderen Fällen" als dem der Parodie ein hinreichend innerer Abstand gewahrt sein könne.[323]

Spätestens seit die Rechtsprechung die Anforderungen an den sog. „inneren Abstand" zunehmend gelockert hat, ist nicht mehr davon auszugehen, dass es für ein Verblassen im weiteren Sinne notwendigerweise einer antithematischen Behandlung bedarf. In der „Mattscheibe"-Entscheidung verwarf der Bundesge-

---

318 BGH GRUR 1994, 191, 193, 206 – Asterix-Persiflagen.
319 BGH GRUR 1994, 206, 200 – Alcolix.
320 BGH GRUR 1994, 191, 193 – Asterix-Persiflagen.
321 *Hess*, Urheberrechtsprobleme der Parodie, S. 158.
322 Allein in der Entscheidung „Asterix-Persiflagen" hielt der BGH eine Persiflage von Asterix und Obelix, die die Berliner Mauer zu Fall bringen für unzulässig, die Darstellung der Figuren vor dem Lenin Mausoleum dagegen für zulässig, BGH GRUR 1994, 191, 196, 197 – Asterix-Persiflagen/ „Die Große Mauer"/„Obelix in Moskau"; kritisch dazu *Hoeren*, GRUR 1994, 751, 753.
323 zuletzt in BGH WRP 2014, 178, Tz. 39 – Pippi Langstrumpf; BGH GRUR 2003, 956, 958 – Gies-Adler; BGH GRUR 2000, 703, 704 – Mattscheibe.

richtshof das Erforderlichkeitskriterium aus der „Disney-Figuren“-Entscheidung ausdrücklich und hielt zudem nicht nur deutliche Übernahmen der Formgestaltung, sondern auch unveränderte Übernahmen für zulässig.[324] In der „Gies-Adler“-Entscheidung wird dem Begriff der Antithematik lediglich eine Indizfunktion zugeschrieben und auch die kritische Auseinandersetzung im Wege der Karikatur für hinreichend eigenständig gehalten, die nicht auf das verwendete Werk selbst abzielt, sondern nur auf dessen thematisches Umfeld.[325] In der „Pippi Langstrumpf“-Entscheidung wird die Parodie nur noch als die „häufigste Fallgestaltung“ einer künstlerischen Auseinandersetzung mit geschützten Werken genannt, zur antithematischen Behandlung heißt es ausdrücklich, dass „ein innerer Abstand (...) auch auf andere Weise hergestellt werden (kann)“.[326] Schließlich hält man die Kostümierung als „Pippi Lang-strumpf“ gemäß § 24 Abs. 1 UrhG für zulässig, da sie mit einer „erkennbaren Spannung zwischen realer Person und dargestellter Person“ spiele und „dadurch“ einen hinreichenden inneren Abstand zu der Vorlage schaffe.[327] An die Werkqualität der kreativen Anschlussnutzung stellt der Bundesgerichtshof im Fall „Pippi Langstrumpf“ anscheinend keine hohen Anforderungen. Während die Vorinstanz noch mit der Werkeigenschaft der Kostümierung gehadert hatte[328], geht der Bundesgerichtshof auf die Frage, ob eine Kostümierung als literarische Figur ein selbstständiges Werk im Sinne des § 24 Abs. 1 UrhG darstellen könne, gar nicht ein.

Zu verzeichnen ist somit eine stetige Lockerung der Verblassensformel.[329] Zwar wird das vollständige Verblassen der Vorlage in ständiger Rechtsprechung[330] weiterhin als Regelfall der freien Benutzung genannt. Dies ist jedoch auch einleuchtend, da von einem hinreichenden Abstand des neuen Werkes zur Vorlage jedenfalls dann ausgegangen werden kann, wenn die Vorlage kaum oder nicht mehr erkennbar ist. Mittlerweile ist bei der Abgrenzung der unfreien Bearbeitung von der freien Benutzung überwiegend der hinreichende „innere Abstand“ das entscheidende Kriterium, insbesondere bei Fallgestaltungen, in denen eine künstlerische Auseinandersetzung mit der Vorlage stattfindet.[331] Denkbar ist, dass dem Verblassen im engeren Sinne nur noch eine Indizfunktion zukommt und der

324 BGH GRUR 2000, 703, 704 – Mattscheibe.

325 BGH GRUR 2003, 956, 958 – Gies-Adler.

326 BGH WRP 2014, 178, Tz. 39 – Pippi Langstrumpf.

327 BGH WRP 2014, 178, Tz. 47 – Pippi Langstrumpf.

328 OLG Köln ZUM 2012, 407, 408.

329 So auch *Huttenlauch*, Appropriation Art, S. 121.

330 BGH WRP 2014, 68, Tz. 37 – Beuys-Aktion; BGH GRUR 2011, 134, 137 – Perlentaucher; BGH GRUR 1999, 984, 987 – Laras Tochter.

331 BGH WRP 2014, 178, Tz. 39 – Pippi Langstrumpf; BGH GRUR 2003, 956 – Gies-Adler; BGH GRUR 2000, 703, 704 – Mattscheibe; BGH GRUR 1994, 191, 193 – Asterix-Persiflagen.

Maßstab des sog. „inneren Abstandes“ die eigentliche Kernvoraussetzung der freien Benutzung ist.[332]

III. Der Privilegierungsmaßstab des „inneren Abstands“ in der Anwendung auf Fan Art

Es stellt sich die Frage, ob das Kriterium des inneren Abstandes auch eine Privilegierung von Fan Art gewährleisten kann. Dazu ist nach den unter A. gebildeten Fallgruppen der Fan Art zu differenzieren.

1. Keine Privilegierung kopierender Fan Art

Bei der reinen Nachahmung einer geschützten Werkvorlage erweist sich der Maßstab des inneren Abstandes als unbrauchbar für eine Privilegierung durch § 24 Abs. 1 UrhG, da er das Entstehen eines eigenständigen neuen Werkes und einen gewissen geistigen Abstand voraussetzt. Fan Art, die lediglich imitiert oder die geschützte fiktive Figur als Werkvorlage unverändert übernimmt, wird diese Eigenständigkeit nicht erreichen.

2. Keine Privilegierung transferierender Fan Art

Als Leitentscheidung für die Geeignetheit des Maßstabs des inneren Abstandes als Privilegierung von Fortsetzungswerken lässt sich die Entscheidung „Laras Tochter“ heranziehen.[333]

In der Entscheidung hatte der Bundesgerichtshof eine Fortsetzungsgeschichte mit dem Titel „Laras Tochter“ zu beurteilen, die an dem Roman „Dr. Schiwago“ von *Boris Pasternak* anknüpfte und die Geschichte aus der Sicht der Figur „Lara“ (Dr. Schiwagos Geliebte) schlüssig weitererzählte. Dazu übernahm der Autor der Fortsetzung, *Alexander Mollin*, die typische Szenerie aus „Dr. Schiwago“, die darin agierenden Charaktere und ihre Beziehungsgeflechte und knüpfte teilweise an bestimmte Schlüsselszenen an.[334] Da die übernommenen Werkbestandteile aus „Dr. Schiwago“ als schutzfähig erachtet wurden, schied ein Verblassen im wörtlichen Sinne aus. Entscheidend kam es somit darauf an, ob ein Verblassen im weiteren Sinne durch Einhaltung des sog. „inneren Abstandes“ zu einer Privi-

---

332 A.A. *von Becker*, GRUR 2004, 104, 108, der den Maßstab des „inneren Abstandes“ insgesamt für systemwidrig hält.
333 BGH GRUR 1999, 984 – Laras Tochter.
334 Vgl. BGH GRUR 1999, 984, 985 – Laras Tochter.

legierung durch § 24 UrhG führen konnte. Bei der Beantwortung dieser Frage stellte der Bundgerichtshof besonders auf das Erfordernis der Selbstständigkeit des neuen Werkes ab, hob die Parodie als klassischen Fall für das Vorliegen eines ausreichenden inneren Abstandes hervor und betonte aber zugleich, dass auch andere thematisch schöpferische Auseinandersetzungen denkbar seien.[335] Ebenso betonte der Bundgerichtshof, dass dann ein besonders strenger Maßstab zu gelten habe und „nur unter ganz besonderen Umständen“ eine freie Benutzung vorliegen könne. „Laras Tochter“ jedenfalls benutze das Werk „Dr. Schiwago“ lediglich zu dem Zweck, selbst damit zu erzählen. Dies sei keine „künstlerisch eigenständige Verarbeitung und Anverwandlung des Übernommenen“, sondern lediglich eine „gewisse Interpretation der Vorlage“.[336]

Die reine Fortsetzung, sei sie auch individuell genug, um urheberrechtlich schutzfähig zu sein, genügt somit dem Kriterium des inneren Abstandes im Regelfall nicht, insbesondere dann nicht, wenn sie sich an das Vorlagewerk nahtlos anschließt und dieses tragende Elemente für das nachschaffende Werk liefert.[337]

Legt man die Erwägungen aus „Laras Tochter“ zugrunde, ist transferierende Fan Art nach geltendem Maßstab im Regelfall keine freie Benutzung. Dies gilt insbesondere für bestimmte Formen der Fan Fiction und Doujinshi, in denen der Handlungsrahmen auf den charakteristischen Eigenschaften der übernommenen fiktiven Figuren aufbaut.[338]

3. Teilweise Privilegierung transformativer Fan Art

Das Kriterium des inneren Abstandes könnte jedoch im Bereich der transformativen Fan Art einschlägig sein, da diese Form der Fan Art die Eigenschaften geschützter Figuren inhaltlich verändert, besonders hervorzuheben sind pornografische Fan Art, sowie das Genre „Slash“. In der genretypischen völlig gegensätzlichen Darstellung der Figuren könnte eine Form der antithematischen Auseinandersetzung zu sehen sein, auch wenn weder pornografische Fan Art noch „Slash“ zwingend darauf abzielen, eine parodistische Wirkung zu erzeugen.

---

335 BGH GRUR 1999, 984, 987 – Laras Tochter.

336 BGH GRUR 1999, 984, 988 – Laras Tochter; ähnlich bereits: OLG Karlsruhe GRUR 1957, 395, 398 – Trotzkopf; OLG Hamburg UFITA 86 (1980), 289, 293 f. – Häschenschule.

337 BGH GRUR 1999, 984, 986 – Laras Tochter; OLG München NJW-RR 2000, 268, 269 – Das doppelte Lottchen; Schricker/Loewenheim/*Loewenheim*, § 24 Rn. 25; Mestmäcker/Schulze/*Haberstumpf*, § 24 Rn. 37.

338 Vgl. *Knopp*, GRUR 2010, 28.

a) Teilweise Privilegierung erotischer und pornografischer Fan Art

Pornografische Fan Art ist ein Genre, das sich auf die Darstellung bekannter fiktiver Figuren in sexueller Interaktion bezieht. Man nennt solche Fan Art in der Szenesprache „Porn" und speziell, wenn asiatische Manga- und Anime Figuren dargestellt werden, „Hentai".[339]

Besonders weit verbreitet im „Porn"-Bereich ist die Darstellung von Disney-Charakteren in obszönen Posen. Im semi-professionellen Bereich findet man Darstellungen dieser Art sowohl in Comic- als auch Videoform in freizugänglichen Internetforen mit plakativen Titeln wie disneyporn.net, cartoon-pussy.com oder hentaiporntube.xxx.[340] Aufgemacht sind die Seiten entweder wie ein Blog mit zahlreichen Werbeanzeigen für Sex-Toys und Pornoplattformen oder sie bestehen aus einer Aneinanderreihung von Thumbnails, die auf Klick wiederum zu anderen „Porn"- oder „Hentai"-Cartoon Seiten führen. Die Motive zeigen bekannte Disneypaare in aufreizenden Posen oder beim Geschlechtsverkehr und unterscheiden sich nicht wesentlich von Pornodarstellungen realer Personen, abgesehen von der Besonderheit, dass die Darsteller rein fiktive Figuren sind. Nicht selten vertreten sind in den Genres „Porn" und „Hentai" auch Darstellungen von Vergewaltigungsszenen oder Sexszenen mit Figuren, die offensichtlich minderjährig sind.[341] Der Bundesgerichtshof hat in der „Mattscheibe"-Entscheidung allerdings klargestellt, dass es nicht zum Aufgabenbereich des Urheberrechts, sondern anderer gesetzlicher Regelungen gehöre, vor Schmähkritik zu schützen oder die Verbreitung rechts- und sittenwidriger Werke zu verhindern.[342] Wesentlich ist bei der Bestimmung der Zulässigkeit sog. „Porn"-Comics als freie Benutzung daher, welcher Abstand zur Vorlage gehalten wird und nicht, ob Minderjährige beim Geschlechtsverkehr dargestellt werden.

Pornocomics übernehmen in der Regel alle prägenden optischen Merkmale der benutzten Figuren unverändert. Auf besondere innere Merkmale oder Beziehungsgeflechte der Figuren untereinander wird hingegen nicht eingegangen. Die Figuren werden lediglich zur Darstellung von erotischen Posen benutzt, die der

339 *Briel*, in: Ga-Netchū!, S. 147.

340 http://disneyporn.net; http://www.cartoon-pussy.com; http://hentaiporntube.xxx/ (jeweils letzter Abruf: 15.06.2015).

341 In Japan liegt dies darin begründet, dass erotische Comics nicht verboten oder zensiert werden, solange Klitoris, Penis oder Schambehaarung nicht sichtbar werden. Kurioserweise führten diese Kriterien zu einem Boom sog. „Lolita-Comics" mit Charakteren, die minderjährig aussehen und dementsprechend keine Schambehaarung haben. Die Abbildung von Genitalien umgeht man, indem sie verpixelt werden, *Briel,* in: Ga-Netchū!, S. 147.

342 BGH GRUR 2000, 703, 705 f. – Mattscheibe.

Erregung sexueller Reize dienen.[343] Zudem funktionieren die Pornobilder als eine Art Eyecatcher, um auf Werbeanzeigen aufmerksam zu machen. Eine werkbezogene Auseinandersetzung mit den geschützten Figuren wird in den Darstellungen meist nicht erkennbar.

Da im Rahmen der Gesamtbetrachtung der gegenüberstehenden Werke auch zu berücksichtigen ist, ob die Vorlage lediglich benutzt wird, um eigene Zwecke zu verfolgen, sind „Porn"-Comics, wie sie auf cartoon-pussy.com zu finden sind, im Regelfall nicht vom Rechtsinstitut der freien Benutzung privilegiert, auch nicht unter Zugrundelegung des sog. „inneren Abstandes", da sie sich die Bekanntheit der fiktiven Figuren lediglich zu nutze machen und keine künstlerischen Zwecke verfolgt werden.[344]

Anders kann die Sachlage beurteilt werden, wenn erotische Motive in anerkannten Kunstwerken, z. B. der Appropriation Art, verwendet werden. Exemplarisch ist hierzu eine pornografisch anmutende Darstellung zweier Disneycharaktere zu nennen, die der belgische Künstler *Wim Delvoye* auf Schweinehaut tätowiert hatte und die u. a. auf der auf der 27. Ausgabe der Art Cologne 2013 präsentiert wurde.[345] Die Darstellung zeigt „Disneys Schneewittchen", welches nackt, nach Bondageart gefesselt und mit dem Giftapfel geknebelt vor der bösen Stiefmutter im freizügigen Dominakostüm hockt. Rein optisch gleicht das Motiv zwar den Darstellungen auf Internetseiten wie cartoon-pussy.com, in der Gesamtbetrachtung enthält *Wim Delvoyes* Kunstwerk dennoch mehr eigenschöpferische Züge als die Internetpornocomics. Allein die Tatsache, dass seine erotischen Darstellungen der Disneyfiguren auf Schweinehaut tätowiert sind, transportiert eine besondere Aussage. Um einen ausreichenden Freiraum für künstlerisches Schaffen zu gewährleisten, ist bei der Frage, ob eine freie Benutzung vorliegt, auf den Betrachter abzustellen, dem die Vorlage bekannt ist und der auch ein ausreichend intellektuelles Verständnis für das neue Werk besitzt.[346] Ein intellektuelles Verständnis für das neue Werk setzt voraus, dass die Grundintention von *Wim Delvoyes* künstlerischem Werkschaffen bekannt ist. Sie ist somit in die Beurteilung miteinzubeziehen.

Delvoye tätowiert seit 1997 nicht nur tote Schweinehaut, sondern auch lebende Schweine, die er auf einer Farm hält, bis sie sterben. Käufer können sie

---

343 In Japan werden diese erotischen Comics daher auch zum klassischen Pornomarkt gezählt, *Briel*, in: Ga-Netchû!, S. 170.

344 Vgl. BGH GRUR 1999, 984, 988 – Laras Tochter; BGH GRUR 1994, 191, 193, 206 – Asterix-Persiflagen.

345 Siehe http://www.wimdelvoye.be/ (letzter Abruf: 15. 06. 2015).

346 BGH GRUR 2000, 703, 706 – Mattscheibe; BGH GRUR 1994, 206, 200 – Alcolix; Schricker/Loewenheim/*Loewenheim*, § 24 Rn. 13; *Reinhart*, UFITA 103 (1986), 77.

bereits lebend als Kunstobjekte erwerben und bekommen das tätowierte Hautstück eingerahmt zugesandt, nachdem das Tier eines natürlichen Todes gestorben ist.[347] Da Schweinefleisch ein beliebtes Konsumgut ist, symbolisieren *Delvoyes* Schweine die Konsumgesellschaft. Die Tattoos zeigen ebenfalls Konsumgüter und Referenzen westlicher Ikonografie, darunter Designer-Logos und Disneyfiguren. Auf dem Rücken der lebenden Schweine sollen sie wirtschaftliches Wachstum und die Profitgier der Konzerne symbolisieren.[348] Mit dem tätowierten Schwein wächst nämlich auch das Tattoo, es verblasst und wird verzerrt. Zugleich steht fest, dass das Schwein sterben wird, das Wachstum also enden wird. Was bleibt, ist ein verzerrtes Bild des Motivs.

Die Motive gestaltet *Delvoye* bewusst provokant. Sein Konzept ist die Vermischung von Gegensätzen, um Irritation hervorzurufen.[349]

Eine solche Vermischung von Gegensätzen zeigt sich auch in der obszönen Darstellung Schneewittchens und ihrer Stiefmutter. Die Philosophie des Disneykonzerns ist es, möglichst familientaugliche Filme zu produzieren. Es soll eine heile Welt gezeigt werden, in der es wenig Gewalt und vor allem keinen Sex zu sehen gibt.[350] *Delvoye* zeichnet in seinem Kunstwerk ein völlig konträres Bild, indem er das Disneyschneewittchen und seine Stiefmutter bei BDSM-Spielen[351] zeigt und aus ihnen Symbolfiguren von Sex und Gewalt macht. Zugleich ist die Zuordnung der Disneyfiguren in die BDSM-Szene eine überspitzte Darstellung des Verhältnisses von Schneewittchen zu ihrer Stiefmutter, das tatsächlich von Unterwerfung geprägt ist. Zu Beginn des Disneyfilms „Schneewittchen und die sieben Zwerge“ wird deutlich, dass Schneewittchen keine leiblichen Eltern mehr hat und ihrer Stiefmutter als Magd dienen muss.[352] Dazu muss sie in Lumpen gehüllt auf Knien harte Steinböden schrubben. Diesem Schicksal ergibt das Mädchen verträumt singend, weder fähig, noch willig sich selbstständig aus den „Fesseln“ der Stiefmutter zu lösen. Auch als Schneewittchen fliehen muss, weil die Stief-

---

347 dazu Interview auf Focus Online: http://www.focus.de/kultur/leben/tid-19585/design-porn-kuenstler-wim-delvoye-taetowierte-schweine-leben-laenger_aid_544247.html (letzter Abruf: 15.06.2015).

348 *Kieffer, Wim Delvoye: Tattooing Pigs oft he Art of Provocation,* http://theculturetrip.com/europe/belgium/articles/wim-delvoye-tattooing-pigs-or-the-art-of-provocation/; http://www.perrotin.com/text-Wim_Delvoye-7.html (jeweils letzter Abruf: 15.06.2015).

349 Vgl. http://d-sites.net/english/delvoxye.htm (letzter Abruf: 15.06.2015).

350 *Ward*, Mouse Morality, S. 46; *Wasko*, Understanding Disney, S. 118.

351 Kurzform von „Bondage, Disziplin, Sadismus, Masochismus“, die für (meist sexuelle) Verhaltensweisen steht, die u.a. mit Unterwerfung, spielerischer Bestrafung, Lustschmerz oder Fesselspielen zusammenhängen.

352 Vgl. *Walt Disneys* ersten animierten Zeichentrickfilm „Snow White and the Seven Dwarfs“, 1937.

mutter aus Eifersucht einen Mordanschlag auf sie verüben lassen will, bleibt sie abhängig von anderen, nämlich den sieben Zwergen. Deren Warnungen zum Trotz erliegt sie schließlich erneut der Manipulation der Stiefmutter, als sie von ihrem vergifteten Apfel isst. Erst der Prinz und die Zwerge können Schneewittchen vor dem Tod retten und sie von der Stiefmutter befreien. Schneewittchen bleibt abhängig und unselbstständig.[353]

Delvoye nimmt in seinem Kunstwerk kritischen Bezug zu der Disney-typischen verniedlichenden und verharmlosenden Darstellung einer Geschichte, die eigentlich grausame Elemente enthält. Das Kunstwerk fügt sich damit nicht nur in *Delvoyes* Konzept der kritischen Auseinandersetzung mit der Konsumgesellschaft im Allgemeinen ein, sondern enthält auch eine kritische werkbezogene Auseinandersetzung mit den dargestellten Disneyfiguren. Letzteres ermöglicht eine Privilegierung durch den Maßstab des inneren Abstands. Denkbar ist im Beispielsfall auch das Vorliegen einer antithematischen Auseinandersetzung, da *Delvoye* gerade die Gegenüberstellung von Gegensätzen (Asexualtität gegenüber Sex, Naivität und Friedfertigkeit gegenüber Gewalt) als Stilmittel nutzt, um seine Aussage zu transportieren. Zudem verdeutlicht die Vielseitigkeit der Aussage des Kunstwerks (Kritik an der Konsumgesellschaft, der Disneyphilosophie und der Verharmlosung grausamer Verhaltensweisen), dass es einige eigenpersönliche Merkmale enthält und somit ein selbstständiges urheberrechtlich schutzfähiges Werk ist.

Die Kriterien der Rechtsprechung für das Vorliegen einer freien Benutzung im Fall von Parodien sind im speziellen Fall *Delvoye* somit durchaus auch auf pornografisch angehauchte Darstellungen geschützter Figuren übertragbar. Im Falle der häufiger verbreiteten Internetpornos mit fiktiven geschützten Figuren ist das Privileg des inneren Abstandes dagegen nicht anwendbar.

b) Grenzfall „Slash“

Ebenfalls für erotische Inhalte bekannt ist das Fan Art-Genre „Slash“.

Ähnlich wie *Wim Delvoye* experimentieren Slash-Autoren mit dem Ikonenstatus, den Comicfiguren wie „Batman“ und „Superman“ erlangt haben. Die Figuren gelten nicht bloß als Figuren einer Geschichte, sondern als die Verkörperung einer gewissen Lebenseinstellung und gewisser Stereotype.[354] „Batman“

---

353 Vgl. dazu feministische Analysen der Disney-Figuren in *Wasko*, Understanding Disney, S. 132ff..

354 *Tushnet*, 17 Loy. L.A. Ent. L. Rev., 651, (1997), S. 684.

symbolisiert den Geschlechtsstereotyp des zielstrebigen, durchsetzungsstarken Mannes, der seine Emotionen stets kontrolliert.

In Slash Fiction wird dieses Merkmal aufgegriffen und ins Gegenteil verkehrt: Der für gewöhnlich starke, machohafte „Batman", dessen Alter Ego „Bruce Wayne" für seine wechselnden Affären mit attraktiven jungen Frauen bekannt ist, entdeckt in Slash Fiction seine verletzliche, sensible Seite als der homosexuelle Partner von „Superman".[355] In der Regel wird damit nicht der Zweck verfolgt, die Figur komisch oder satirisch darzustellen. Das Konzept von Slash Fiction gründet auf einer Auseinandersetzung mit den Charaktereigenschaften der fiktiven Figur und einer Neuinterpretation des Charakterkonzepts. Sofern Charaktereigenschaften einer fiktiven Figur ins Gegenteil verkehrt werden, kann von einer antithematischen Auseinandersetzung gesprochen werden, was wiederum auf ein gewisses Potential für die Privilegierung durch den inneren Abstand hindeutet.

Häufig übernimmt Slash Fiction allerdings nicht nur einzelne Charaktere, sondern auch vorbekannte Handlungsstränge, Verhältnisse zu anderen Figuren sowie das bekannte Setting der Vorlage, so dass sie sich wie eine alternative Fortsetzung der Vorlage liest. In diesen Fällen bereiten die strengen Anforderungen der Rechtsprechung Probleme. Darauf lässt insbesondere die Entscheidung „Laras Tochter" schließen, in welcher der Bundesgerichtshof das Vorliegen einer freien Benutzung deshalb ablehnte, weil die benutzten Figuren aus „Dr. Schiwago" lediglich zu dem Zweck übernommen worden seien, um „selbst damit zu erzählen" und somit keine „künstlerisch eigenständige Verarbeitung", sondern lediglich eine „gewisse Interpretation der Vorlage" seien.[356] Selbst wenn es sich bei der Alternativgeschichte um ein urheberrechtlich schutzfähiges Werk handelte, „lebte" nach Ansicht des Bundesgerichtshofs die Geschichte in solchen Fällen von der Verfremdung der schutzfähigen Merkmale des benutzten Werkes und setzte sich nicht ausreichend „künstlerisch", sondern rein interpretatorisch mit der Vorlage auseinander, so dass sie von dieser abhängig bliebe.[357]

Ob Slash Fiction die Hürde der erforderlichen Eigenständigkeit meistern kann, ist somit davon abhängig, wie groß der inhaltliche Abstand zum Originalwerk insgesamt ist. Bei Slash Fiction, welche die übernommenen Charaktere modifiziert und zusätzlich in einen alternativen Handlungsrahmen einbettet, wird man von einer freien Benutzung gemäß

---

355 Beispiel für einen Slash Comic: *Yakumo Izumi*, fix me. – Pirated Edition to „The „Batman"" „Superman/"Batman„", 2008.

356 BGH GRUR 1999, 984, 988 – Laras Tochter; ähnlich bereits: OLG Karlsruhe GRUR 1957, 395, 398 – Trotzkopf; OLG Hamburg UFITA 86 (1980), 289, 293 f. – Häschenschule.

357 BGH GRUR 1999, 984, 988 – Laras Tochter; BGH GRUR 1994, 191, 200 – Asterix-Persiflagen/ „Berti „Be" H.".

§ 24 Abs. 1 UrhG ausgehen können, insbesondere, wenn die Slash Fiction parodistische Züge aufweist und die antithematische Auseinandersetzung mit der Vorlage im Vordergrund steht.

Ein Großteil der Slash Fiction modifiziert jedoch lediglich die Eigenschaften der übernommenen Charaktere und knüpft im Übrigen an vorbestehende Handlungsstränge an. In solchen Fällen dominiert der Fortsetzungscharakter der Neuerzählung, so dass § 24 Abs. 1 UrhG zumindest nach traditioneller Auslegung nicht einschlägig ist.

4. Zwischenergebnis

Das Kriterium des inneren Abstandes ist nur in engen Grenzen dazu geeignet Fan Art zu privilegieren.

Die Rechtsprechung, erweist sich als stark einzelfallbezogen. Selbst bei besonderen Formen der Fan Art, die sich durch einen hohen Anteil an individuellen Merkmalen auszeichnen, indem sie Veränderungen an der Vorlage vornehmen oder sich teilweise sogar antithematisch damit auseinandersetzen (transformative Fan Art), kommt man nur in seltenen Fällen zu einer Privilegierung durch den inneren Abstand.

IV. Kritische Betrachtung der derzeitigen Ausgestaltung des „inneren Abstands“

Der Bundesgerichtshof hat erkannt, dass die strenge Verblassensformel zu Ergebnissen führt, die verfassungsrechtlich nicht vertretbar sind. Seit der Entscheidung „Asterix-Persiflagen“ ist ein Entgegenkommen zu nachschöpfenden-den Werken zu bemerken, zunächst durch Einführung des privilegierenden Maßstabs des „inneren Abstandes“, schließlich durch die Lockerung der Anforderungen, die an das Kriterium zu stellen sind, so dass mittlerweile selbst „deutliche Übernahmen“ eine freie Benutzung darstellen können und ein innerer Abstand nicht nur durch eine antithematische Auseinandersetzung wie im Fall der Parodie eingehalten werden kann.[358]

Der Vorteil des Maßstabs des inneren Abstandes ist, dass er sich von der engen Verblassensformel löst und grundsätzlich mehr Freiräume für künstlerische Anschlussnutzungen schaffen kann.

358 BGH WRP 2014, 178, Tz. 47 – Pippi Langstrumpf; BGH GRUR 2000, 703, 704 – Mattscheibe; BGH GRUR 1994, 191, 193 – Asterix-Persiflagen.

Ein großer Nachteil der Privilegierung des inneren Abstandes ist, dass der Maßstab bislang nur anhand von Einzelfällen konkretisiert wurde. Häufig wird mit unbestimmten Begriffen wie der „künstlerischen Auseinandersetzung" hantiert, die nicht hinreichend verdeutlichen können, wann ein nachschöpfendes Werk eigenständig ist. In Fällen, in denen über eine Parodie zu entscheiden war, griff man auf parodiespezifische Kriterien zurück, im Fall eines Kostüms erklärte man den inneren Abstand mit den typischen Eigenschaften einer Kostümierung.[359] Mal wird das Kriterium der Antithematik als Indiz herangezogen, mal soll irgendeine werkbezogene Auseinandersetzung genügen, eine Auseinandersetzung in Form der Neuinterpretation soll wiederum nicht ausreichen. Die Ausgestaltung des inneren Abstandes durch die Rechtsprechung wirkt daher teilweise willkürlich und ergebnisorientiert.[360] Es scheint, als werde die Privilegierung um einzelne Ausnahmetatbestände erweitert, die man aus gewissen Gründen für privilegierungswürdig hält. Besonders hat sich dies in der „Pippi Langstrumpf"-Entscheidung gezeigt, in welcher der Bundesgerichtshof die erforderliche Gesamtbetrachtung der literarischen Figur „Pippi Langstrumpf" mit den eigentlich streitgegenständlichen Abbildungen nicht eindeutig vornimmt, sondern lediglich auf die Frage, ob ein Kostümieren als „Pippi Langtrumpf" eine freie Benutzung darstellen kann, eingeht, wohl um klarzustellen, dass das Kostümieren als fiktive Figur durch das Urheberrecht nicht verhindert werden solle.[361]

Die Erweiterung der Privilegierung des inneren Abstandes durch einzelne Ausnahmetatbestände kann jedoch zu keiner abschließenden Lösung des Interessenkonflikts zwischen künstlerischer Schaffensfreiheit und urheberrechtlichen Eigentumsinteressen führen.[362] Das Ergebnis sind vielmehr Einzelfallenscheidungen und wenig Rechtssicherheit, was sich auch bei der Anwendung des Maßstabs auf Beispiele aus dem Bereich der Fan Art gezeigt hat, bei der es zu teilweise sehr unterschiedlichen Ergebnissen hinsichtlich der Zulässigkeit kommt.

V. Zusammenfassung und Ergebnis

Insgesamt ist festzuhalten, dass § 24 UrhG zumindest Potential für die Privilegierung nachschaffender Kunstformen aufweist. Dieses Potential wird dadurch verstärkt, dass die Rechtsprechung ihre Anforderungen an das Vorliegen einer

---

359 BGH WRP 2014, 178, Tz. 47 – Pippi Langstrumpf; BGH GRUR 1994, 191, 193, 206 – Asterix-Persiflagen.

360 So auch *Huttenlauch*, Appropriation Art, S. 133.

361 Dazu bereits im 2. Kap. A. II. 2..

362 so im Ansatz auch *Czernik*, Die Collage, S. 334.

freien Benutzung vorsichtig gelockert hat. Während das strenge Verblassenkriterium zunächst nur wenige Möglichkeiten der Privilegierung selbst für anerkannte Kunstformen wie die der Parodie offen ließ, ist der Maßstab des sog. „inneren Abstandes" besser geeignet, einen Interessenausgleich zwischen Urhebern und kreativen Nutzern zu schaffen. Als problematisch erweist sich bei der Beurteilung des inneren Abstandes allerdings die stark einzelfallbezogene und teilweise widersprüchliche Rechtsprechung.

Insgesamt kann nach dem geltenden Maßstab daher keine einheitliche und keine eindeutige Aussage darüber getroffen werden, ob Fan Art durch § 24 UrhG privilegiert werden kann.

Diese Rechtsunsicherheit gefährdet wiederum den gerechten Interessenausgleich zwischen kreativen Fans und Urhebern. Weder Urheber noch Nutzer wissen, wann von einem Eingriff in Urheberrechte gesprochen werden kann und wann nicht. Besonders mit Sicht auf die Rechtsfolge des § 24 UrhG, die entweder alles oder nichts privilegiert, ist dieser Zustand sehr unbefriedigend.

Nichtsdestotrotz sollte § 24 UrhG aufgrund des Sinns und Zwecks der Vorschrift, nämlich die Förderung der geistig kreativen Auseinandersetzung zur Entstehung neuer Werke, als Privilegierungsmöglichkeit von Fan Art nicht aus den Augen verloren werden.

In der Gesetzesbegründung wurde die konkrete Auslegung des § 24 UrhG offen gelassen. Damit besteht die Möglichkeit, den geltenden Maßstab bei der Beurteilung der freien Benutzung zu modifizieren, Rechtsunsicherheiten zu beseitigen und gegebenenfalls doch noch einen gerechten Interessenausgleich zwischen Urhebern und Fans als kreative Nutzer zu erzielen.

D. Fan Art als zulässige freie Benutzung durch flexiblere Auslegungsmodelle für § 24 UrhG

In der Literatur mehren sich Stimmen, die sich für eine flexiblere Auslegung des Rechtsinstituts der freien Benutzung aussprechen, um den Konflikt zwischen Kommunikationsgrundrechten, darunter insbesondere die Kunstfreiheitsgarantie (Art. 5 Abs. 3 S. 1 GG), und dem Urheberrecht zu lösen.[363] Die Vorschläge reichen

---

363 Vgl. *Peukert*, GRUR-Beilage 2014, 77, 89; *Huttenlauch*, Appropriation Art, S. 151; *Chakraborty*, Rechtsinstitut der freien Benutzung, S. 97; *Gelke*, Mashups im Urheberrecht, S. 228; Auch in der Politik wird diskutiert, ob „transformative Werknutzungen" in erleichtertem Umfang zugelassen werden sollten. Die CDU/CSU-Bundestagsfraktion schlug in einem Diskussionspapier vom 12.6. 2012 folgende leider wenig innovative Ergänzung des § 24 UrhG vor: „Sofern es sich um ein neues Werk handelt und der Eindruck des Originals gegenüber demjenigen des neuen Werkes „vervon der Berücksichtigung kunstspezifischer und kommunikationswissenschaftlicher Kriterien bei der Abgrenzung der unfreien von der freien Benutzung bis hin zur Übertragung von Abwägungskriterien des U.S.-amerikanischen Fair Use-Prinzips in § 24 UrhG.

I. Kunstspezifische Auslegung des § 24 UrhG

Als Lösung wird u.a eine „kunstspezifische Auslegung" des § 24 UrhG vorgeschlagen. Anlass dazu hatte die „Germania 3"-Entscheidung gegeben, in der das Bundesverfassungsgericht die Verwendung von Zitaten ohne Belegfunktion unter Berufung auf die Kunstfreiheit für zulässig erachtet hatte.[364]

1. Übertragung der „Germania 3"-Grundsätze auf die Auslegung des § 24 UrhG

Nach Ansicht der Vertreter einer kunstspezifischen Auslegung des § 24 UrhG verdeutliche der „Germania 3" –Beschluss, dass das Verfassungsrecht nicht nur über die Generalklauseln als Einbruchsstellen des Zivilrechts Einfluss nehme, sondern im Rahmen der mittelbaren Drittwirkung der Grundrechte über alle zivilrechtlichen Normen ausstrahle.[365] Aus der Schutzpflichtsdogmatik des Bundesverfassungsgerichts folge, dass der Grundsatz der restriktiven Auslegung urheberrechtlicher Vorschriften jedenfalls dann nicht gelten könne, wenn die verfassungsrechtlich geschützte Eigentumsgarantie des Urhebers (Art. 14 Abs. 1 GG) in Konflikt mit Interessen gerate, die vorbehaltlos gewährleisteten verfassungsrechtlichen Schutz genießen, wie es bei der Kunstfreiheit (Art. 5 Abs. 3 S. 1 GG) der Fall sei. Die in „Germania 3" aufgestellten Grundsätze zur verfassungskonformen Auslegung der Zitierfreiheit seien daher auch auf § 24 UrhG übertragbar.[366] *Czernik* hält dies gegenüber der verfassungskonformen Auslegung des § 51 UrhG sogar für die systematisch sinnvollere Lösung, da § 24

blasst", darf fas Original frei bearbeitet werden.", Diskussionspapier der CDU/CSU-Bundestagsfraktion zum Urheberrecht in der digitalen Gesellschaft, S. 3, abrufbar unter der URL: http://blogfraktion.de/2012/06/12/diskussionspapier-urheberrecht-in-der-digitalen-gesellschaft/ (letzter Abruf: 15.06.2015).

364 Siehe hierzu B. I. 2. c).

365 *Huttenlauch*, Appropriation Art, S. 151 mit Verweis auf BVerfGE 7, 198, 205 f. – Lüth.

366 *Huttenlauch*, Appropriation Art, S. 153 f.; a. A. *Wegmann*, Rechtsgedanke des § 24 UrhG, S. 195, die eine kunstspezifische Betrachtung schon in der geltenden Auslegung des § 24 UrhG enthalten sieht.

UrhG anders als die Zitatschranke durch seinen offenen Wortlaut mehr Freiräume für eine kunstspezifische Auslegung biete.[367]

Vor diesem Hintergrund wurde ein Auslegungsmodell für § 24 UrhG entwickelt, das zu einer Privilegierung auch solcher kreativen Anschlussnutzungen führen soll, die zwar Kunst im Sinne des Art. 5 Abs. 3 S. 1 GG sind, jedoch weder der Verblassensformel im engeren Sinne gerecht werden, noch einen ausreichenden „inneren Abstand" im Sinne des geltenden Maßstabs einhalten. Auf dem Prüfstand standen insbesondere avantgardistische Kunstformen wie die „Appropriation Art" und die „Collage".

2. Avantgardistischer Werkbegriff

Nach dem Wortlaut des § 24 Abs. 1 UrhG muss durch die freie Benutzung eines fremden Werkes ein neues „selbstständiges Werk" entstehen. Anders als im Zitatrecht verlangt die freie Benutzung damit eindeutig das Entstehen einer persönlich geistigen Schöpfung gemäß § 2 Abs. 2 UrhG.[368]

Kunstformen, welche die vollständige Übernahme der Werkvorlage bezwecken, z. B. Appropriation Art, tun sich schwer damit, dem urheberrechtlichen Werkbegriff zu genügen. Als besonders problematisch erweist sich das Tatbestandsmerkmal der Individualität. Denn etwas, das kopiert, gilt im rechtlichen Sinne grundsätzlich als Vervielfältigung, auch wenn der Kopiervorgang an sich eine Kunstform darstellen soll.[369]

Verfechter der kunstspezifischen Auslegung wollen daher den urheberrechtlichen Werkbegriff im Sinne der Kunstfreiheit modifizieren. Sie argumentieren, dass im Zuge der Einheitlichkeit des Rechts der verfassungsrechtliche Kunstbegriff und der urheberrechtliche Werkbegriff „deckungsgleich" sein müssten.[370]

Fuchs hält den urheberrechtlichen Werkbegriff vor allem deshalb für veraltet, da er neue Kunstformen wie die Appropriation Art unberücksichtigt lasse. Das Merkmal der Individualität müsse anhand kunsteigener Kriterien bestimmt werden. Abzustellen sei nicht auf eine formale Individualität, sondern auf die sog.

---

367 *Czernik*, Die Collage, S. 284 f.; ebenso: *Huttenlauch*, Appropriation Art, S. 149.

368 Vgl. Reg. Begr. BT-Drucks IV/270 S. 51 „völlig selbstständige Neuschöpfung"; Zur Voraussetzung der Werkeigenschaft des Zitatsubjekts siehe B. I. 1..

369 *Schack*, FS Nordemann, S. 113; *Maaßen*, FS Pfennig, S. 151; Schricker/Loewenheim/*Loewenheim*, § 2 Rn. 42.

370 *Czernik*, Die Collage, S. 229; *Fuchs*, Avantgarde, S. 139 ff.; ähnlich *Schoenebeck*, Moderne Kunst, S. 210.

„kunsttheoretische Fundamentalkonzeption“ des Kunstwerkes.[371] Ob eine Leistung persönlich schöpferisch ist, ergebe sich demnach schon aus der konzeptionellen Form des Werkes. Folglich könnten sogar die sog. „ready mades“ einen urheberrechtlichen Schutzgegenstand darstellen.[372] Das Kriterium der Erkennbarkeit der schöpferischen Leistung realisiere sich in der formgestalterischen Umsetzung der Fundamentalkonzeption des Kunstwerkes. Unter dem notwendigen geistigen Gehalt sei die künstlerische Idee zu verstehen.[373] Um einen unzulässigen Ideenschutz zu vermeiden, ergänzt *Czernik*, dass diese Idee niemals allein das Schutzgut darstellen könne, sondern stets im Zusammenhang mit einem konkreten Werk erkennbar werden müsse.[374]

Die nötige Individualität könne sich nach dem Modell der Fundamentalkonzeption gerade auch aus der Leugnung jeglicher Individualität ergeben.[375] Entscheidend komme es auf den Zweck des Tätigens einer künstlerischen Aussage an. Die Wiederholung der äußeren Form könne eine innovative künstlerische Eigenleistung darstellen, wenn sie in eine eigenständige Konzeption eingebunden sei.

Unter Zugrundelegung eines solchen Werkbegriffs können auch solche Kunstwerke von § 24 UrhG erfasst sein, in denen das Original nicht nur vollständig erkennbar bleibt, sondern zumindest im formellen Sinne kopiert wird.

3. Der Maßstab des „inneren Abstands“ als Ort praktischer Konkordanz

Eine besondere Rolle im Rahmen der kunstspezifischen Auslegung des § 24 UrhG spielt die durch die Rechtsprechung entwickelte Voraussetzung des „inneren Abstandes“.

Huttenlauch sieht darin einen „Ort praktischer Konkordanz“ und will das Kriterium nutzen, um mit dem geltenden Auslegungsmodell der Verblassensformel zu brechen.[376] Das Merkmal der Antithematik, das die Rechtsprechung zur Bestim-

---

371 *Fuchs*, Avantgarde, S. 139; ähnlich *Sherman*, in: 4 Social & Legal Studies, 31 (1995), S. 39; *Strowel*, ZUM 1990, 387, 389.

372 Objekte, die in der Natur vorgefunden und dann als Kunst präsentiert werden. Zur Schutzfähigkeit vorgefundener Objekte vgl. *Kummer*, S. 75 f..

373 *Fuchs*, Avantgarde, S. 140.

374 *Czernik*, Die Collage, S. 244.

375 *Fuchs*, Avantgarde, S. 143 ff.; *Czernik*, Die Collage, S. 241 ff.; *von Gruben*, Das urheberrechtliche Entstellungsverbot, S. 20.

376 *Huttenlauch*, Appropriation Art, S. 167; ähnlich: *Peukert*, GRUR-Beilage 2014, 77, 89; *Czernik*, Die Collage, S. 331 ff., der allerdings in erster Linie über die Neukonzipierung des Werkbegriffs durch die sog. „Fundamentalkonzeption“ zu einer Privilegierung nachschaffender Kunstwerke gelangt.

mung des inneren Abstandes im Sinne eines Verblassens im weiteren Sinne ansetzt, sei nichts anderes als das Ergebnis einer verfassungsrechtlichen Verhältnismäßigkeitsprüfung, welche die kollidierenden Schutzgüter, die Kunstfreiheit des Parodisten mit dem Eigentumsschutz des Urhebers, zu optimaler Wirksamkeit gelangen ließe.[377] Es dürfe für die urheberrechtliche Zulässigkeit nachschaffender Kunstwerke jedoch keinen Unterschied machen, ob die Verwendung der geschützten Vorlage antithematisch oder syntaktisch sei, entscheidend könne lediglich sein, ob die Übernahme des Vorlagewerkes eine „künstlerische Notwendigkeit" darstelle.[378] Dies sei im Rahmen einer Abwägung der verfassungsrechtlich geschützten Interessen des Urhebers (Art. 14 Abs. 1 GG) und des Benutzers (Art. 5 Abs. 3 S. 1 GG) anhand objektiver Indizien zu bestimmen.[379] Als wirtschaftliches Indiz könne insbesondere der 4. Fair Use-Faktor, die Substituierbarkeit des Originals (17 U.S.C. § 107), miteinbezogen werden.[380] Das Urheberpersönlichkeitsrecht funktioniere im Rahmen der Interessenabwägung als Korrektiv, so dass grobe Entstellungen verboten werden könnten und der Originalurheber verpflichtend zu nennen sei.[381] Dadurch soll vermieden werden, dass urheberpersönlichkeitsrechtliche Belange unberücksichtigt bleiben. Zumindest im Fall der Parodie behandelt man nämlich die Frage einer Urheberpersönlichkeitsrechtsverletzung nicht unabhängig von der Frage der freien Benutzung und lässt die Privilegierung einer zulässigen freien Benutzung auf die Interessenabwägung im Rahmen des § 14 UrhG durchschlagen.[382]

4. Kein „starrer Melodienschutz" durch § 24 Abs. 2 UrhG

Gemäß § 24 Abs. 2 UrhG gilt Abs. 1 nicht für die Benutzung eines Werkes der Musik, durch welche eine Melodie erkennbar dem Werk entnommen und einem neuen Werk zugrunde gelegt wird.

Das Verhältnis des Melodienschutzes zur freien Benutzung gemäß § 24 Abs. 2 UrhG ist heftig umstritten.

---

377 *Huttenlauch*, Appropriation Art, S. 166.

378 *Huttenlauch*, Appropriation Art, S. 149, 172.

379 *Huttenlauch*, Appropriation Art, S. 172.

380 *Huttenlauch*, Appropriation Art. 173 ff.; Kritisch, i.E. aber zustimmend: *Stuhlert*, Behandlung der Parodie, S. 286, die es zusätzlich für erforderlich hält, bei der Untersuchung einer wirtschaftlichen Beeinträchtigung des Urheberrechts auch die Verwertung durch die Einräumung von Bearbeitungslizenzen zu beachten.

381 *Huttenlauch*, Appropriation Art, S. 190.

382 Vgl. BGH GRUR 1994, 206, 208 – Alcolix; Wandtke/Bullinger/*Bullinger*, § 14 Rn. 39; *von Gruben*, Das urheberrechtliche Entstellungsverbort, S. 37; *Hess*, Urheberrechtsprobleme der Parodie, S. 50; von Gruben, Das urheberrechtliche Entstellungsverbort, S. 37.

Die Rechtsprechung lässt bei erkennbarer Übernahme einer Melodie eine Privilegierung nach § 24 Abs. 1 UrhG regelmäßig scheitern. [383] Teilweise wird darin eine konsequente Anwendung der Verblassensformel gesehen.[384]

Die überwiegende Ansicht versteht § 24 Abs. 2 UrhG als Erweiterung des Schutzumfangs für Werke der Musik und geht von einem Regel-Ausnahme-Verhältnis zwischen § 24 Abs. 1 und Abs. 2 UrhG aus.[385] Es gelte ein „starrer Melodienschutz", bei dem die Grundsätze des Abs. 1 nicht zur Anwendung kämen, sondern lediglich festzustellen sei, ob eine Melodie einem Musikwerk erkennbar entnommen bzw. dem neuen Werk erkennbar zugrunde gelegt werde. Gerechtfertigt werde dies durch die Gefahr der Ausbeutung fremden Musikschaffens im Wege der freien Benutzung. Dies betreffe besonders den Schlager- und Unterhaltungsbereich.

Das Auslegungsmodell des „starren Melodienschutzes" wird vielfach kritisiert. Man befürchtet, dass die freie Benutzung von Musikwerken dadurch faktisch unmöglich gemacht würde, dass jede Anlehnung an eine Melodie zu einer erkennbaren Benutzung des benutzten Werkes führe.[386] Seit der „Metall auf Metall"-Entscheidung[387] des Bundesgerichtshofs, in der die Grundsätze des § 24 Abs. 2 UrhG analog auf Tonträgerherstellerrechte übertagen wurden, wird zudem eine Überhöhung des Tonträgerherstellerrechts befürchtet.[388] Es wird teilweise vorgeschlagen, die Grundsätze des Verblassens im weiteren Sinne, nämlich das Vorliegen eines ausreichenden inneren Abstandes, auch im Falle des § 24 Abs. 2 UrhG zur Anwendung kommen zu lassen.[389] *Schmieder* hält sogar die ersatzlose Streichung des § 24 Abs. 2 UrhG für geboten, da die Norm gegen den verfassungsrechtlichen Schutz der Kunstfreiheit (Art. 5 Abs. 3 S. 1 GG) verstoße.[390]

Die Befürworter der kunstspezifischen Auslegung des § 24 UrhG sprechen sich ebenfalls gegen einen „starren Melodienschutz" aus. Dies ergibt sich bereits aus dem Ansatz, dass es einer Schutzbereichserweiterung für Melodien nicht bedarf,

383 BGH GRUR 2009, 403 – Metall auf Metall, BGH GRUR 1991, 533 – Brown Girl II; BGH GRUR 1981, 267 – Dirlada.

384 Dreier/Schulze/*Schulze*, § 24 Rn. 44; Möhring/Nicolini/*Ahlberg*, § 24 Rn. 37; Fromm/Nordemann/*Nordemann*, §§ 23/24 Rn. 54.

385 Schricker/Loewenheim/*Loewenheim*, § 24 Rn. 32ff.; *Brunner*, Melodienschutz im Urheberrecht, S. 92; *Baumann*, Urheberrecht an der Melodie, S. 80; *Schack*, § 9 Rn. 277.

386 Wandtke/Bullinger/*Bullinger*, § 24 Rn. 16.

387 BGH GRUR 2009, 403, 405f. – Metall auf Metall.

388 *Gelke*, Mashups, S. 166.

389 *Schack*, JZ 2009, 475, 477; *Reinfeld*, Schutz von Rhythmen, S. 115.

390 *Schmieder*, UFITA 93 (1982), 69; a. A. *Brunner*, Melodienschutz im Urheberrecht, S. 173ff., die eine Privilegierung von Melodien im Rahmen des § 24 Abs. 2 UrhG für verfassungsrechtlich gerechtfertigt hält.

wenn die Interessen der Urheber und Werknutzer bereits im Rahmen des § 24 Abs. 1 UrhG umfassend berücksichtigt werden.

Czernik hält es für verfassungsrechtlich geboten, § 24 Abs. 2 UrhG einer veränderten Lesart zugänglich zu machen. Gelange man durch konsequente Anwendung des avantgardistischen Werkbegriffs im Sinne der Fundamentalkonzeption zu dem Ergebnis, dass keine Gemeinsamkeiten zwischen der Konzeption des benutzten und des neuen Werkes bestünden, so könne dies nicht nachträglich über § 24 Abs. 2 UrhG rückgängig gemacht werden.[391] Im Sinne einer verfassungskonformen Auslegung müsse § 24 Abs. 2 UrhG folglich lediglich eine klarstellende Regelung für Musikwerke darstellen.

5. Übertragbarkeit des Auslegungsmodells auf Fan Art, Fan Art als Kunst gemäß Art. 5 Abs. 3 S. 1 GG

Grundvoraussetzung einer Übertragbarkeit des Modells der kunstspezifischen Auslegung des § 24 UrhG auf Fan Art ist, dass sie als Akt künstlerischer Entfaltungsfreiheit verfassungsrechtlichen Schutz im Sinne des Art. 5 Abs. 3 S. 1 GG für sich beanspruchen kann.

Absprechen kann man den Fans oft zumindest nicht ihre künstlerische Intention, die sich bereits daraus ableiten lässt, dass sie ihre kreative Ausdrucksform als „Art" bezeichnen.

Teilweise bezeichnet man Fan Art als sog. „Graswurzel-Kreativität".[392] Diese Bezeichnung ist insofern zutreffend, als es sich bei Fan Art um eine Kunstform handelt, die von einer breiten Masse, nämlich einem Fantum, praktiziert wird und nicht von einzelnen Künstlern. Daraus sollte jedoch nicht die Schlussfolgerung gezogen werden, dass der kreative Gehalt von Fan Art nicht über das banale Alltagserzeugnis hinausgehen kann. Die massenhafte Entstehung von Fan Art hat in erster Linie Auswirkungen auf die Bandbreite der Qualität der künstlerischen Umsetzung. Fan Art variiert qualitativ in erster Linie in technischer Hinsicht, was darin begründet liegt, dass die Kunstform sowohl von akademisch ausgebildeten Künstlern als auch von mehr oder weniger begabten Laien und Amateuren praktiziert wird. Die Qualität der technischen Umsetzung trifft jedoch keinerlei Aussage über die Hochwertigkeit von Kunst und bestimmt auch nicht deren verfassungsrechtliche Schutzbedürftigkeit im Sinne des Art. 5 Abs. 3 S. 1 GG.[393] Sinn und Zweck der Kunstfreiheit ist es vor allem, „die auf der Eigengesetzlichkeit der

---

391 *Czernik*, Die Collage, S. 354 ff..

392 *Peifer*, ZNR 36 (2014), 65 ff..

393 BVerfGE, 75, 369, 377 = NJW 1987, 2261; Sachs/*Bethge*, GG Art. 5 Rn. 187.

Kunst beruhenden, von ästhetischen Rücksichten bestimmten Prozesse, Verhaltensweisen und Entscheidungen von jeglicher Ingerenz öffentlicher Gewalt frei zu halten".[394] Sie verpflichtet den Staat zu ästhetischer Neutralität. „Anspruchsvolle" Kunst wird folglich ebenso geschützt wie triviale Kunst.[395]

Der persönliche Schutzbereich der Kunstfreiheit enthält keine besonderen Beschränkungen. Jedermann kann sich auf das Grundrecht berufen, demnach auch Fans, die Fan Art erstellen und veröffentlichen.

Ob Fan Art in den sachlichen Schutzbereich der Kunstfreiheit fällt, ist anhand der von der Rechtsprechung entwickelten Kunstbegriffe zu bestimmen: dem materialen, dem formal-typologischen und dem offenen Kunstbegriff.[396]

a) Formal-typologischer Kunstbegriff

Der formal-typologische Kunstbegriff knüpft lediglich an die Tätigkeit und die Ergebnisse etwa des Malens, Bildhauens, Dichtens oder an die Formen des Theaters oder der Musik an.[397] Sofern ein gängiger „Werktypus" vorliegt, wird vermutet, dass es sich um Kunst handelt.[398] Dabei kommt der Form eine dienende Funktion als Medium eines für unterschiedliche Deutungen offenen Sinns zu. Es genügt daher nicht, dass sie die einzige Mitteilung oder der einzige Zweck ist, wie es etwa bei reinen Gebrauchsgegenständen, Dokumentarfotos oder Tatsachenberichten der Fall wäre.

Fan Art entspricht in der Regel einem gängigen Werktypus. Sie umfasst Zeichnungen, Malerei, Literatur und in gewisser Weise auch Theater in Form des sog. „Cosplay". Regelmäßig ist Fan Art auch unterschiedlich deutbar, ihr Aussagehalt ist nicht allein auf ihre Form beschränkt.

Von dem formal-typologischen Kunstbegriff wäre Fan Art somit erfasst.

b) Materialer Kunstbegriff

Nach dem materialen Kunstbegriff ist Kunst die „freie schöpferische Gestaltung, in der Eindrücke, Erfahrungen, Erlebnisse des Künstlers durch das Medium einer bestimmten Formensprache zu unmittelbarer Anschauung gebracht werden".[399]

---

394 BVerfGE 30, 173, 190 = NJW 1971, 145 – Mephisto.

395 BVerfGE 75, 369, 377 = NJW 1987, 2261; *Fuchs*, Avantgarde und erweiterter Kunstbegriff, S. 24.

396 Vgl. Dreier/*Wittreck*, GG Art 5 III (Kunst), Rn. 37 ff.; von Mangoldt/Klein/*Starck*, GG Art. 5 Abs. 3 Rn. 302.

397 BVerfGE 67, 212, 217; Dreier/*Wittreck*, GG Art. 5 III (Kunst), Rn. 38.

398 BVerfGE 67, 213, 226 f.; BVerfG, NJW 2001, 596, 597 zur Formensprache eines Liedes; *Müller*, Freiheit der Kunst, S. 42 ff..

399 BVerfGE 30, 173, 188 f. = NJW 1971, 145 – Mephisto.

Im Falle von Fan Art werden in Form von Literatur, Malerei, Zeichnungen, Filmen oder Darstellung („Cosplay") insbesondere Eindrücke veranschaulicht, die mit dem Verhältnis des Fans zum Fanobjekt zu tun haben. Es geht einerseits um den schöpferischen Ausdruck von Bewunderung, andererseits auch um Neuinterpretation eines vorbestehenden Werkes, in welcher der Fan seine Eindrücke und Erfahrungen, die er mit dem Fanobjekt gesammelt hat, verarbeitet.

Somit ist Fan Art auch von dem materialen Kunstbegriff erfasst.

c) Offener und relationaler Kunstbegriff

Nach dem offenen Kunstbegriff besteht das kennzeichnende Merkmal der Kunst darin, „dass es wegen der Mannigfaltigkeit ihres Aussagegehalts möglich ist, der Darstellung im Wege einer fortgesetzten Interpretation immer weiterreichende Bedeutungen zu entnehmen, sodass sich eine praktisch unerschöpfliche, vielstufige Informationsvermittlung ergibt."[400] Kunst wird demnach primär als Kommunikationsprozess verstanden. Einen ähnlichen Ansatz verfolgt der auf der jüngeren kunsttheoretischen Diskussion beruhende sog. „relationale Kunstbegriff".[401] Danach kennzeichnet Kunst ihre „spezifische kommunikative Beziehung zu bereits existierenden Kunstwerken".[402]

Fan Art ist eine Kunstform, die vor allem durch kommunikative Prozesse der Fans untereinander angeregt wird. Sie soll eine gewisse Bewunderung des Originals zum Ausdruck bringen, ist auf diese Aussage jedoch nicht zwingend beschränkt. Gerade transformative Fan Art, insbesondere der Bereich der Slash Fiction, enthält mitunter kritische und satirische Komponenten und setzt sich antithematisch mit der verwendeten Vorlage auseinander. Erotische Darstellungen von Disneyfiguren dienen mitunter der Persiflage oder Kritik an der Asexualtität und der konservativen Gestaltung der Disneycharaktere.

Im Bereich der transformativen Fan Art bestehen somit weitreichende Interpretationsmöglichkeiten im Sinne des offenen Kunstbegriffs. Auch transferierende Fan Art, die sich im Wege der alternativen Fortsetzung mit einer künstlerischen Vorlage auseinandersetzt, kann als eine Form der künstlerischen Interpretation und des kreativen Kommunikationsprozesses im Sinne des „relationalen Kunstbegriffs" verstanden werden. Rein kopierende Fan Art hingegen ist im Regelfall lediglich auf die Nachahmung der Vorlage beschränkt. In diesen Fällen gestaltet es sich schwierig, weitrechende Bedeutungen zu erkennen, die über die bloße

400 BVerfGE 67, 213, 227; Dreier/*Wittreck*, GG Art. 5 III (Kunst), Rn. 39.
401 Vgl. Dreier/*Wittreck*, GG Art. 5 III (Kunst), Rn. 40.
402 *von Arnauld*, HStR VII, § 167 Rn. 28 ff..

Darstellung des Fanobjekts als Hommage hinausgehen, es sei denn, dem Kopiervorgang an sich wäre – ähnlich wie im Fall der Appropriation Art – eine eigenständige künstlerische Aussage beizumessen.

Im Regelfall sind zumindest transferierende und transformative Fan Art Kunst im Sinne des offenen Kunstbegriffs als auch des relationalen Kunstbegriffs.

Die Übertragung einer kunstspezifischen Auslegung des § 24 UrhG auf Fan Art ist somit in den meisten Fällen möglich und würde größere Spielräume für Fan Art schaffen.[403]

6. Einwände gegen die kunstspezifische Auslegung des § 24 UrhG und eigene Stellungnahme

Die kunstspezifische Auslegung des § 24 UrhG schafft zwar mehr Freiräume für Fan Art, der Lösung wird jedoch der Einwand entgegen gehalten, sie vernachlässige die Interessen der Originalurheber. Besonders im Bereich appropriierender Werke sieht man berechtigterweise Schwierigkeiten bei der Abgrenzung zur Fälschung oder zum Plagiat.[404] Selbst die Kunstfreiheit aus Art. 5 Abs. 3 S. 1 GG dürfe solchen eindeutigen Urheberrechtsverletzungen keinen Freibrief erteilen.

Die Privilegierung eines rein kopierenden Werkes gelingt durch die kunstspezifische Auslegung des § 24 UrhG vor allem deshalb, weil sie einen avantgardistischen Werkbegriff zu Grunde legt, bei dem es für die Werkeigenschaft vorwiegend darauf ankommt, dass irgendeine künstlerische Behauptung getätigt wird.[405] Problematisch ist, dass der Kerngehalt der künstlerischen Behauptung gerade bei appropriierenden Werken darin besteht, Individualität zu leugnen.[406] Dies steht im Widerspruch zum Kerngehalt des urheberrechtlichen Werkbegriffs, der auf dem Kriterium der Individualität basiert.[407] Das Urheberrecht schützt nicht Kunst, sondern Werke, da es der Zuordnung von Eigentums- und Persönlichkeitsinteressen als Anreiz kulturellen Schaffens dient. Eine Absenkung der Schutzschwelle im Sinne eines avantgardistischen Werkbegriffs ist mit dem Grundprinzip des Urheberschutzes daher schwer vereinbar. Zudem wird der Wortlaut des § 24 UrhG überstrapaziert, der zumindest in einem Punkt klar und deutlich ist: Für eine freie Benutzung bedarf es der Entstehung eines neuen

---

403 Vgl. *Peukert*, GRUR-Beilage 2014, 77, 89.

404 *Pfennig*, ZUM 2012, 269, 270; *Schack*, FS Nordemann, S. 113.

405 *Fuchs*, Avantgarde, S. 143 f..

406 *Peifer*, FS Wandtke, S. 107; *Groys*, in: minimal – concept. Zeichenhafte Sprachen im Raum, S. 177 ff..

407 Schricker/Loewenheim/*Loewenheim*, § 2 Rn. 23; *Ulmer*, Urheber- und Verlagsrecht, 3. A. 1980, S. 113; *Peifer*, Individualität im Zivilrecht, S. 57.

„selbstständigen Werkes“. Es ist schwer vorstellbar, wie eine appropriierende Kunstform selbstständig sein kann, deren künstlerischer Aussagegehalt auf die Aneignung einer kompletten Vorlage und die Leugnung individuellen Schaffens beschränkt ist.

Nicht abwegig ist allerdings der Ansatz, den Maßstab des „inneren Abstandstandes“ anhand verfassungsrechtlicher Kriterien zu konkretisieren. Anhaltspunkte für die Zulässigkeit eines solchen Auslegungsmodells finden sich bereits in der Rechtsprechung.[408] Teilweise hält man allerdings eine kunstspezifische Betrachtung des Maßstabs des „inneren Abstandes“ gerade deshalb für überflüssig.

Poll vertritt die Auffassung, dass die in „Germania 3“ aufgestellten Grundsätze sich ausschließlich auf das Zitatrecht beschränkten und nicht ohne weiteres auf die freie Benutzung übertragbar seien. Ein Zitat gebe das Werk erkennbar und unverändert wieder, eine freie Benutzung dagegen erfordere das Verblassen der Vorlage.[409] Dieser Auffassung ist allerdings entgegen zu halten, dass sie sich lediglich auf die Verblassensformel stützt und die Entwicklung der Rechtsprechung zu § 24 UrhG ignoriert, die schon seit der „Sherlock-Holmes“-Entscheidung aus dem Jahr 1957 ein vollständiges Verblassen nicht mehr zwingend voraussetzt.[410] Mittlerweile kommt es sogar hauptsächlich auf den sog. „inneren Abstand“ an, den das neue Werk zu Vorlage hält und der auch bei erkennbaren „deutlichen Übernahmen“ gewahrt sein kann.[411]

Wegmann argumentiert, dass die kunstspezifischen Grundsätze aus „Germania 3“ bereits ausreichend in § 24 UrhG enthalten seien, eine zusätzliche Interessenabwägung unter Berufung auf die Kunstfreiheit sei weder notwendig, noch möglich. Der Grundsatz des „Germania 3“-Beschlusses bestünde in der Berücksichtigung der Kunstfreiheit im Rahmen der mittelbaren Drittwirkung der Grundrechte. Eine kunstspezifische Betrachtung des § 24 UrhG führe dagegen zu einer unzulässigen unmittelbaren Drittwirkung der Grundrechte.[412]

Dieser Kritikpunkt wirkt konstruiert. Die kunstspezifische Auslegung erstrebt die zulässige Berücksichtigung der Kunstfreiheit im Rahmen der mittelbaren Drittwirkung der Grundrechte genauso, wie sie in der „Germania 3“-Entscheidung zum Zitat erfolgt. Sie verweist auf das gegenüber der Zitatschranke größere Po-

---

408 BGH WRP 2014, 178, Tz. 39 – Pippi Langstrumpf; BGH GRUR 2003, 956, 958 – Gies-Adler; BGH GRUR 2000, 703, 704 – Mattscheibe.

409 *Poll*, ZUM 2004, 511, 516, 522.

410 Vgl. BGH GRUR 1958, 354, 356 – Sherlock Holmes; ähnlich BGH GRUR 1958, 402, 404 – Lili Marleen.

411 BGH GRUR 2000, 703, 704 – Mattscheibe.

412 *Wegmann*, Rechtsgedanke der freien Benutzung, S. 195.

tential der freien Benutzung als Einfallstor dieser mittelbaren Drittwirkung und bezweckt somit eine Berücksichtigung der Kunstfreiheit im Rahmen der Auslegung der Norm, nicht, wie unterstellt, eine zusätzliche Interessenabwägung und unmittelbare Drittwirkung von Grundrechten. Es wird lediglich und zu Recht darauf hingewiesen, dass keine Unterschiede zwischen einzelnen Kunstgattungen gemacht werden dürfen, sofern sie jeweils nach Art. 5 Abs. 3 S. 1 GG verfassungsrechtlichen Schutz genießen. Insbesondere dürfe die Parodie nicht vor anderen Kunstrichtungen bevorzugt werden.

Eine Berücksichtigung der Kunstfreiheit gemäß Art. 5 Abs. 3 S. 1 GG im Rahmen der Auslegung und Anwendung des § 24 UrhG ist folglich als zulässige und taugliche Möglichkeit zu bewerten, den Interessenkonflikt zwischen Urhebern und nachschaffenden Künstlern einer befriedigenden Lösung zuzuführen. Auch die derzeitige Rechtsprechung kommt der kunstspezifischen Auslegung des § 24 UrhG entgegen, da sie durch den Maßstab des „inneren Abstands" einen möglichen Ort der praktischen Konkordanz geschaffen hat und entgegen teilweise vertretener Auffassung nicht mehr zwingend ein Verblassen der Werkvorlage voraussetzt.

§ 24 Abs. 2 UrhG kann bei einer veränderten Lesart des § 24 Abs.1 UrhG allenfalls eine klarstellende Funktion zukommen. Nicht abwegig erscheint es jedoch auch, die Norm als logische Konsequenz einer flexibleren Auslegung des § 24 Abs. 1 UrhG ersatzlos zu streichen.

Der avantgardistische Werkbegriff ist dagegen nicht mit dem Wortlaut des § 24 UrhG und auch nicht mit den Grundsätzen des Urheberschutzes vereinbar. Von ihm sollte Abstand genommen werden, um eine Überprivilegierung nachschaffender Werke zu vermeiden.

II. Übertragung von Fair Use-Kriterien in § 24 UrhG

Seit der Umsetzung der europäischen Computerrechtsrichtlinie (RL 2009/24/EG) und des zunehmenden Schutzes „banaler" Erzeugnisse, zum einen durch Absenkung der Anforderungen an die Werkeigenschaft[413], zum anderen durch Ausweitung des Schutzes durch Leistungsschutzrechte[414], wird eine zunehmende Ökonomisierung des Urheberrechts verzeichnet.[415]

---

413 BGH GRUR 2014, 175 – Geburtstagszug (Anwendung der sog. „kleinen Münze" auf angewandte Kunst, Werkeigenschaft eines Holzspielzeugs); dazu *Rauer*, WRP 2014, 135 ff.; vgl. *Schack*, FS Wandtke, S. 12; *Wandtke*, UFITA 2011/II, S. 660.

414 Zuletzt durch Einführung eines „Leistungsschutzrechts für Presseverleger", Achtes Gesetz zur Änderung des Urheberrechtsgesetzes vom 7.5.2013 BGBl I Nr. 23, S. 1161; BGH GRUR 2010, 616 –

Im Bereich der Fan Art macht sich dieser wirtschaftliche Schwerpunkt bei der Toleranzschwelle der Urheber gegenüber Fan Art bemerkbar. Fan Art, die zwar Urheberrechte verletzt, jedoch nicht entgeltlich verbreitet wird, wird in der Regel von den Urhebern geduldet. Das wirtschaftliche Kriterium spielt auch in Nutzungsbedingungen von Fan Foren eine große Rolle, die keine Fan Art zulassen, welche zu kommerziellen Zwecken vertrieben wird und dem Urheber in wirtschaftlicher Hinsicht schaden könnte.[416] Schließlich findet sich in Disclaimern und Anmerkungen, die Fans im Zusammenhang mit ihrer Kunst veröffentlichen, häufig der Hinweis, dass man keine wirtschaftlichen Zwecke mit der Fan Art verfolge. Dieser Respekt von den wirtschaftlichen Interessen des Urhebers erinnert an ökonomische Faktoren des US-amerikanischen Fair Use-Prinzips (17 U.S.C. § 107), wonach nicht-kommerzielle Werknutzungen als fair und damit zulässig gelten können.

In der Rechtswissenschaft mehren sich Stimmen, die den Fair Use-Gedanken zumindest teilweise in das deutsche Urheberrecht übertragen wollen.[417] Insbesondere § 24 UrhG hält man aufgrund des offenen Wortlauts der Norm für eine Berücksichtigung wettbewerblicher Kriterien geeignet, um zu verhindern, dass der Herrschaftsbereich des Urhebers immer weiter ausgedehnt wird, während die Rechte der Nutzer nicht mitwachsen.

Bevor im Einzelnen auf die Vorschläge zu ergänzenden Fair Use-Kriterien in § 24 UrhG eingegangen wird, soll als Grundlage ein kurzer Überblick über die wesentlichen Inhalte, insbesondere die einzelnen Faktoren der Fair Use-Regelung verschafft werden.

---

marions-kochbuch.de (Schutz einfacher Lichtbilder); BGH GRUR 2009, 403 – Metall auf Metall (Schutz des Tonträgerherstellers).

415 *Chakraborty*, Rechtinstitut der freien Benutzung, S. 97; *Peukert*, FS Hilty, S. 50; *Geiger*, GRUR Int. 2008, 459 ff.; *Peifer*, FS Bornkamm, S. 954; ähnlich zum Copyright *Gifford*, in:18 Cardozo Arts & Ent. L.J., 569 (2000), 569–614.

416 Vgl. animexx e.V., http://animexx.onlinewelten.com/wiki/index.php/Hinweise_FA-Hochla den (letzter Abruf: 15. 06. 2015).

417 *Wehler*, Die freie Benutzung im digitalen Zeitalter, S. 89; *Peifer*, FS Wandtke, S. 106; *Chakraborty*, Rechtsinstitut der freien Benutzung, S. 99, 106; *Schmieder*, UFITA 80 (1977), 127 ff.; ähnlich *Huttenlauch*, Appropriation Art. 173 ff., die dem 4. fair use-Faktor jedoch allenfalls eine Indizfunktion zukommen lassen will; Forderungen nach einer Privilegierung kreativer Nutzungen wurden auch in der Sitzung der Enquête-Kommission Internet in digitale Gesellschaft laut, vgl. Zwischenbericht der Enquête-Kommission vom 23. 11. 2011, BT-Drucks 17/7899, abrufbar unter http://dipbt.bundestag.de/dip21/btd/17/078/1707899.pdf (letzter Abruf: 15. 06. 2015).

1. Wesentlicher Inhalt der Fair Use-Regelung des 17 U.S.C. § 107

Die Fair Use-Doktrin wurde durch den US-amerikanischen Copyright Act of 1976 in 17 U.S.C. § 107 als existierendes Richterrecht gesetzlich bestätigt. Sie gestattet produktive Werknutzungen, die den wissenschaftlichen und kulturellen Austausch fördern (vgl. Präambel 17 U.S.C. § 107: „purposes such as criticism, comment, news reporting, teaching (...), scholarship, or research, is not an infringement of copyright").[418]

Als Generalschranke ist sie offen formuliert, so dass die in der Präambel benannten Nutzungszwecke keine abschließenden, sondern eine beispielhafte Aufzählung typischerweise produktiver Werknutzungen sind.[419] Dies unterscheidet die Fair Use-Regelung von dem im internationalen Recht verankerten Dreistufentest, der auf der ersten Teststufe das Vorliegen eines „bestimmten" Sonderfalles, d. h. eines klar definierten Ausnahmefalls mit einem spezifischen Nutzungszweck vorsieht.[420]

Von hoher Bedeutung sind bei der Fair Use-Prüfung die vier in 17 U.S.C. § 107 genannten Fair Use-Faktoren: der Zweck und Charakter der Nutzung („purpose and character of the use"), die Eigenart des benutzten Werkes („nature of the copyrighted work"), der Umfang der Nutzung („amount and substantiality of the portion used") und die Auswirkungen auf den potentiellen Markt oder den Wert des Werkes („effect of the use upon the potential market of value"). Die Faktoren müssen weder kumulativ vorliegen, noch weisen sie eine gewisse Hierarchie auf. Sie werden im Rahmen einer Einzelfallprüfung jeweils untersucht und anschließend in einer Gesamtabwägung abgewogen.[421]

a) Erster Faktor: Zweck und Charakter der Nutzung

Beim ersten Faktor der Fair Use-Prüfung sind der Zweck und Charakter der Nutzung zu untersuchen, insbesondere ob die Nutzung kommerzieller oder ideeller, gemeinnütziger Natur ist.[422] Die kommerzielle Nutzung ist schwieriger als

---

418 Vgl. verfassungsrechtliche Vorgabe des Art. 1 sec. 8 der US-amerikanischen Verfassung: „The Congress shall have power to promote the progress of science and useful arts, by securing for limited time to authors and inventors the esclusive right to their respective writings and discoveries."

419 Campell v. Acuff-Rose, 510 U.S. 569, 577 (1994); *Kleinemenke*, Fair Use, S. 104.

420 Vgl. WTO-Panel Report, WT/DS160/R vom 15. 06. 2000, § 6.108; *Bornkamm*, FS Erdmann, S. 46; *Förster*, Fair Use, S. 196 f.; *Reinbothe*, FS Dittrich, S. 257; a.A. *Kleinemenke*, Fair Use im deutschen Urheberrecht, S. 485 ff., der eine enge Auslegung des Bestimmtheitserfordernisses des Dreistufentests im Sinne eines echten Bestimmtheitsgebot ablehnt.

421 Campell v. Acuff-Rose, 510 U.S. 569, 578 (1994).

422 Harper & Row Publishers, Inc. v. Nation Enterprise, 471 U.S. 539 (1985).

fair use zu qualifizieren als die ideelle Nutzung.[423] Seit der Grundsatzentscheidung Campell v. Acuff-Rose Music, Inc. ist jedoch gängige Rechtsprechung, dass Gewinnerzielungsabsichten eine Privilegierung nicht zwingend ausschließen, unter Umständen kann nämlich der eigene schöpferische Beitrag der Nutzung (sog. „transformative character") so hoch sein, dass trotz kommerzieller Absichten von einer produktiven Werknutzung gesprochen werden kann, die in der Abwägung mit wirtschaftlichen Interessen an einem Ausschließlichkeitsrecht zu einer Zulässigkeit der Nutzung führen kann. Ein sog. „transformative use" erfordert zumindest, dass aus den entlehnten Elementen ein neues Werk mit einer neuen Nutzungsmöglichkeit entsteht.[424]

b) Zweiter Faktor: Eigenart des benutzten Werkes

Im Rahmen des zweiten Faktors bei der Fair Use-Prüfung ist die Natur des urheberrechtlich geschützten Werkes zu beachten. Von Bedeutung kann dabei sein, ob das benutzte Werk bereits veröffentlicht worden ist, ob es fiktiver oder faktischer Natur ist, der Grad seiner Kreativität und die Zeit, die der Urheber in seine Schöpfung investieren musste und ob er eine wirtschaftliche Kompensation dafür erwarten darf. [425]

c) Dritter Faktor: Umfang der Nutzung

Bei der Beurteilung des dritten Faktors sind sowohl Quantität („Amount") als auch Qualität („Substantiality") der Nutzung des Werkes zu beachten. Übernimmt bspw. ein nachschaffender Künstler mehr als zur Erreichung des legitimen Zwecks erforderlich wäre, kann die Benutzung als unfair gelten.[426] Das kann auch dann der Fall sein, wenn in quantitativer Hinsicht wenig übernommen wurde, es sich bei benutzten Werkbestandteilen aber um die wesentlichen Elemente des Gesamtwerkes handelt.[427]

---

423 Sony Corp. v. Universal City Studios, Inc., 464 U.S. 417 (1984).

424 Authors Guild, Inc. v. Google , Inc. 05 Civ. 8136 (2013); Perferct10 v. Google, 416 F.Supp.2d 828 (C.D. Cal. 2006); Kelly v. Arriba Soft Corp. 336 F3d 811, 818, 833 (9th Cir. 2003); Campell v. Acuff-Rose music, Inc., 510 U.S. 569, 577 (1994).

425 MCA, Inc. v. Wilson, 677 F 2d 180 (2d Cir. 1981).

426 Walt Disney Productions vs. Air Pirates, 581 F.2d 751, 757 (9th Cir. 1978).

427 Harper & Row Publishers, Inc. v. Nation Enterprises, 471 U.S. 539, 566 (1985).

d) Vierter Faktor: Auswirkungen auf den potentiellen Markt oder den Wert des Werkes

Dem vierten Fair Use-Faktor wird oftmals entscheidende Bedeutung beigemessen. Er betrifft die Auswirkungen der Nutzung auf den potentiellen Markt oder den Wert des Werkes und bringt die ökonomische Ausrichtung des Copyright-Systems zum Ausdruck. Wichtig ist, dass bei der Prüfung nicht nur die Beeinflussung bereits tatsächlich bedienter Märkte, sondern auch die Beeinflussbarkeit noch nicht bedienter potentieller Märkte des benutzten Werkes bei der Untersuchung zu berücksichtigen sind. Geprüft wird regelmäßig die wirtschaftliche Substituierbarkeit der Werke.[428]

Parodien werden im Rahmen des vieren Faktors durch die Rechtsprechung häufig milder behandelt, da sie in der Regel nicht als wirtschaftliches Substitut gelten. Von Bedeutung kann aber der dritte Faktor sein, der klärt, ob für die Parodie nicht mehr benutzt wurde als zur Erreichung des parodistischen Zwecks erforderlich ist.[429]

2. Ergänzendes wettbewerbliches Abgrenzungskriterium (vierter Fair-Use Faktor) in § 24 UrhG nach *Chakraborty*

Im deutschen Urheberrecht ist schon vor längerer Zeit in Erwägung gezogen worden, den vierten Fair Use-Faktor in die wertende Gesamtbetrachtung im Rahmen des § 24 UrhG miteinzubeziehen.[430]

Den konkretesten Vorschlag dazu liefert bislang *Chakraborty*, der ein sog. „ergänzendes wettbewerbliches Abgrenzungskriterium" empfiehlt, das vergleichbar mit dem vierten Fair Use-Faktor ist. Methodisch hält *Chakraborty* die Übertragung von wirtschaftlichen Fair Use-Kriterien in § 24 UrhG für gerechtfertigt, da die zunehmende Ökonomisierung des Urheberrechts dazu führe, dass sich anglo-amerikanisches Copyright und kontinentaleuropäisches Ureberrecht einander angenähert hätten.[431]

Bei der Prüfung einer freien Benutzung könne daher berücksichtigt werden, ob das nachschaffende Werk nachteilige Auswirkungen auf die Verwertung des

---

428 Harper & Row Publishers, Inc. v. Nation Enterprises, 471 U.S. 539, 564 (1985).

429 Walt Disney Productions vs. Air Pirates, 581 F.2d 751, 757 (9th Cir. 1978).

430 *Chakraborty*, Rechtsinstitut der freien Benutzung, S. 99; für eine generelle Stärkung des Wettbewerbsgedankens im Urheberrecht *Schmieder*, UFITA 80 (1977), 127 ff.; vgl. auch *EG-Kommission*, Grünbuch – Urheberrechte in der wissensbestimmten Wirtschaft, KOM (2008) 466.

431 *Chakraborty*, Rechtsinstitut der freien Benutzung, S. 97.

Originals haben könnte, z. B. durch Substituierung des Originals.[432] Messbare Auswirkungen auf die Verwertung des Originals hält *Chakraborty* für möglich, wenn beide Werke in einem konkreten Wettbewerbsverhältnis zueinander stünden. Ein solches bestehe, wie im Wettbewerbsrecht, wenn die Produkte zweier Anbieter denselben Abnehmerkreis hätten, d. h. wenn die Nachschöpfung die gleiche Zielgruppe anspräche wie die Vorlage.[433] Ideelle Interessen des Urhebers, insbesondere der Schutz vor Entstellungen gemäß § 14 UrhG, seien bereits im Rahmen der freien Benutzung umfassend berücksichtigt und müssten besonders im Fall der Parodie auf Grund der verfassungsrechtlich garantierten Freiheit des Parodisten zurücktreten. Andernfalls könne die Regelung des § 24 UrhG nachträglich umgangen werden. Fortsetzungswerke qualifiziert *Chakraborty* dagegen als unfreie Benutzungen, da diese in der Regel auf den Leserkreis des Erstwerkes abziele und an dessen Erfolg teilhaben wolle.[434]

3. Kritik an *Chakrabortys* Vorschlag und andere Ergänzungsvorschläge

Obwohl die Berücksichtigung wettbewerblicher Kriterien im Urheberrecht zunehmend Befürworter auch auf politischer Ebene[435] findet, hat *Chakrabortys* Vorschlag deutliche Kritik erfahren.

Stuhlert kritisiert insbesondere, dass sich *Charkraborty* nicht hinreichend mit der U.S.-amerikanischen Rechtsprechung und der konkreten Ausgestaltung der Fair Use-Doktrin auseinandergesetzt habe.[436] Sein Vorschlag lasse die Frage offen, wie die relevanten Märkte der sich gegenüberstehenden Werke konkret voneinander zu trennen seien. Zudem gibt *Stuhlert* zu Bedenken, dass gewichtige systematische Unterschiede zwischen der Fair Use-Regelung und der freien Benutzung bestünden. Während es sich bei ersterem um eine Generalschranke handele, sei die freie Benutzung eine Schutzbereichsbegrenzung, bei der sich die Frage einer Werkkonkurrenz gar nicht stellen könne.[437]

---

432 *Chakraborty*, Rechtsinstitut der freien Benutzung, S. 99, 106; kritisch dazu *Stuhlert*, Parodie im Urheberrecht, S. 282f..

433 *Chakraborty*, Rechtsinstitut der freien Benutzung, S. 100.

434 *Chakraborty*, Rechtsinstitut der freien Benutzung, S. 113.

435 EG-Kommission, Grünbuch – Urheberrechte in der wissensbestimmten Wirtschaft, KOM (2008) 466; Zwischenbericht der Enquête-Kommission Internet und digitale Gesellschaft vom 23.11.2011, BT-Drucks 17/7899, S. 8; In der SPD denkt man über die Einführung einer Regelung, ähnlich der „Fair Use"-Klausel nach, vgl. *Soeder*, Wie weiter mit dem Urheberrecht?, abrufbar unter der URL http://www.spd.de/profil/christiansoeder/blog/wie-weiter-mit-dem-urheberrecht (letzter Abruf: 15.06.2015).

436 *Stuhlert*, Behandlung der Parodie, S. 282f..

437 *Stuhlert*, Behandlung der Parodie, S. 261f..

Vermittelnd schlägt *Huttenlauch* vor, den Wettbewerbsgedanken zumindest als ergänzendes Indiz zur Beurteilung der subjektiven Intention des nachschaffenden Urhebers heranzuziehen.[438]

Wehler hält die Berücksichtigung wirtschaftlicher Kriterien im Sinne einer Substitutionskonkurrenz im Rahmen der analogen Anwendung des § 24 UrhG auf Leistungsschutzrechte für sinnvoll, da in diesem Fall wirtschaftlich-organisatorische Leistungen und nicht geistig-kreative Leistungen geschützt seien.[439] Ein generelles ergänzendes wettbewerbliches Abgrenzungskriterium lehnt er jedoch ab, da er befürchtet, dass die Ökonomisierung des Urheberrechts dadurch auf eine Stufe getrieben werden könnte, die der Gesetzgeber nicht beabsichtigt habe. Eine Überbetonung wirtschaftlicher Interessen könne eine Vernachlässigung ideeller und persönlichkeitsrechtlicher Interessen des Urhebers zur Folge haben, die ein wesentlicher Aspekt des deutschen Urheberrechts seien.[440] Insbesondere dürfe sich die Auslegung des § 24 UrhG aus systematischen Gesichtspunkten nicht von dem entscheidenden Merkmal der Individualität abwenden.[441] *Wehler* bevorzugt gegenüber der Übertragung von Fair Use-Kriterien in § 24 UrhG daher die Übernahme von Fair Dealing-Kriterien aus dem britischen Copyright. Für eine flexiblere Auslegung des § 24 UrhG hält er insbesondere zwei Kriterien für relevant: die Unterscheidung nach kommerzieller und nicht-kommerzieller Nutzung und die Frage nach der Substitutionskonkurrenz der Werke.[442] Nicht-kommerzielle Nutzungen sollten im Sinne eines Erst-Recht-Schlusses stärker privilegiert werden als kommerzielle Nutzungen. Bei der Frage nach der Substitutionskonkurrenz müsse zudem berücksichtigt werden, ob berechtigte Interessen des Urhebers an der Vorlage beeinträchtigt seien. Die Grenze für eine freie Benutzung zieht *Wehler* dort, wo die Übernahme des Werkes lediglich der Ersparnis eigener Aufwendungen dienen soll und kein nennenswertes Maß an Eigenleistung erkennbar wird.

Es überrascht ein wenig, das sich *Wehler* einerseits gegen die Übernahme von Fair Use-Kritierien ausspricht, auf deren anderen Seite aber die Übernahme gerade von solchen Fail Deal-Kriterien befürwortet, die auch im U.S.-amerikanischen Fair Use-Prinzip verankert sind. Die Art der Nutzung (kommerziell oder nichtkommerziell) ist ein Kriterium des ersten Fair Use-Faktors, die Frage nach der

---

438 *Huttenlauch*, Appropriation Art, S. 183; näheres dazu in F. I. 3.

439 *Wehler*, Die freie Benutzung im digitalen Zeitalter, S. 165.

440 *Wehler*, Die freie Benutzung im digitalen Zeitalter, S. 230 f..

441 *Wehler*, Die freie Benutzung im digitalen Zeitalter, S. 231; so auch *Stuhlert*, Behandlung der Parodie, S. 288; ähnlich *Bauer*, User Generated Content, S. 364.

442 *Wehler*, Die freie Benutzung im digitalen Zeitalter, S. 234; ähnlich Schricker/Loewenheim/*Loewenheim*, § 24 Rn. 22.

Substitutionskonkurrenz spielt im vierten Fair Use-Faktor eine Rolle. Der „Gowers Report" zur Analyse des britischen Rechts des Geistigen Eigentums, auf den *Wehler* ebenfalls verweist, schlägt sogar vor, bei der Europäischen Kommission darauf hinzuwirken, die Informations-Richtlinie um eine Ausnahme für „creative, transformative or derivative works" zu ergänzen, die sich an dem Kriterium des „transformative use" der Fair Use-Doktrin orientieren solle.[443]

Das Merkmal der Transformativität wird bei der Fair Use-Prüfung zwar wieter verstanden als bei der Bestimmung der freien Benutzung, seine Übertragbarkeit in § 24 UrhG ist jedoch denkbar. Denn im Gegensatz zu den wirtschaftlichen Fair Use-Kriterien knüpft es an die Individualität des Beitrags an, der mit der Werknutzung zum kulturellen Schaffen geleistet wird, ähnlich wie das Kriterium des inneren Abstandes.[444] Konkrete Ausführungen zur Übertragbarkeit des ersten Fair Use-Faktors auf die wertende Gesamtbetrachtung im Rahmen des § 24 UrhG finden sich bei *Wehler* allerdings nicht.

4. Stellungnahme

Bedenken hinsichtlich der Berücksichtigung von amerikanischen Fair Use-Faktoren im Rahmen der Beurteilung der freien Benutzung ergeben sich vorwiegend aus den Unterschieden der Rechtssysteme, denen die Regelungen entstammen.

Jede Fair Use-Entscheidung ist dem Wesen des amerikanischen Copyright Acts entsprechend mit einer utilitaristischen Prüfung verknüpft. Es geht vorwiegend um ökonomische Interessen, die mit dem Werk selbst verknüpft sind und um den gesamtgesellschaftlichen Nutzen.[445] Auch wenn in der Praxis eine zunehmende Ökonomisierung des Urheberrechts verzeichnet wird, ist das kontinentaleuropäische Urheberrecht nach wie vor urheberzentriert ausgerichtet und monistisch geprägt.[446] Dementsprechend stellt es das schöpferische Individuum, die Anerkennung seiner ideellen Interessen und seiner geistigen Beziehung zum Werk in den Vordergrund.[447]

---

443 Gowers Report, S. 68, abrufbar unter der URL: https://www.gov.uk/government/uploads/system/uploads/attachment_data/file/228849/0118404830.pdf (letzter Abruf: 15.06.2015); vgl. dazu *Wehler*, Die freie Benutzung im digitalen Zeitalter, S. 223 f.

444 *Förster*, Fair Use, S. 48.

445 Vgl. *Stuhlert*, Behandlung der Parodie, S. 283; zur dogmatischen Einordnung der Doktrin *Förster*, Fair Use, S. 21 ff.

446 Treffende Gründe, warum daran festgehalten werden sollte, liefert *Wandtke*, UFITA 2011/II, S. 649 ff..

447 *Peifer*, Individualität im Zivilrecht, S. 55 ff.

Dass die Verknüpfung wirtschaftlicher und persönlichkeitsrechtlicher Interessen im Urheberrecht auch in der Praxis nicht überholt ist, verdeutlicht der Bereich des Character Merchandisings.[448] Mit Character Merchandising sind gewichtige wirtschaftliche Interessen des Urhebers einer fiktiven Figur verknüpft. Allerdings kann nicht nur die Verletzung von Verwertungsrechten, sondern auch die Verletzung von Urheberpersönlichkeitsrechten Auswirkungen auf die wirtschaftliche Verwertbarkeit einer fiktiven Figur haben. Eine Rufschädigung der Figur oder des Urhebers, die durch eine sinnentstellende Darstellung der Figur hervorgerufen wurde, kann unter Umständen verhindern, dass der von den Lizenznehmern gewünschte „Imagetransfer" für die Bewerbung ihrer Produkte nicht so positiv ausfällt wie erhofft. Ist der „Ruf" einer fiktiven Figur negativ behaftet, wird sie für Lizenznehmer unattraktiv. Ihre wirtschaftliche Verwertbarkeit ist folglich durch die sinnentstellende Darstellung ebenso beeinträchtigt wie persönlichkeitsrechtliche Interessen des Urhebers. Dies bestätigt den monistischen Ansatz des deutschen Urheberrechts und spricht gegen die Prognose *Chakrabortys*, wonach die zunehmende Ökonomisierung in der urheberrechtlichen Praxis dazu führe, dass sich das Urheberrecht an das Copyrightsystem angleiche. [449]

In systematischer Hinsicht muss vor allem beachtet werden, dass es sich bei der Fair Use-Regelung um eine Generalschranke handelt. Zutreffend sind daher die Bedenken *Stuhlerts* hinsichtlich einer Übertragbarkeit des Substitutionsgedankens in § 24 UrhG. Bei Vorliegen einer freien Benutzung ist nämlich der Schutzbereich des Vorlagewerkes nicht betroffen, somit kann auch strenggenommen keine Werkkonkurrenz entstehen.[450]

Da die Fair Use-Doktrin ein einheitliches und komplexes Abwägungskonzept ist, lassen sich einzelne Fair Use-Faktoren auch nicht leichtfertig wie Rosinen aus dem Kuchen herauspicken, um sie für die Bestimmung einer freien Benutzung fruchtbar zu machen. Es ist genau zu prüfen, ob der jeweilige Faktor zu dem urheberzentrierten Konzept der freien Benutzung passt und geeignet ist, den Tatbestand des § 24 UrhG auszufüllen, ohne zu einem systematischen Bruch oder weiteren Rechtsunsicherheiten zu führen.

Als nicht übertragbar gestaltet sich in dieser Hinsicht die Unterscheidung von kommerzieller und nicht-kommerzieller Nutzung im Rahmen des ersten Fair Use-Faktors. Die kommerzielle Motivation eines nachschaffenden Künstlers trifft nämlich allenfalls eine Aussage zur wirtschaftlichen Verwertbarkeit des Vorla-

---

448 Siehe 2. Kap. C. I. 2..

449 Vgl. dazu auch *Fechner*, Geistiges Eigentum und Verfassung, S. 256.

450 Ausführlich zur systematischen Einordnung der freien Benutzung gemäß § 24 UrhG siehe 6. Kap. A. II.

gewerkes.[451] Sie mag sich unter utilitaristischen und werkzentrierten Gesichtspunkten als Abgrenzungskriterium eignen, trifft jedoch keine Aussage darüber, in welchem Verhältnis die individuellen Aspekte der Vorlage zu der Nachschöpfung stehen. Aus diesem Grund eignet sie sich zwar als Faktor der Fair Use-Regelung, es macht aber wenig Sinn, sie als Kriterium für die Bestimmung einer freien Benutzung heranzuziehen, die am Merkmal der Individualität anknüpft.

Überdenkenswert ist jedoch eine Übertragung des Kriteriums des sog. „transformative use" des ersten Fair Use-Faktors in § 24 UrhG. Für das Vorliegen eines transformative use ist nämlich maßgeblich, ob aus der Übernahme des Vorlagewerkes ein neues Werk mit eigener Aussage entsteht als eigener Beitrag zum kulturellen Schaffen. Der „transformative use" ist damit weiter zu verstehen als die „völlig selbstständige Neuschöpfung" im Sinne des § 24 UrhG. Das Kriterium knüpft jedoch zumindest auch an dem Merkmal der Individualität des Beitrags an und könnte sich daher als Abgrenzungskriterium zur Bestimmung der freien Benutzung eignen.[452]

Eine Berücksichtigung wettbewerblicher Kriterien (vierter Fair Use-Faktor) im Rahmen des § 24 UrhG sollte allenfalls Indizwirkung haben, um die Ökonomisierung des Urheberrechts nicht künstlich voranzutreiben und um den systematischen Unterschieden zwischen Fair Use-Regelung und freier Benutzung zu begegnen.[453]

Stellt man keine Beeinträchtigung des (potentiellen) Marktes des benutzten Werkes fest, so kann dies ein Hinweis darauf sein, dass sich die Nachschöpfung in ihrer Individualität wesentlich von der Vorlage unterscheidet. Man sollte den vierten Fair Use-Aspekt allerdings nicht als Allheilmittel verstehen. Gerade in der US-amerikanischen Rechtsprechung zu Fan Art ist der vierte Faktor nicht selten ausschlaggebend dafür, dass die Übernahme fremder Werke als „unfair" gilt, da man eine Beeinflussung des potentiellen Marktes des Urhebers befürchtet.[454]

Zu diesem Ergebnis gelangt man im Fall der Fan Art besonders dann, wenn man zur Feststellung der Substitutionskonkurrenz lediglich auf den Abnehmerkreis der sich gegenüberstehenden Werke abstellt. Fan Art richtet sich nämlich

---

451 So auch *Huttenlauch*, Appropriation Art, S. 176.

452 Vgl. *Stieper*, Schranken des Urheberrechts, S. 33.

453 Vgl. *Huttenlauch*, Appropriation Art, S. 176 ff.; *Wegmann*, Rechtsgedanke der freien Benutzung, S. 239; *Wehler*, Die freie Benutzung im digitalen Zeitalter, S. 230.

454 Vgl. Rogers vs. Koons, 960 F.2d 301, 312 (2d Cir. 1992); zur Unzulässigkeit einer Parodie obwohl keine Marktbeeinträchtigung zu befürchten war: Walt Disney Productions vs. Air Pirates, 581 F.2d 751 (9th Cir. 1978); Castle Rock Entertainment vs. Carol Publishing Group, 150 F.3d 132, 145 (2d Cir. 1998); Paramount Pictures Corp. vs. Carol Publishing Group, 11 F. Supp. 2d 329, 336 (S.D.B.Y. 1998); Twin Peaks Prods., Inc. vs. Publishing International, Ltd., 996 F.2d 1366, 1377 (2d Cir. 1993); zur Entwicklung der Rechtsprechung vgl. *Lessig*, Free Culture, S. 170 ff..

naturgemäß an andere Fans und damit die Konsumenten des Erstwerkes. Ungeachtet der systematischen Bedenken stellt eine Übertragung des Wettbewerbskriteriums des 4. Fair Use-Faktors in § 24 UrhG keine Gewährleistung für die Zulässigkeit von Fan Art als freie Benutzung dar.

III. Das Baudrillard'sche Simulationstheorem als Auslegungskriterium des § 24 UrhG und als Lösung für Mashups und AMVs

Zum besonderen Fall des Mashup hat *Gelke* einen erweiterten Auslegungsvorschlag für § 24 UrhG vorgelegt.[455] Er fußt auf medien- und kommunikationswissenschaftlichen Erkenntnissen zum digitalen Remix und der Natur der Popmusik, insbesondere dem Theorem der Simulation *Jean Baudrillards.*

Das *Baudrillard'sche* Simulationstheorem unterscheidet zwischen Simulation und Simulacra.[456] Das Simulacrum sei nicht mehr als eine Kopie, eine Repräsentation des Vorhandenen. Die Simulation habe dagegen keinen Ursprung in der Realität, sie schaffe etwas Neues, Hyperreales.

Dieser Ansatz wurde in der Informations- und Kommunikationswissenschaft von *Gunkel* aufgegriffen und auf Mashups übertragen. Das Mashup sei nicht eine Kopie, sondern simuliere durch die Kombination zweier voneinander völlig unabhängig entstandener Tonspuren eine Aufführung, die niemals stattgefunden habe.[457] Mashups zeigten auf diese Weise die Austauschbarkeit der Elemente von Popmusik auf, wie sie bereits der Musiktheoretiker und Philosoph *Theodor W. Adorno*[458] beschrieben habe und stellten das Konzept der Autorschaft infrage.[459]

Gelke greift diese Ansätze als rechtliche Grundlage für kreatives Nutzerverhalten auf und zieht sie zu einer genaueren Bestimmung des inneren Abstandes für die Auslegung des § 24 UrhG heran. Demnach liege der neue Gehalt eines Mashups in „einer Begegnung, die nie stattgefunden habe". [460] Sofern dieser

---

455 *Gelke*, Mashups im Urheberrecht, S. 228.

456 *Baudrillard*, Simulacra and Simulations, in: Selected Writings, ed. Mark Poster (Standford University Press, 1988), S. 166; *Baudrillard*, The Evil Demon of Images, S. 13.

457 *Gunkel*, Rethinking the Digital Remix, in: 31:4 Popular Music and Society, 489 (2008), S. 497 ff.; vgl. dazu *Gelke*, Mashups im Urheberrecht, S. 63.

458 *Adorno*, in: 2 Soundscapes – Journal on Media Culture, (Jan. 2000), Rn. 3 (Original veröffentlicht in: Studies in Philosophy and Social Science, NY 1941, IX, 17–48): „The whole structure of popular music is standardized".

459 *Gunkel*, Rethinking the Digital Remix, in: 31:4 Popular Music and Society, 489 (2008), S. 500; so auch *Mc Leod*, Confessions of an Intellectual (Property), in: 28:1 Popular Music and Society, 79 (2005), S. 83 ff..

460 *Gelke*, Mashups im Urheberrecht, S. 228.

Simulationscharakter eines Mashups erkennbar werde, schlägt *Gelke* vor, das Mashup im Wege der freien Benutzung zu privilegieren. Sofern sich das Mashup allerdings aus einer „naheliegenden" Verbindung forme und das „künstlerische Potential der Genre-Kollision" nicht ausgenutzt werde, scheide eine freie Benutzung aus. Da im Fall des Mashup die Instrumentalspur von ebenso hoher Bedeutung sei wie die Melodie, hält *Gelke* zudem den sog. „starren Melodienschutz" des § 24 Abs. 2 UrhG für ungerechtfertigt.

Da *Gelkes* Ansatz sehr spezifisch an den Eigenschaften des Mashups anknüpft, ist er nicht grundsätzlich auf jegliche Form der Fan Art übertragbar. Rein kopierende Fan Art ließe sich mit dem Ansatz nicht privilegieren, weil er an der Montage als Voraussetzung anknüpft. Auch bei Fortsetzungswerken, die besonders häufig in Fan Fiction vertreten sind, wird eine naheliegende Verbindung von vorbekannten Elementen und dementsprechend nach *Gelke* keine freie Benutzung vorliegen.

Besonderes Potential hat *Gelkes* erweiternder Auslegungsvorschlag allerdings für die Privilegierung transformativer Fan Art durch § 24 UrhG. Dies gilt besonders für das *Baudrillard'sche* Simulationstheorem als Abstandskriterium, das teilweise an die aktuelle Rechtsprechung des Bundesgerichtshofs zur freien Benutzung erinnert. In der „Pippi Langstrumpf"-Entscheidung stellt der Bundesgerichtshof bei der Bestimmung des inneren Abstandes nämlich ebenfalls auf den Simulationscharakter eines Kostüms ab, das Ausdruck der Spannung zwischen Realität und Fiktion sei.[461]

Transformative Fan Art weist in einigen Fällen die Eigenschaften einer Simulation auf. Im Bereich der Slash Fiction finden sich Parallelen zu der von *Gelke* beschriebenen „Genre-Kollision".[462] Gemeint ist damit im Fall der Musik-Mashups die Kombination verschiedener Musikgenres. Slash Fiktion kombiniert mitunter fiktive Figuren zu Paaren, die aus unterschiedlichen Vorlagewerken, unter Umständen auch aus Werken unterschiedlicher Genres stammen. Teilweise will Slash die Kollision divergierender Geschlechtervorstellungen darstellen, indem Partnerschaften gleichgeschlechtlicher fiktiver Personen simuliert werden, die in der Vorlage einem heteronormativen Leitbild entsprechen. Darin kann nach dem *Baudrillard'schen* Simulationstheorem die Schöpfung einer neuen Realität gesehen werden.

In technischer Hinsicht funktionieren zudem die sog. „Anime-Music-Videos" (AMVs) wie das klassische Ton-Mashup.[463] Fraglich ist allerdings, inwiefern bei

---

461 BGH WRP 2014, 178, Tz. 47 – Pippi Langstrumpf.
462 Vgl. *Katyal*, 14:3 Journal of Gender, Social Policy and the Law, 461 (2006), S. 492.
463 Siehe 1. Kap. A. II. 4..

einem AMV von einer „Genre-Kollision" gesprochen werden kann. In einem AMV kombiniert man zwar unterschiedliche Werktypen, eine Filmspur mit einer Tonspur, allein deswegen von einer Genre-Kollision zu sprechen hätte jedoch zur Folge, dass AMVs immer freie Benutzungen wären. Dies kann nicht im Sinne eines gerechten Interessenausgleichs zwischen Urhebern und Nutzern sein. Der Ansatz *Gelkes* ist daher im Fall der AMVs insofern übertragbar als schwerpunktmäßig danach zu differenzieren ist, ob durch die Kombination der Bildspuren und Tonspuren ein gewisses künstlerisches Potential ausgeschöpft wurde, das eine neue Fiktion entstehen lässt.

Insgesamt liefert der Auslegungsvorschlag *Gelkes* brauchbare Lösungsansätze für eine sinnvolle Privilegierung gewisser Bereiche der Fan Art durch § 24 UrhG. Da *Gelkes* Untersuchung allerdings das Mashup, vorwiegend das musikalische Mashup, zugrunde liegt, ist sein Lösungsvorschlag in manchen Teilen sehr spezifisch und hauptsächlich auf transformative Fan Art übertragbar.

IV. Zusammenfassung und Ergebnis

Die Modelle für eine flexiblere Auslegung der freien Benutzung nach § 24 UrhG sind grundsätzlich auf Fan Art anwendbar und schaffen teilweise mehr Freiräume für die kreative Tätigkeit von Fans. Dies gilt insbesondere für das Modell der kunstspezifischen Auslegung des § 24 UrhG, wenn man zu dem Ergebnis kommt, dass es sich bei der jeweils zu untersuchenden Fan Art um Kunst im Sinne des Art. 5 Abs. 3 S. 1 GG handelt. Der Auslegungsvorschlag ist jedoch recht weit gefasst und hat eine gewisse Tendenz zu einer Überprivilegierung von Nutzerinteressen. Dies gilt insbesondere für das Konzept des avantgardistischen Werkbegriffs, wonach selbst solche Kunstwerke dem Urheberschutz und damit auch dem Privileg der freien Benutzung zugänglich sein sollen, die ihre Individualität selbst leugnen. Dieses Konzept ist nicht mit dem Wesensgehalt des § 24 UrhG vereinbar, der Individualität fördern soll und daher abzulehnen.

Die Ergänzung des § 24 UrhG um wettbewerbliche Fair Use-Kriterien greift zwar den Gedanken auf, dass die meisten kreativen Werknutzungen besonders von Fans durch die Urheber und Rechteinhaber geduldet werden, solange keine Marktbeeinträchtigung festgestellt wird, man sollte wirtschaftliche Kriterien in § 24 UrhG jedoch nicht überbewerten, da sie die Tendenz haben urheberpersönlichkeitsrechtliche Belange zu vernachlässigen. Am geeignetsten für eine Übertragung in § 24 UrhG gestaltet sich das Fair Use-Merkmal des sog. „transformative use". Im Gegensatz zu den wirtschaftlichen Fair Use-Kriterien knüpft es an die Individualität des Beitrags an, der mit der Werknutzung zum kulturellen Schaffen geleistet wird, ähnlich wie das Kriterium des inneren Abstandes.

Für Mashups hat *Gelke* einen erweiterten Auslegungsvorschlag für § 24 UrhG unterbreitet, der auf dem Theorem der Simulation von *Jean Baudrillard* fußt. Der Simulationsgedanke als Abstandskriterium hat besonderes Potential für die Privilegierung transformativer Fan Art, da diese in einigen Fällen die Eigenschaften einer Simulation aufweist. Auch auf die mit Mashups vergleichbaren sog. „AMVs" lässt sich *Gelkes* Privilegierungsvorschlag übertragen.

E. Die Zulässigkeit von Fan Art durch teleologische Reduktion des § 23 UrhG oder Analogie zu § 51 UrhG

Neben den Vertretern einer erweiterten Auslegung des § 24 UrhG finden sich im Schrifttum auch Ansätze, die das Problem kreativer Anschlussnutzungen durch teleologische Reduktion des Einwilligungserfordernisses (I.) oder anhand einer Analogie zu § 51 UrhG (II.) lösen wollen.

I. Teleologische Reduktion des § 23 UrhG

Eine „freie", d.h. einwilligungslose Bearbeitung im Sinne des § 23 UrhG ist grundsätzlich die Herstellung einer Bearbeitung in der Privatsphäre. Es gibt jedoch Befürworter einer ebenfalls einwilligungsfreien Veröffentlichung und Verwertung der Bearbeitung, sofern gewisse Voraussetzungen eigehalten werden.

Das von *Platho* entwickelte Modell der sog. „freien Bearbeitung" basiert auf dem Grundgedanken, dass derivativen Kunstformen[464] aufgrund der verfassungsrechtlich garantierten Kunstfreiheit aus Art. 5 Abs. 3 S. 1 GG und des legislativen Zwecks von § 23 UrhG gegenüber anderen Werknutzungen, die Umgestaltung oder Bearbeitung eines Werkes sind, eine privilegierte Stellung zukommen müsse.[465]

Für „im Ansatz verfehlt" erachtet *Platho* die Lösung des Bundesgerichtshofs auf Ebene der freien Benutzung nach § 24 UrhG, da insbesondere Kunstformen wie die Parodie das Verblassenskriterium des Bundesgerichtshofs nicht erfüllen könnten.[466] *Plathos* Lösungsvorschlag ist eine sog. „verfassungsrechtliche Kappung" des Einwilligungserfordernisses nach § 23 UrhG, die sich aus einer Interessenabwägung des Eigentumsschutzes des Urhebers aus Art. 14 GG und der Kunstfreiheit aus Art. 5 Abs. 3 S. 1 GG ergebe.[467] Systematisch versteht *Platho* § 23

464 *Platho* setzte sich speziell mit der Kunstgattung der Parodie auseinander.
465 *Platho*, GRUR 1992, 360, 362.
466 *Platho*, GRUR 1992, 360; so auch: *von Becker*, GRUR 2004, 104, 109.
467 *Platho*, GRUR 1992, 360, 362, 364.

UrhG als ein vermögensrechtliches Verwertungsrecht, so dass im Rahmen der Interessenabwägung ausschließlich an die wirtschaftlichen Konsequenzen anzuknüpfen sei.[468] Ähnlich will auch *Knopp* verfahren, der das Einwilligungserfordernis des § 23 UrhG auf die „Veröffentlichung und Verwertung im Geschäftsverkehr" beschränken will.[469]

Dem Schutz ideeller Interessen des Urhebers, insbesondere dem Schutz der Werkintegrität, solle durch die entsprechenden Vorschriften des Urheberpersönlichkeitsrechts wie § 14 UrhG Rechnung getragen werden.[470]

Differenzierter ist der Vorschlag *von Beckers*, der nur bei wesentlichen Veränderungen der Vorlage eine teleologische Reduktion des § 23 UrhG in Erwägung zieht, ansonsten – besonders im Fall der Parodie – jedoch eine Analogie zu § 51 UrhG für sachnäher hält.[471]

II. Analogie zu § 51 UrhG

In der Literatur finden sich mehrere Stimmen, die bezogen auf das Beispiel der Parodie eine analoge Anwendung des § 51 UrhG als Privilegierung von kreativen Werknutzungen befürworten.

Götz von Ohlenhusen/Ling knüpfen an die „Germania 3"-Entscheidung des Bundesverfassungsgerichts an und fordern, die verfassungskonforme Auslegung der Zitatschranke mit Sicht auf Art. 5 Abs. 3 S. 1 GG auf das Änderungsverbot und das Gebot der Quellenangabe auszudehnen.[472] Dies gebiete sich besonders im Fall der Parodie als verfassungsrechtlich geschützte Kunstform, da es zu deren Wesensgehalt gehöre, das parodierte Werk inhaltlich zu verändern.

Schmieder schlägt eine „vorsichtige Analogie" zu § 51 UrhG vor, die sich aus der Einwirkung der Kunstfreiheit auf das Zitatrecht ergebe.[473] Diese müsse zumindest im Fall der Parodie zu einer „durch den Zweck gebotenen" Beschränkung des Urheberrechts führen, sofern dies keinen Wettbewerbsnachteil des Urhebers zur Folge habe.[474]

---

468 *Platho*, GRUR 1992, 360, 363.

469 *Knopp*, GRUR 2010, 28, 32, 33; ähnlich *Wehler*, Die freie Benutzung im digitalen Zeitalter, S. 184, 186, der allerdings für Fälle, in denen die übliche Verwertung des ursprünglichen Werkes beeinträchtigt sein könnte, ein Vergütungsanspruch des Rechteinhabers vorschlägt.

470 *Platho*, GRUR 1992, 360, 364; *Knopp*, GRUR 2010, 28, Fn. 40.

471 *von Becker*, GRUR 2004, 104, 109.

472 *Götz von Ohlenhusen/Ling*, UFITA 2003/III, 695, 720; für zu weitgehend hält dies *Gelke*, Mashups, S. 173.

473 *Schmieder*, UFITA 80 (1977), 127, 138.

474 *Schmieder*, UFITA 93 (1982), 63, 67; *Schmieder*, UFITA 80 (1977), 127, 136.

Ob eine Beeinträchtigung der Auswertungsmöglichkeit des benutzten Werkes vorliegt, will *Schmieder* anhand dreier Kriterien bestimmen: Der Art und Weise der Veröffentlichung der Parodie, dem Zeitpunkt der Veröffentlichung des parodierten Werkes und der Möglichkeit der Verwechslungsgefahr.[475]

Von Becker bevorzugt eine analoge Anwendung des § 51 UrhG in Fällen wie denen der Parodie, da er die bislang praktizierte Auslegung des § 24 UrhG des Bundesgerichtshofes für systemwidrig hält.[476] Kreative Werk-nutzungen, in denen das benutzte Werk klar erkennbar bleibt, ließen sich nicht unter § 24 UrhG subsumieren, da dies schon nicht mit dem Erfordernis der Selbstständigkeit vereinbar sei. Insofern bestehe eine planwidrige Regelungslücke, die jedenfalls im Fall der Parodie durch eine flexiblere Anwendung der Zitatschranke zu schließen sei, da die Parodie hierzu die größere Sachnähe aufweise, indem sie schon aus Gründen der Erkennbarkeit das übernommene Werk ohne wesentliche Veränderungen wiedergebe.[477] Zu seinem Vorschlag, bei wesentlichen Veränderungen das Einwilligungserfordernis des § 23 UrhG teleologisch zu reduzieren, bestünde „methodologisch kein Unterscheid“. Es ginge jeweils um eine interessengerechte Einschränkung des Urheberrechts zugunsten der Kunstfreiheit.[478]

III. Stellungnahme und Ergebnis

Den Ansätzen *Plathos* und *Knopps* zur teleologischen Reduktion des § 23 UrhG ist gemeinsam, dass eine Abwägung rein wirtschaftlicher Interessen im Rahmen des § 23 UrhG vorgenommen werden soll, der Ausgleich ideeller Interessen bleibt dagegen urheberpersönlichkeitsrechtlichen Normen überlassen. *Plathos* Abwägungskriterium ist die Marktbeeinflussung, *Knopp* unterscheidet zwischen kommerzieller und nicht-kommerzieller künstlerischer Auseinandersetzung. Problematisch an diesen rein wirtschaftlichen Abwägungskriterien ist, dass sie schwer mit der monistischen Prägung des Urheberrechts zu vereinbaren sind, wonach sich persönlichkeitsrechtliche und vermögensrechtliche Elemente zu einem einheitlichen Recht vereinen.[479] Das Einwilligungserfordernis aus § 23

---

475 *Schmieder*, UFITA 80 (1977), 127, 137.

476 *von Becker*, GRUR 2004, 104, 108.

477 *von Becker*, GRUR 2004, 104, 109.

478 *von Becker*, GRUR 2004, 104, 108.

479 *Ulmer*, Urheber- und Verlagsrecht, S. 116; Dem gegenüber steht die sog. „dualistische Theorie“, wonach sich das Urheberrecht aus einem jeweils selbstständigen persönlichkeitsrechtlichen und einem verwertungsrechtlichen Bestandteil zusammensetzt. Dazu: *Kohler*, Urheberrecht an Schriftwerken und Verlagsrecht, S. 439 ff..

UrhG ergibt sich sowohl aus wirtschaftlichen als auch aus ideellen Interessen des Originalurhebers, die bereits im Rahmen dieser Norm und nicht erst nachträglich durch urheberpersönlichkeitsrechtliche Normen Berücksichtigung finden sollen.[480] Eine Interessenabwägung im Rahmen des § 23 UrhG, die sich allein an wirtschaftlichen Interessen orientiert, führt zu einer Aufspaltung des Urheberrechts in einen wirtschaftlichen, vermögensrechtlichen Teil und einen ideellen, persönlichkeitsrechtlichen Teil und ist schon deshalb abzulehnen.[481]

Das Abwägungskriterium der Markbeeinflussung ist kein sicheres Indiz für eine Beeinträchtigung von Urheberinteressen. Es ist schwer feststellbar, wann von einer wirtschaftlichen Beeinflussung die Rede sein kann. Selbst der Umsatzrückgang bei den Rechteinhabern in der Musikindustrie durch Filesharing konnte bislang durch empirische Studien nicht eindeutig nachgewiesen werden.[482] Noch schwieriger dürfte sich der Nachweis wirtschaftlicher Einbußen des Urhebers durch Fan Art gestalten, die anders als Filesharing nicht einmal darauf angelegt ist, das Original zu substituieren.

Eine Interessenbeeinträchtigung nur bei einer kommerziellen Nutzung anzunehmen, ist zu kurz gedacht. Fan Fiction, die einen Roman fortsetzt, könnte unter Umständen auch dann eine Beeinflussung des Marktes des Urhebers darstellen, wenn sie nicht kommerziell vertrieben wird. Der Originalurheber darf nämlich in diesem Fall aufgrund des Bearbeiterurheberrechts des Fans aus § 3 UrhG keine Fortsetzung seines Werkes schreiben, die der Fortsetzung des Fans entspricht. Dies führt sowohl zu einer Beeinflussung des vorhandenen Marktes, da das Image des Romans durch den Fan verändert werden kann und des zukünftigen Marktes des Originalurhebers, der in seinem weiteren Schaffen teilweise beschränkt wird.

Die Differenzierung nur zwischen kommerzieller und nicht-kommerzieller Fan Art nach *Knopp* bereitet daher Schwierigkeiten, insbesondere weil nicht deutlich wird, was genau unter dem Begriff „kommerziell" zu verstehen ist. Für *Knopp* bedeutet kommerziell „Verwertung im Geschäftsverkehr", außerdem soll der Begriff der Geschäftsmäßigkeit weit ausgelegt werden.[483] Wann jedoch wiederum von einer Verwertung im Geschäftsverkehr auszugehen ist, bleibt unklar. Ist bereits die bloße Ausstellung bzw. Wiedergabe von Fan Art auf einer Messe oder in einem Onlineportal eine Verwertung im Geschäftsverkehr, da sie zumindest der

---

480 *Chakraborty*, Rechtsinstitut der freien Benutzung, S. 36 f.; *Hörnig*, UFITA 1985, S. 18.

481 a.A. *Kreutzer*, Modell des deutschen Urheberrechts, S. 397 ff., der einen „funktionsorientierten Dualismus" befürwortet und funktionalen Werkschutz und persönlichen Urheberschutz trennen will.

482 *Metzger*, in: Europäische Perspektiven des Geistigen Eigentums, S. 104.

483 *Knopp*, GRUR 2010, 28, 32.

Präsentation auf dem Geschäftsmarkt und damit der Eigenwerbung dient oder bedarf es einer konkreten Gewinnerzielungsabsicht?

Bei der Lösung über eine Analogie zu § 51 UrhG ist zu bemängeln, dass sie die Zitatschranke übermäßig ausdehnt und sie von ihrem eigentlichen Zweck entfernt.[484]

Die Befürworter dieser Lösung stützen sich auf das Vorliegen einer planwidrigen Regelungslücke. Die freie Benutzung nach § 24 UrhG wollen *von Becker* und *Platho* als Lösung nicht gelten lassen, da sie das Problem mit der Verblassensformel nicht lösen könne und der sog. „innere Abstand" zu einem Systembruch führe.[485]

Ein solcher Systembruch kann jedoch nicht befürwortet werden. Der Wortlaut des § 24 UrhG erfordert ein „selbstständiges Werk", das in „freier Benutzung" geschaffen wurde. Der Begründung des Regierungsentwurfs ist zu entnehmen, dass § 24 UrhG der „Freiheit geistigen Schaffens" dienen soll, wozu auch die künstlerische Auseinandersetzung mit geschützten Werken zu zählen ist.[486] Voraussetzung einer freien Benutzung ist demnach ein Lösen von der Vorlage dergestalt, dass eine selbstständige Neuschöpfung entsteht. Sowohl Wortlaut als auch Sinn und Zweck der Norm eröffnen damit einen gewissen Spielraum für künstlerische Auseinandersetzungen, der nicht zwingend auf das Verblassenskriterium beschränkt ist.[487] Dieses ist nichts anderes als der Versuch der Rechtsprechung, den Tatbestand der freien Benutzung verfassungskonform auszulegen.[488]

Von einer planwidrigen Regelungslücke ist daher nicht auszugehen. Eine Privilegierung von Fan Art im Wege der teleologischen Reduktion des § 23 UrhG oder einer Analogie zu § 51 UrhG ist abzulehnen.

F. Zulässigkeit von Fan Art durch Verwendung von Creative Commons-Lizenzen

Da Fan Art in gewissen Grenzen von den Rechteinhabern toleriert wird, stellt sich die Frage, ob ein sog. „Creative Commons-Lizenzmodell" einen gerechten Interessenausgleich zwischen Urhebern und kreativen Fans erzielen kann.[489]

---

484 Siehe B.II.
485 *von Becker*, GRUR 2004, 104, 108; *Platho*, GRUR 1992, 360.
486 Amtl. Begr. BT-Drucks. IV/270, S. 31.
487 Vgl. *Peifer*, FS Wandtke, S. 106, siehe ausführlich dazu 6. Kap. A..
488 So auch: *Stuhlert*, Behandlung der Parodie, S. 108.
489 Vgl. *Peifer*, FS Wandtke, S. 109.

Die Non-Profit-Organisation „Creative Commons“ existiert bereits seit 2001 und wurde an der kalifornischen Stanford Law School u. a. von dem Rechtswissenschaftler *Lawrence Lessig* gegründet. Anstoß zur Entwicklung der Creative Commons Lizenzen hatte der sich zunehmend verhärtende Konflikt zwischen Urhebern und Nutzern im digitalen Zeitalter gegeben, der eine massive Behinderung der kreativen Nutzungsmöglichkeiten aufgrund einer zu restriktiven Ausgestaltung der Urheberrechte und aufgrund zu komplizierter Lizenzierungspraktiken befürchten ließ. Durch das vereinfachte Lizenzmodell „Creative Commons“ will man den „Balance-Gedanken“ des Urheberrechts wieder verstärken und den freien Austausch kreativer Güter fördern.[490]

Creative Commons-Lizenzen sind sog. „Jedermannlizenzen“, die sich an alle Betrachter der lizenzierten Inhalte gleichermaßen richten und zusätzliche Freiheiten einräumen. In der Version 4.0, kurz CCPL4, gibt es mittlerweile sechs verschiedene Standard-Lizenzverträge, die sich aus der Kombination verschiedener Bedingungen ergeben, derer sich der Urheber oder Rechteinhaber bei der Verbreitung seiner Werke bedienen kann.[491] Der einfachste Lizenzvertrag sieht lediglich die Namensnennung des Urhebers oder Rechteinhabers durch den Nutzer vor („BY“). Danach ist die Urheberschaft in angemessener Weise deutlich zu kennzeichnen, und es muss neben einem Link zur Lizenz angegeben werden, ob Änderungen an dem benutzten Werk vorgenommen wurden.[492] Darüber hinaus kann der Rechteinhaber eine kommerzielle Nutzung verbieten („NC“, „Non-Commercial“), angeben, ob Bearbeitungen unerwünscht sind („ND“, „No Derivatives“) oder im Fall der gewünschten Bearbeitung festlegen, ob diese unter gleichen Bedingungen weitergegeben werden muss oder nicht („SA“, „Share Alike“).[493]

Creative Commons erfreuen sich in der digitalen Welt wachsender Beliebtheit. Nicht nur Beiträge von Nutzern in der Free-Content Enzyklopädie Wikipedia werden mit CC-Lizenzen versehen, sondern teilweise auch kreative Inhalte pro-

---

490 http://de.creativecommons.org/was-ist-cc/ (letzter Abruf: 15.06.2015); ausführlich zur Entstehung und dem Inhalt des Modells *Philapitsch*, MR 2008, 82.

491 Die Lizenzen entsprechen im Wesentlichen der Version-3.0, sind aber klarer ausgestaltet worden: http://de.creativecommons.org/2013/11/25/version-4–0-ist-da/ (letzter Abruf: 15.06. 2015).

492 Daran sich auch seit der „Pixelio“-Entscheidung des Landgerichts Köln, die eine Nennung des Urhebers direkt im Bild oder zumindest in der URL des Bildes vorsah (LG Köln, 30.01.2014 – 14 O 427/13), laut Stellungnahme der Creative Commons-Organisation nichts geändert: http://de.creativecommons.org/ 2014/02/27/stellungnahme-zu-moeglichen-auswirkungen-der-pixelio-entscheidung/ (letzter Abruf: 15.06.2015).

493 http://de.creativecommons.org/was-ist-cc/ (letzter Abruf: 02.06.2014).

fessioneller Künstler wie die Musikalben der Band *Nine Inch Nails*[494]. Diskutiert wird derzeit in einem sog. „White Paper“ der Initiative zur Förderung von Creative Commons, der *D64 – Zentrum für den digitalen Fortschritt e.V.*, die Nutzung von Creative Commons im öffentlich-rechtlichen Rundfunk, besonders für die Verwendung im Bildungsbereich.[495]

Von Seiten der Fans gibt es im Bereich der Fan Art Bestrebungen, den Konflikt mit eigenen „Regeln“ zu lösen, die den Lizenzbestimmungen der Creative Commons ähneln. Im Manga- und Animeforum des Vereins „animexx e.V.“ ist eine Veröffentlichung von Fan Art, in der unlizenzierte Vorlagen benutzt werden, nur dann erlaubt, wenn keine kommerziellen Zwecke verfolgt werden („Verkauf“ oder „das Anbieten von Auftragszeichnungen“), ausreichend „Eigenleistung“ vorhanden ist und der Urheber und Rechteinhaber genannt wird, sowie die Quelle der Vorlage verlinkt wird.[496] Dies entspräche der Creative Commons-Lizenz „BY – NC“ (Namensnennung und nicht-kommerzielle Zwecke). Problematisch ist, dass diese Regelungen von den Forenbetreibern von animexx e.V., d. h. von den Fans selbst und nicht von den Rechteinhabern oder Urhebern aufgestellt wurden.

Gerade im Comic-, Manga- und Filmbereich sind Rechteinhaber nicht geneigt, von den Creative Commons-Lizenzen Gebrauch zu machen. Dies gilt besonders für die großen Comic- und Filmproduzenten wie *Marvel* oder *Disney*. Ein Grund dafür könnten wirtschaftliche Interessen wie das Character Merchandising sein, die mit der Verwertung einer fiktiven Figur verknüpft sind.[497] Im Bereich der Fan Fiction kommt es nicht selten zu Abmahnungen, da Autoren ihren potentiellen Markt durch Fan-Fortsetzungen gefährdet sehen.[498] Um gegen die sog. „AMVs“ vorzugehen, die unlizenzierte Filmausschnitte aus Animes verwenden, hat sich die sog. „Anime-Copyright-Allianz“ gegründet, die sich als Initiative zur Förderung der Respektierung des Urheberrechts in der deutschsprachigen Manga- und Anime-

494 Ihr Album „Ghost's I-IV“ soll dennoch zu das meistverkaufte Album im MP3-Store von Amazon.com im Jahr 2008 gewesen sein: http://de.creativecommons.org/ 2009/01/06/nin-meist verkaufte-online-album-2008/ (letzter Abruf: 02.06.2014).

495 *D64 – Zentrum für den digitalen Fortschritt e. V.*, „White Paper“ der Initiative zur Förderung von Creative Commons, abrufbar unter der URL: http://cc.d64.serpens.uberspace.de/wp-content/uploads/sites/2/2014/01/White-Paper-CCimOR-D64.pdf (letzter Abruf: 15.06.2015).

496 http://animexx.onlinewelten.com/wiki/index.php/Hinweise_FA-Hochladen (letzter Abruf: 15.06.2015).

497 Sehr konsequent geht z. B. Walt Disney Productions gegen jegliche Art der Rufbeeinträchtigung ihres Marktes vor, Bspl: Walt Disney Productions v. Air Pirates, 581 F.2d 751 (1987), anschaulich beschrieben in: *Levin*, The Pirates and the Mouse, 2003.

498 Die Autorin *J.K. Rowling* duldet Fan Fiction zu ihren „Harry Potter“-Romanen bspw. nur solange diese nicht-kommerziell vertrieben wird. Vgl. *Schwabach*, Fan Fiction and Copyright, S. 117 f..

szene bezeichnet, in der Fans, Contentanbieter, Medienakteure und Händler gemeinsam gegen „illegale Kopien" von Animes auf Online-Palttformen wie YouTube vorgehen.[499] Die Anime-Copyright-Allianz droht zwar nicht mit rechtlichen Schritten, meldet aber unlizenziertes geschütztes Material auf Videoportalen und sorgt auf diese Weise dafür, dass die „illegalen" Inhalte gelöscht werden.

Dies erweckt nicht den Eindruck, dass man auf Seiten der Rechteinhaber mit einem Creative Commons-Modell für Fan Art sympathisiert. Die vermeintliche Toleranz, die sich darin zeigt, dass man in den meisten Fällen der Fan Art von einer rechtlichen Verfolgung absieht, scheint andere Ursachen zu haben. Vermutlich will man die Fans, die den treuesten Kundenstamm stellen, nicht verärgern und den Werbeeffekt, den Fan Art haben kann, ausnutzen. Dies beutet jedoch nicht, dass man auf Seiten der Rechteinhaber auf die starken urheberrechtlichen Befugnisse und Verbotsrechte verzichten möchte.

Creative Commons ist somit ein Modell, das in erster Linie von Akteuren des digitalen kulturellen Austauschs genutzt wird. Die „hauptberuflichen Urheber" dagegen, die von ihrem geistigen Schaffen nicht nur profitieren, sondern auch leben wollen, halten sich mit der Nutzung der Lizenzen zurück.[500]

Der Interessenkonflikt zwischen kreativen Fans und Urhebern oder Rechteinhabern kann durch Creative Commons daher nur in der Theorie abschließend gelöst werden. In der Praxis ist das Modell von der Bereitschaft der Urheber und Rechteinhaber abhängig, die sich in den für Fan Art relevanten Bereichen bislang zurückhaltend zeigen.

G. Ergebnis zur Zulässigkeit der kreativen Verwendung geschützter fiktiver Figuren in Fan Art de lege lata

Fan Art, die geschützte fiktive Figuren verwendet, kann sowohl in Verwertungs- als auch Urheberpersönlichkeitsrechte eingreifen. Häufig handelt es sich um unfreie Bearbeitungen oder Umgestaltungen gemäß § 23 S. 1 UrhG, deren Veröffentlichung und Verwertung der Einwilligung des Urhebers bedarf. Im Fall der sog. „Porn"-Fan Art kann besonders das in § 14 UrhG normierte Integritätsinteresse des Urhebers betroffen sein. Das Namensnennungsrecht aus § 13 UrhG ist dagegen in aller Regel nicht beeinträchtigt, da Fans die Originalurheber kenntlich machen. Die Eingriffe können im Einzelfall aufgrund gesetzlicher Vorschriften gerecht-

499 Vgl. http://www.anime-copyright-allianz.de/ (letzter Abruf: 15.06.2015).
500 *Philapitsch*, MR 2008, 82, 91.

fertigt oder ausgeschlossen sein. Für Fan Art kommen vor allem das Zitatrecht gemäß § 51 UrhG und das Recht der freien Benutzung gemäß § 24 UrhG in Betracht.

Im Rahmen des § 51 UrhG kommen Fan Art vor allem die gelockerten Anforderungen an die innere Verbindung zum zitierten Werk seit der „Germania 3" – Entscheidung des Bundesverfassungsgerichts zugute. Dennoch erweist sich § 51 UrhG als Privilegierung für Fan Art weniger geeignet als die freie Benutzung gemäß § 24 UrhG. Die Zitatschranke dient vornehmlich dem Allgemeininteresse der freien Auseinandersetzung und Meinungsbildung. Besonders transformative Fan Art enthält zwar Elemente der Auseinandersetzung und Meinungsbildung, zudem jedoch auch einen eigenen kreativen Gehalt, der sich darin entäußert, dass geschützte fiktive Figuren nicht schlicht übernommen werden, sondern auf andere Art und Weise dargestellt werden als das Original. Daher ist sie nicht mit dem Veränderungsverbot des § 62 UrhG vereinbar.

Die freie Benutzung gemäß § 24 UrhG weist das größte Potential für eine Privilegierung von Fan Art auf, insbesondere da in der neueren Rechtsprechung eine Lockerung der Anforderungen an die Abgrenzungsmaßstäbe zur unfreien Bearbeitung zu verzeichnen ist. Die Verblassensformel im engeren Sinne scheint dabei nur noch eine untergeordnete Rolle zu spielen. Neuralgischer Punkt bei der Beurteilung einer freien Benutzung ist mittlerweile der sog. „innere Abstand" des nachschaffenden Werkes zum Vorlagewerk. Als problematisch für Fan Art hat sich jedoch die stark einzelfallbezogene Rechtsprechung erwiesen. Insgesamt kann nach dem geltenden Maßstab zur Beurteilung einer freien Benutzung keine einheitliche und keine eindeutige Aussage darüber getroffen werden, ob Fan Art durch § 24 UrhG privilegiert werden kann.

Da von dieser Rechtsunsicherheit nicht nur Fan Art, sondern auch andere nachschaffende Kunstformen betroffen sind, finden sich im Schrifttum Vorschläge für eine flexiblere Auslegung des § 24 UrhG, die auch im Fall der Fan Art mehr Schaffensfreiräume bieten könnten. Dies gilt insbesondere für das Modell der kunstspezifischen Auslegung des § 24 UrhG, welche die verfassungsrechtlich geschützte Kunstfreiheit gemäß Art. 5 Abs. 3 GG bei der Bestimmung der freien Benutzung besonders berücksichtigen will. Unter Zugrundelegung eines avantgardistischen Werkbegriffs und einer flexibleren Handhabe des Kriteriums des inneren Abstandes kommt diese Ansicht zu dem Ergebnis, dass selbst kopierende Kunstformen, wie die Appropriation Art, nach § 24 UrhG privilegiert werden müssen, wenn sie Kunst im Sinne des Art. 5 Abs. 3 GG sind.

Der kunstspezifischen Auslegung des § 24 UrhG ist entgegenzuhalten, dass sie eine gewisse Gefahr der Überprivilegierung von Nutzerinteressen in sich trägt, da der verfassungsrechtliche Kunstbegriff sehr weit zu verstehen ist. Die Untersuchung hat ergeben, dass es kaum Fan Art gibt, die nicht als Kunst im Sinne des Art. 5 Abs. 3 GG zu qualifizieren ist. Demnach wäre nach dem kunstspezifischen

Auslegungsmodell nicht nur transferierende und transformative Fan Art, sondern in manchen Fällen auch kopierende Fan Art privilegierungswürdig.

Dass Fan Art Kunst im Sinne des Art. 5 Abs. 3 GG ist, kann zwar bei einer Interessenabwägung in § 24 Abs. 1 UrhG berücksichtigt werden, dies sollte jedoch nicht automatisch zu deren Privilegierung führen, da eine Auslegung, die sich allein auf das Vorliegen von Kunst im Sinne der Verfassung stützt, nicht die nötige Rechtssicherheit bietet, um den Interessenkonflikt zwischen Urhebern und Fans zufriedenstellend zu lösen. Die kunstspezifischen Auslegungsmodelle liefern daher brauchbare Ansätze, die jedoch genauer definiert bzw. eingegrenzt werden müssen.

Als für Fan Art untaugliche Lösungsmodelle haben sich die teleologische Reduktion des Einwilligungserfordernisses des § 23 UrhG und die Analogie zu § 51 UrhG erwiesen, da diesen Ansätzen systematische und praktische Bedenken entgegenstehen.

Eine Lösung des Konflikts zwischen kreativen Fans und Urhebern auf Lizenzebene, insbesondere im Rahmen des sog. „Creative Commons-Lizenzmodells“ ist ebenfalls nicht ersichtlich, da auf Seiten der Urheber und besonders der Rechteinhaber derzeit wenig Gerbrauch von solchen Lizenzen gemacht wird.

Nach geltender Rechtslage wird der Konflikt zwischen kreativen Fans und Urhebern demnach noch nicht zufriedenstellend gelöst. Die traditionelle Auslegung der in Betracht kommenden Inhalts- und Schrankenbestimmungen eröffnet zu wenige Freiräume für kreative Fans. Die derzeitigen flexibleren Auslegungsvorschläge laufen wiederum Gefahr, zu Viele Freiräume für nachschaffende Kunstformen zu Lasten der Urheber zu schaffen.

Im Folgenden soll daher untersucht werden, ob der Problematik mit einer neuen Regelung begegnet werden sollte.

4. Kapitel: Lösungsvorschläge de lege ferenda

Das Internet hat es ermöglicht, kreative Inhalte zu jeder Zeit zugänglich, konsumierbar und verwertbar, aber auch kaum noch kontrollierbar zu machen.[501] Die Netzgemeinde spricht von einer „digitalen Revolution“, der „Krise des Originals“ oder dem „Lob der Kopie“.[502]

In der Rechtswissenschaft ist die Rede von der „Legitimationskrise des Urheberrechts“.[503] Um dieser Legitimationskrise Herr zu werden, sind teilweise radikale Lösungsmodelle, die in Ideen zu einer grundlegenden Umstrukturierung des Urheberrechts[504] oder gar der Überlegung der völligen Abschaffung des Urheberrechts gipfeln[505], entwickelt worden.

Der Nachteil allzu radikaler Modelle besteht darin, dass sie schwer realisierbar sind. Oft bleiben sie eine unrealistische Forderung, deren nicht zu unterschätzender Wert vor allem darin besteht, zum Nachdenken anzuregen und das Aufbrechen veralteter Muster zu ermöglichen. Sie lösen jedoch nicht den akuten Interessenkonflikt.[506]

Eine praktikable Lösung des Konflikts konkretisiert auf das Beispiel der Interessenkollision von Urhebern und kreativen Fans, ist das Ziel dieser Arbeit. Es soll daher der bei dieser bloßen Erwähnung der radikalen Lösungen bleiben.

Das eigentliche Augenmerk des 4. Kapitels zu den Lösungen de lege ferenda soll jenen Vorschlägen zur Anpassung des Urheberrechts an kreative Nutzungsformen wie Fan Art gewidmet werden, deren Umsetzung ernsthaft diskutiert wird. Dazu gehört der Vorschlag der Einführung einer Generalschranke in das deutsche

---

501 Vgl. *Lehmann*, in: Internet- und Multimediarecht, S. 25–34; *Geller*, GRUR Int. 2006, 273; *Koch*, Auswirkungen der digitalen Informationstechnologien, S. 9 ff.; zu den „Kulturen der Online-Kommunikation“ vgl. *Peukert*, GRUR-Beilage 2014, 77.

502 Vgl. *von Gehlen*, Mashup, S. 18 ff.; *Djordevic*, Recht auf Kopie in „Neues Deutschland, sozialistische Tageszeitung“ Ausgabe vom 31.03.2012, abrufbar unter http://www.neues-deutschland.de/artikel/222904.recht-auf-kopie.html (letzter Abruf: 15.06.2015).

503 *Peukert*, FS Wandtke, S. 459 f.; *Pahud*, UFITA 2000/I, S. 110 f.; *Dreier*, MMR 2011, 285; *Dreier/Leistner*, GRUR 2013, 881, 889; *Leistner/Hansen*, GRUR 2008, 479; *Hansen*, in: Copy.Right.Now!, S. 56 ff.; vgl. auch Urheberkongress der Initiative Urheberrecht und iRights.lab „Selbstbestimmung im digitalen Netz – Urheberrecht und Nutzerinteressen in der Balance?“ am 6.9.2013 in Berlin, dazu *Pfennig*, ZUM 2014, 85.

504 Vgl. *Kreutzer*, Modell des deutschen Urheberrechts, 2007 (für die Abschaffung des monistischen Prinzips im Urheberrecht zugunsten eines dualistischen Prinzips); *Leistner/Hansen*, GRUR 2008, 479 (zur Ökonomisierung des Urheberrechts und für eine stärkere Nutzerprivilegierung).

505 Vgl. *Smiers/van Schijndel*, No Copyright, 2009.

506 Einen zunehmenden Mangel an Sachlichkeit der Debatte durch allzu starke Polarisierung konstatiert zu Recht *Nolte*, ZUM 2012, 740.

Urheberrecht nach dem Modell des U.S.-amerikanischen Fair Use-Prinzips (A.), ebenso wie konkrete Ideen zu neuen Kreativitätsschranken (B.) und neuen Vergütungsmodellen (C.).

A. Ersatz oder Ergänzung des Schrankenkatalogs durch eine Generalschranke nach dem Modell des U.S.-amerikanischen Fair Use-Prinzips

Der rasanten technischen Entwicklung und den damit verbundenen neuartigen Formen der Werknutzung will man vermehrt mit einer Flexibilisierung des starren Schrankenkataloges des deutschen und europäischen Urheberrechts durch Ergänzung um eine Auffanggeneralklausel oder durch den völligen Ersatz durch eine Generalklausel nach dem U.S.-amerikanischen Fair Use-Prinzip begegnen.[507]

Das Modell hat mittlerweile Befürworter in der Politik gefunden. In der CDU/CSU hat sich im Jahr 2011 die Gruppe „Initiative Faires Urheberrecht" gebildet, die in ihren drei Leitlinien für die zukünftige Novellierung des Urheberrechts auch den Fair Use-Gedanken für einen „fairen Ausgleich der Interessen von Urhebern und Werknutzern" einbringen möchte.[508] In der SPD denkt man über die Einführung einer Regelung ähnlich der „Fair Use"-Klausel nach.[509] Im dritten Zwischenbericht der Enquête-Kommission des Bundestages „Internet und digitale Gesellschaft" wird diskutiert, die Schrankenprobleme des Urheberrechts durch „generalklauselartige, dem amerikanischen Fair Use entsprechende Regelungen zu lösen", die als Auffangregel neben konkrete Schranken treten könnten. [510] Das Fair Use-System sei nämlich als besonders innovationsfreundlich bewertet worden, da in der Fair Use-Abwägung nicht darauf abgestellt werde, ob sich eine neue Nutzungsweise in einen bestehenden Schrankenkatalog einfüge, sondern im Einzelfall entschieden werden könne, ob die Nutzung „fair" sei oder nicht.

Die im Zwischenbericht beschriebene Ergänzung des Schrankenkatalogs um eine Auffanggeneralklausel wird als „kleine Generalklausel" bezeichnet.[511] Für die

507 *Kleinemenke*, ZGE/IPJ 5 (2013), S. 104; *Förster*, Fair Use, S. 213; *Poeppel*, Neuordnung der urheberrechtlichen Schranken, S. 491f. (für eine „redliche" anstelle einer „fairen" Verwertung); *Hansen*, Warum Urheberrecht, S. 409; *Hoeren*, GRUR 1997, 866, 871.

508 *Initiative Faire Urheberrecht*, http://www.faires-urheberrecht.de/ (letzter Abruf: 15.06.2015).

509 *Soeder*, Wie weiter mit dem Urheberrecht?, abrufbar auf http://www.spd.de/profil/christiansoeder/blog/wie-weiter-mit-dem-urheberrecht (letzter Abruf: 15.06.2015).

510 Dritter Zwischenbericht der Enquête-Kommission „Internet und digitale Gesellschaft vom 23.11.2011, BT-Drucks 17/7899, S. 21, 22 Fn. 74.

511 *Metzger*, in: Europäische Perspektiven des Geistigen Eigentums, S. 122.

konkrete Ausgestaltung der „kleinen Generalklausel" finden sich bereits Formulierungsvorschläge im Schrifttum, die versuchen, den im Europa- und Völkerrecht verankerten Dreistufentest mit der U.S.-amerikanischen Fair Use-Doktrin zu verbinden, und die Auffangtatbestände enthalten, welche die urheberzentrierte Orientierung des deutschen Urheberrechts und urheberpersönlichkeitsrechtliche Interessen berücksichtigen sollen. [512] Exemplarisch heißt es bei *Kleinemenke:*

> „§ 61 UrhG-E[513]: Weitere Beschränkungen der Ausschließlichkeitsrechte
> (...)
> (3) (...) Bei der Abwägung der Beeinträchtigung der beteiligten Interessen sind insbesondere folgende Kriterien zu berücksichtigen:
> 1. Der Zweck und der Charakter der Nutzung einschließlich der Frage, ob die Nutzung kommerzieller Natur ist; eine Nutzung kann insbesondere dann zulässig sein, wenn sie zum Zwecke des kritischen Kommentars, der Berichterstattung über aktuelle Ereignisse von öffentlichem Interesse, (...), oder der kreativen Weiterverwertung im Rahmen eigener Werkschöpfung erfolgt;
> 2. die Art des urheberrechtlich geschützten Werkes;
> 3. der Umfang und die Bedeutung des verwendeten Werkteils im Verhältnis zum urheberrechtlich geschützten Werk als Ganzem;
> 4. die Möglichkeit einer Kompensation durch die Zahlung eines gerechten Ausgleichs;
> 5. die Auswirkungen der Nutzung auf die berechtigten geistigen
> oder persönlichen Interessen des Urhebers an seinem Werk. (...)"[514]

Einen ähnlichen Änderungsvorschlag unterbreitet *Kleinemenke* zur Öffnung des bislang starren Schrankenkatalogs der europäischen Informationsrichtlinie (2001/29/EG).[515] Dies wäre zunächst erforderlich, wollte man eine Generalklausel in das deutsche Urheberrecht einführen.[516]

Dass eine solche Änderung der Richtlinie in absehbarer Zeit vorgenommen wird, bezweifeln jedoch selbst die Befürworter der Generalklausel.[517]

Die Gegner behaupten, dass das Modell auch in entfernter Zukunft im deutschen Urheberrecht nur eine Theorie bleiben wird, da die gewichtigen Unter-

---

512 *Kleinemenke*, Fair Use im deutschen Urheberrecht, S. 569 f.; *Poeppel*, Neuordnung der urheberrechtlichen Schranken, S. 491 f. (für eine „redliche" anstelle einer „fairen" Verwertung); *Hansen*, Warum Urheberrecht, S. 409.

513 Als Norm für die Auffanggeneralklausel will man den im Zuge des Gesetzes zur Regelung des Urheberrechts in der Informationsgesellschaft vom 10.9.2003 freigewordenen § 61 UrhG nutzen, da er unmittelbar an die letzte Schrankenbestimmung des Schrankenkatalogs anschließt.

514 *Kleinemenke*, Fair Use im deutschen Urheberrecht, S. 569 f..

515 *Kleinemenke*, Fair Use im deutschen Urheberrecht, S. 523 f.

516 *Klett*, ZUM 2014, 18, 21 f.; *Peifer*, GRUR-Prax 2013, 529, 530.

517 *Metzger*, in: Europäische Perspektiven Des Geistigen Eigentums, S. 122; *Kleinemenke*, Fair Use im deutschen Urheberrecht, S. 580.

schiede zwischen dem utilitaristischen U.S.-amerikanischen Copyright und dem monistischen deutschen Urheberrecht unüberwindbar seien. [518] Dies gelte besonders für die sog. „große Lösung", die vorsieht, den abschließenden Schrankenkatalog vollständig durch eine einzelne Generalschranke zu ersetzen.[519] Der deutsche Gesetzgeber sei aus verfassungsrechtlichen Gründen bei der Einführung von Urheberrechtsschranken deutlich begrenzter als der U.S.-amerikanische Kongress. Eine Streichung des Schrankenkatalogs zugunsten einer Generalklausel sei kaum mit dem verfassungsrechtlichen Bestimmtheitsgrundsatz vereinbar.

Spiegelbildlich zur Flexibilität der Fair Use-Lösung kritisiert man die Rechtsunsicherheit des Modells, da es viele Fragen auf die Gerichte abwälze. *Schack* befürchtet die Anfälligkeit für rechtsmissbräuchliches Verhalten.[520]

Diese Kritik ist nicht unberechtigt. Die Unbestimmtheit des Modells bereitet selbst im Herkunftsland der Fair Use-Regelung Probleme. Gerade im Fall neuerer Nutzungsarten, die im Zuge der Digitalisierung erleichtert wurden, ist die Auslegung der Doktrin umstritten, teilweise wünscht man sich sogar ein klareres Rechtssystem.[521] *Lessig* konstatiert am Beispiel des Sampling, dass sich die wenigsten Sampling-Produzenten auf die „schwache" Fair Use-Regelung verlassen könnten: Entweder bezahle man den Anwalt, um die eigenen Fair Use-Rechte zu verteidigen oder man bezahle den Anwalt, um Genehmigungen einzuholen, in jedem Fall sei der kreative Prozess mit einem hohen Kostenaufwand verbunden.[522]

Dass eine Fair Use-Regelung auch in Deutschland zu einer solchen Kostenfalle werden könnte, befürchten vor allem jene Urheber, die ohnehin mit knappen Vergütungen zu kämpfen haben. Der freie Journalist *Mike Holderness* äußert sich drastisch in einem Interview:

> „Im Wesentlichen, vom Standpunkt des einzelnen Urhebers betrachtet, kann es passieren, dass jemand Deine Arbeit kopiert, indem er „Fair Use" behauptet, aber weder er noch Du wissen, ob es wirklich „Fair Use" ist, bis Du einige hunderttausend Dollar gesammelt hast, um ihn zu verklagen."

---

518 *Schwartmann/Hentsch*, ZUM 2012, 759, 766; *Schack*, FS Schricker, S. 511 f.; *Ott*, ZUM 2009, 345, 352.

519 Vgl. *Förster*, Fair Use, S. 213; Ein Formulierungsvorschlag dazu findet sich ebenfalls bei *Kleinemenke*, Fair Use im deutschen Urheberrecht, S. 560 ff., der jedoch selbst Bedenken an einem solchen Modell äußert.

520 *Schack*, FS Schricker, S. 511 f..

521 *Tushnet*, 70 Law & Contemp. Problems, 135 (2007), S. 174; *Lessig*, Remix, S. 95 ff.; *Arewa*, The Freedom to Copy, University of California, Davis Law Review, 477 Vol. 41 No. 2 (2007), S. 551 ff. (für eine Unfair Use-Regelung gegen unlautere Benutzungen geschützter Werke).

522 *Lessig*, Free Culture, S. 107.

Holderness befürchtet vor allem, dass die Verlage nach der Einführung einer Fair Use-Klausel in das deutsche Urheberrecht beginnen könnten, unter Berufung auf Fair Use einige ihrer Nutzungen von Beiträgen freier Journalisten in Zukunft kostenlos abzuwickeln, was erhebliche Geldeinbußen auf Seiten der Journalisten zur Folge hätte.[523]

Vor diesem Hintergrund ist fraglich, ob eine flexible Fair Use-Regel den freien Fluss kreativer Inhalte wirklich fördern kann. Ist sie zu flexibel ausgestaltet, kann es zu erheblichen Einbußen auf Seiten der Urheber kommen.

In der U.S.-amerikanischen Rechtsprechung nutzt man vor allem den ökonomischen vierten Fair Use-Faktor, um eine Beeinträchtigung der Urheberinteressen zu vermeiden. Was die Privilegierung von kreativen Werknutzungen wie Fan Art anlangt, wurde bereits festgestellt, dass gerade dieser ökonomische Faktor, der auch in das Modell einer deutschen Generalklausel aufgenommen werden soll, meist dazu führt, dass ein Fair Use abgelehnt wird.[524] Das Argument der vermeintlichen Flexibilität des Modells sollte daher nicht überbewertet werden.

Aufgrund der gewichtigen Nachteile und Hürden, die durch einen Bruch mit dem bisherigen Schrankenkatalog verbunden wären und aufgrund der Tatsache, dass Fair Use offensichtlich kein Allheilmittel darstellt, sollte die Einführung einer Generalklausel oder einer Auffanggeneralklausel in das deutsche Urheberrecht erst dann in Betracht kommen, wenn es keine anderen sinnvollen Lösungen gibt.

Ungeachtet der systematischen Kritikpunkte an einer Fair Use-Klausel im deutschen Urheberrecht ist auffallend, dass die Nutzungen, die in den derzeitigen Formulierungsvorschlägen genannt werden, welche sowohl verfassungsrechtliche als auch europarechtliche Vorgaben zu beachten versuchen, bereits in den spezialgesetzlichen Schranken des Urheberrechts enthalten sind. Zu nennen wäre die Zulassung von Kritik, von Berichterstattung über aktuelle Tagesereignisse und von Zitaten. [525] Für die Zulassung kreativer Werknutzungen bietet sich die offen formulierte Schutzbereichsbegrenzung des § 24 UrhG an. Der Formulierungsvorschlag von *Kleinemenke* erscheint wie eine grobe Zusammenfassung des geltenden Schrankenkatalogs, der um ökonomische Fair Use-Kriterien ergänzt wurde. Als Auffangklausel müsste eine solche Fair Use-Regel jedoch hinter den

---

523 *Mike Holderness*, freier Journalist aus England und Vorsitzender er Urheberrechtsexperten der europäischen Journalisten-Föderation (EJF), in: freienblog, http://frei.djv-online.de/warum-fair-use-unfair-fur-freie-journalisten-und-auch-fur-die-internetindustrie-ist/ (letzter Abruf: 15.06. 2015).

524 Siehe 3. Kap. D. II. 4.

525 *Peifer*, ZUM 2014, 86, 90.

spezialgesetzlichen Normen zurücktreten und käme folglich kaum zur Anwendung.[526]

Die Befürworter der Fair Use- Lösung verweisen selbst darauf, „übergangsweise" die bestehenden Spielräume des geltenden Rechts zu nutzen.[527]

Solange solche „Spielräume" bestehen, erscheint es sinnvoller, diese zu nutzen, um eine hinreichende Flexibilität des Urheberrechts gewährleisten zu können.

B. Einführung einer neuen „Kreativitätsschranke"

Anstelle einer radikalen Umgestaltung des Urheberrechts finden sich auch Vorschläge für neue Schranken, welche die kreative Nutzung von Werken erlauben sollen. Im „Gowers Report" wird empfohlen, die Informations-Richtlinie um eine Schranke für „kreative, transformative Nutzungen oder Bearbeitungen" nach Maßgabe des Dreistufentests der Berner Übereinkunft zu ergänzen.[528] Auch im deutschen Schrifttum finden sich bereits konkrete Vorschläge für neue „Kreativitätsschranken".

I. Schranke für „User Generated Content"

Speziell für nutzergenerierte Inhalte, sog. „User Generated Content", unterbreitet *Bauer* folgenden Vorschlag für eine neue Schrankenregelung:

> „§ 51 c UrhG Nutzergenerierte Inhalte
> (1) Zulässig ist die Aufnahme eines gesendeten und die Vervielfältigung eines veröffentlichten Werkes oder sonstigen Schutzgegenstandes sowie deren öffentliche Zugänglichmachung, auch in bearbeiteter oder anderweitig umgestalteter Form, durch eine natürliche Person, soweit dies zum Zwecke der persönlichen Identitätsbildung oder sozialen Beziehungspflege in einem öffentlichen Netzwerk geschieht und sofern sie hiermit weder direkt noch indirekt einen Erwerbszweck verfolgt. Dies gilt nicht, wenn hierdurch die normale Auswertung des

---

526 Vgl. *Kleinemenke*, ZGE/IPJ 5 (2013), S. 134, wonach die Regelung „nur auf solche Sachverhalte Anwendung finden (soll), die nicht bereits von einer der im Rahmen des Schrankenkataloges enthaltenen Schrankenbestimmungen erfasst werden".

527 *Metzger*, in: Europäische Perspektiven Des Geistigen Eigentums, S. 122; *Kleinemenke*, Fair Use im deutschen Urheberrecht, S. 580.

528 Gowers Report, S. 68, abrufbar unter der URL: https://www.gov.uk/government/uploads/system/uploads/attachment_data/file/228849/0118404830.pdf (letzter Abruf: 15.06.2015).

> Werkes oder sonstigen Schutzgegenstandes beeinträchtigt oder die berechtigten Interessen des Urhebers unzumutbar verletzt werden.
> (2) Sofern die Voraussetzungen des Absatzes 1 vorliegen, sind die öffentlichen Zugänglichmachung sowie die hierfür erforderlichen Vervielfältigungen auch einem Dritten gestattet, dessen technische Einrichtung zur Wiedergabe des privilegierten Medieninhalts genutzt wird. Für die öffentliche Wiedergabe hat der wirtschaftlich verantwortliche Betreiber der technischen Einrichtung eine angemessene Vergütung zu zahlen. Erfolgt die Wiedergabe über die technische Einrichtung des Berechtigten nach Absatz 1 Satz 1, so hat dieser die Vergütung zu zahlen. Der Anspruch kann nur durch eine Verwertungsgesellschaft geltend gemacht werden.“[529]

Die Lösung des Interessenkonflikts zwischen Urhebern und Nutzern über eine Schrankengeneralklausel lehnt *Bauer* prinzipiell ab, da sie mit zu großen Rechtsunsicherheiten behaftet sei. Ebenso wenig hält er eine Flexibilisierung bestehender Schrankenregelungen für eine Privilegierung nutzergenerierter Inhalte geeignet.[530] Dies gelte auch für das Rechtinstitut der freien Benutzung gemäß § 24 UrhG, da diese ihrem Sinngehalt nach einen neuen Beitrag zu dem bestehenden Kulturangebot erfordere, den nutzergenerierte Inhalte nicht zwangsläufig leisten würden. *Bauer* gibt an dieser Stelle vor allem die „Alles-oder-Nichts-Rechtsfolge“ der freien Benutzung zu bedenken, die bei einer Überdehnung des Sinngehalts zu einer ungebührlichen Benachteiligung urheberrechtlicher Interessen führen würde.[531]

Dennoch seien bestimmte Verhaltensweisen des sog. „Prosumenten“ privilegierungsbedürftig, was durch die neue Schrankenregelung für User Generated Content geschehen könne.[532] Dies gelte besonders für sozialtypische Verhaltensweisen des Nutzers, der fremde Werke lediglich zu seiner persönlichen Identitätsbildung und Beziehungspflege im sozialen Umfeld nutze. Die Sozialgebundenheit des geistigen Eigentums nach Art. 14 Abs. 2 GG erfordere in solchen Fällen gewisse Freiräume.[533] Berücksichtigt werden müsse dabei, dass in Zeiten des Web 2.0 besonders der virtuelle Raum an Relevanz für die Erfahrung sozialer Gesellschaft gewonnen habe. Neben diese Allgemeinwohlaspekte trete der Umstand, dass die Urheber keinen wirtschaftlichen Schaden durch User Generated Content zu befürchten hätten, da dieser im Regelfall rein „privat“ motiviert sei und keinen potentiellen Markt für die Rechteinhaber darstelle.[534] Teilweise trete sogar das

---

529 *Bauer*, User Generated Content, S. 407.
530 *Bauer*, User Generated Content, S. 394.
531 *Bauer*, User Generated Content, S. 365 f..
532 *Bauer*, User Generated Content, S. 380.
533 *Bauer*, User Generated Content, S. 383.
534 *Bauer*, User Generated Content, S. 384 f..

Gegenteil ein und der Rechteinhaber erfahre einen gewissen kostenlosen Werbeeffekt für die betreffenden Werke und Leistungen.[535] Des Weiteren hätten gewisse nutzergenerierte Inhalte das Potential, der Innovationsförderung zu dienen, da sie als eine neue Art der „Volkskunst", eine Inspirationsquelle für Urheber neuer, selbstständig schutzfähiger Werke seien.[536]

Ein klares Hindernis für die Privilegierungswürdigkeit von nutzergenerierten Inhalten sieht *Bauer* mit Blick auf Art. 14 GG, wenn eine Substituierung des Originals zu befürchten ist.[537] Dies könne vor allem dann der Fall sein, wenn bloße Kopien des Originals kostenlos öffentlich zugänglich gemacht würden. Ebenso sei die kommerzielle Verwertungsabsicht ein Privilegierungshindernis, da dies einem Ausnutzen fremder geistiger Leistungen zur Erzielung eigener Vorteile gleichkomme, dem stets der „Geruch von Piraterie" anhafte. Dementsprechend schließt Bauer in seinem Schrankenvorschlag eine Privilegierung aus, sofern mit der Werknutzung „direkt oder indirekt ein Erwerbszweck" verfolgt wird.[538]

Gewisse Aspekte der Privilegierungswürdigkeit von User Generated Content lassen sich auf Fan Art übertragen. Sie dient der Beziehungspflege und Kommunikation innerhalb der Fangemeinde. Dadurch erzeugt sie auch einen gewissen Werbeeffekt für das Original. Denn solange sich das Fantum über das Original als Fanobjekt austauscht, bleibt das Interesse daran entweder auf einem konstanten Level oder wird sogar gesteigert. Fan Art kann auch durchaus als Inspirationsquelle für andere Urheber, teilweise sogar für die Originalurheber dienen, die an den kreativen Erzeugnissen der Fans erkennen, welche Themen besonders bewegen und für eine Fortsetzung oder ein sonstiges neues Werk gewünscht sind.

Der konkrete Schrankenvorschlag *Bauers* kann dennoch nicht zu einer befriedigenden Privilegierung von Fan Art führen, da dem Aspekt der kommerziellen Nutzung eine zu gewichtige Rolle zukommt. Wann Erwerbszwecke verfolgt werden und wann nicht, lässt sich im Fall der Fan Art schwer abschätzen, da auch professionelle Künstler Angehörige eines Fantums sein können und dementsprechend Fan Art produzieren und verbreiten. Selbst wenn solche Fan Art kostenlos verfügbar wäre, stellte sich die Frage, ob nicht ein indirekter Erwerbszweck vorliegt, da das Ansehen des Künstlers in der Fangemeinde durch die Fan Art gesteigert werden kann.[539]

---

535 *Bauer*, User Generated Content, S. 390.

536 *Bauer*, User Generated Content, S. 389.

537 *Bauer*, User Generated Content, S. 381 f..

538 *Bauer*, User Generated Content, S. 407.

539 Ähnliche Abgrenzungsschwierigkeiten zum Fall des Mashups als besondere Form von User Generated Content konstatiert *Gelke*, Mashups, S. 218.

Den Ausführungen *Bauers* zu einer erweiterten Auslegung des § 24 UrhG ist insoweit zuzustimmen, als der Privilegierungsbereich angesichts der „Alles-oder-Nichts-Rechtsfolge" nicht überstrapaziert werden darf. Berücksichtigt werden muss im Fall der Fan Art jedoch, dass sie zu dem Bereich des User Generated Content zählt, der einen kreativen Beitrag zum Kulturgut leistet. Der Sinn und Zweck der freien Benutzung würde daher nicht ungebührlich ausgedehnt, versuchte man Fan Art durch § 24 UrhG zu privilegieren.

Bauers Schrankenregelung für User Generated Content kann daher nicht als Privilegierung von Fan Art dienen. Die grundlegenden Ausführungen die Bauer zur Privilegierungswürdigkeit von nutzergenerierten Inhalten macht, sind jedoch teilweise auf Fan Art als Sonderfall des User Generated Content übertragbar.

II. Schranke für „Transformative Werknutzungen"

Einen Lösungsvorschlag und zugleich eine Definition für „transformative Werknutzungen" liefert *Kreutzer*, indem er den bestehenden Schrankenkatalog um einen § 51 a UrhG erweitern möchte, der eine der Kunst- und Entfaltungsfreiheit dienende Erweiterung des Zitatrechts darstellen soll.[540] Die neue Schranke formuliert *Kreutzer* folgendermaßen:

> „(1) Zulässig ist es, veröffentlichte Werke oder Werkteile zu vervielfältigen, zu verbreiten, öffentlich wiederzugeben, zu bearbeiten oder umzugestalten, wenn sie in eine selbstständige eigene geistige Schöpfung aufgenommen werden, deren Sinngehalt und geistig-ästhetische Wirkung sich von dem oder den aufgenommenen Werken unterscheidet (transformative Werknutzungen). Transformative Werknutzungen dürfen die normale Auswertung des oder der aufgenommenen Werke nicht beeinträchtigen und die berechtigten Interessen des Urhebers oder des Rechteinhabers unter Berücksichtigung der Interessen Dritter und der Allgemeinheit nicht ungebührlich verletzt werden.
> (2) Die Anwendung des § 62 UrhG ist ausgeschlossen.
> (3) Vertragliche Bestimmungen, die in Widerspruch zu Abs. 1 stehen, sind nichtig."[541]

Die Regelung solle vor allem dem Umstand Rechnung tragen, dass sich Kreativität nicht im leeren Raum entfalte, sondern in einem „kreativen Milieu" entstehe und urheberrechtlich relevante Nutzungen bei der Schaffung neuer Werke nicht zu umgehen seien. Nach kommerziellen und nicht-kommerziellen Nutzungen sei

540 *Kreutzer*, Verbraucherschutz, S. 10.
541 *Kreutzer*, Verbraucherschutz, S. 73.

daher nicht zu unterscheiden, hauptsächlich komme es darauf an, dass das neue Werk einen Mehrwert zum kulturellen Schaffen beitrage.[542]

Kreutzer versucht in seinem Schrankenvorschlag das Element des „transformative use" des ersten Fair Use-Faktors für das deutsche Urheberrecht fruchtbar zu machen. Im Übrigen hat die Schranke für transformative Werknutzungen nicht viel mit dem Fair Use-Prinzip gemeinsam, sondern stellt sich als eine Art Kombination der Zitatschranke (§ 51 UrhG) und der freien Benutzung (§ 24 UrhG) dar. Bewusst überspitzt, aber nicht unzutreffend, bezeichnet *Gelke* den Vorschlag daher als das erste „Law Mashup".[543]

Für sich genommen hält *Kreutzer* die Privilegierungsmöglichkeiten des § 51 UrhG und des § 24 UrhG für kreative Werknutzung nicht ausreichend, da § 51 UrhG zu eng ausgelegt würde bzw. die Kriterien zur Bestimmung einer freien Benutzung zu „dehnbar" seien und daher zu schwer einschätzbaren Einzelfallentscheidungen bezüglich der Zulässigkeit transformativer Werknutzungen führen würden.[544]

Warum *Kreutzer* diese „Dehnbarkeit" nicht für die Möglichkeit einer erweiterten Auslegung des § 24 UrhG in Erwägung zieht, sondern stattdessen nach Lösungen de lege ferenda sucht und behauptet, das geltende Urheberrecht enthalte „keine Regelungen", die darauf ausgerichtet seien, Freiheiten für transformative Werknutzungen zu eröffnen[545], ist nicht nachvollziehbar. Zudem erscheint die systematische Stellung des Schrankenvorschlags als erweitertes Zitatrecht nicht passend. Denn charakteristisch für ein Zitat ist die unveränderte Übernahme des zitierten Werkes.[546] *Kreutzers* Vorschlag zufolge sollen jedoch auch Bearbeitungen und Umgestaltungen privilegiert werden. Den Widerspruch versucht *Kreutzer* dadurch aufzulösen, dass er in seinem Regelungsvorschlag einen Absatz 2 vorsieht, der die Anwendung des § 62 UrhG ausschließt.[547] Die Abgrenzung der freien von der unfreien Bearbeitung geschieht jedoch in erster Linie durch § 24 UrhG. Ein erweitertes Zitatrecht für die Abgrenzung von freier und unfreier Bearbeitung zu nutzen, ist nicht nur redundant, sondern führt auch zu einer unnötigen Ausdehnung des Sinns und Zwecks des Zitatprivilegs.[548] Die Rechtsunsicherheit, die *Kreutzer* bei § 24 UrhG moniert, würde auf das Zitatrecht ver-

542 *Kreutzer*, Verbraucherschutz, S. 10 f..
543 *Gelke*, Mashups, S. 219 Fn. 775.
544 *Kreutzer*, Verbraucherschutz, S. 64.
545 *Kreutzer*, Verbraucherschutz, S. 65.
546 Schricker/Loewenheim/*Peukert/Dietz/Spindler*, § 51 Rn. 15, § 62 Rn. 27.
547 *Kreutzer*, Verbraucherschutz, S. 73.
548 So auch *Gelke*, Mashups, S. 220.

schoben, indem das Zitat zu einem ebenso dehnbaren Begriff gemacht würde wie die freie Benutzung.

Zugleich erzielt die Kodifizierung eines einzelnen Privilegierungstatbestandes für transformative Werknutzungen genau das Gegenteil von dem, was sie bewirken soll: Sie raubt dem Urheberrecht Flexibilität.

Führte der Gesetzgeber nämlich eine Schranke ein, die transformative Werknutzungen privilegiert, so stellte sich die Frage, welche Werknutzungen noch durch § 24 UrhG privilegiert werden sollten. Logisch wäre eine restriktive Auslegung der freien Benutzung, bei der es lediglich auf ein Verblassen im engeren Sinn ankäme, da sogar der bislang geltende Maßstab des inneren Abstandes die Schranke für transformative Werknutzungen überflüssig erscheinen ließe. Man öffnete somit einen begrenzten Privilegierungsbereich für kreative Werknutzungen, um Privilegierungsbereiche in § 24 UrhG zu verschließen.

Ein weiterer Nachteil des Schrankenvorschlags ist, dass er eine Änderung der Informationsrichtlinie (RL 2001/29/EG) voraussetzt. Eine Schranke für transformative Werknutzungen enthält der abschließende Katalog der Richtlinie nämlich nicht. Man betriebe somit einen beachtlichen Aufwand für wenig Innovation.

Das „Law Mashup" erzielt daher bei dem Interessenkonflikt zwischen Urhebern und Nutzern keine wesentlichen Fortschritte.

In Anbetracht der Tatsache, dass genügend Anhaltspunkte bestehen, die Problematik mit einer erweiterten Auslegung geltender Vorschriften zu erzielen, stellt der Schrankenvorschlag für transformative Werknutzungen somit keine optimale Lösung für den Interessenkonflikt zwischen kreativen Fans und Urhebern dar.

III. Schranke für kreative Nutzungen, gekoppelt an einen Vergütungsanspruch des Urhebers

Für die Privilegierung der kreativen Nutzung geschützter Werke gibt *Geiger* den Denkanstoß eines schrankengekoppelten Vergütungsanspruchs des Urhebers anstelle eines Verbotsrechts.[549]

Geiger stützt diesen Gedanken insbesondere auf den verfassungsrechtlichen Schutz des Urheberrechts aus Art. 14 GG. Dessen wichtigster Aspekt sei die Gewährleistung einer angemessenen Vergütung des Urhebers. „Wie" diese Vergütung erzielt werden könne, sei jedoch nicht vorgeschrieben.[550] *Geiger* hält es daher

549 *Geiger*, GRUR Int. 2008, 459, 463 ff.; *Geiger*, IIC 2007, 707, 714 f..
550 *Geiger*, GRUR Int. 2008, 459, 465.

für vertretbar, den Selbstbestimmungsaspekt des Eigentums durch urheberpersönlichkeitsrechtliche Befugnisse zu gewährleisten und Verwertungsrechte durch eine Schranke für kreative Nutzungen auf die Verhinderung der bloßen Kopie zu beschränken. Durch einen an die Schranke gekoppelten und kollektiv wahrgenommenen Vergütungsanspruch könne der Urheber ebenso an den Früchten seiner Arbeit partizipieren wie durch ein Verbotsrecht.[551]

Angesichts der massenhaften Nutzung geschützter Werke im digitalen Zeitalter hält *Geiger* die Beteiligung des Urhebers an einem solchen Vergütungsanspruch für effektiver. Die Praxis habe gezeigt, dass die Individuallizenzierung bei Massennutzungen faktisch unmöglich sei.[552] Da die Verwertungsgesellschaften in Deutschland einem Kontrahierungszwang unterlägen, bestehe praktisch kaum ein Unterschied zwischen ausschließlicher Wahrnehmung oder Wahrnehmung der schrankengekoppelten Vergütungsansprüche.[553]

Hilty befürwortet das schrankengekoppelte Vergütungsmodell besonders im Fall sog. „nachgelagerter Märkte". Hier könnte eine Schranke eine wettbewerbsrelevante Funktion erfüllen, wenn sie für eine angemessene Vergütung Angebote erlaube, die der Rechteinhaber selbst nicht wahrnehme oder wahrnehmen könne. Eine Schwachstelle sieht *Hilty* allerdings darin, dass es durch die „notwendigen Pauschalierungen" in Einzelfällen zu ungerechten Ergebnissen kommen könnte, insbesondere wenn die Vergütung im Verhältnis zu den Einschränkungen der Rechte-inhaber unzureichend sei.[554]

In Ländern wie z. B. Japan, in denen sich kommerzielle Fan Art-Märkte etabliert haben, werden diese aus wirtschaftlicher Sicht als Parallelmarkt zum Original empfunden und in gewissen Grenzen von den Rechteinhabern geduldet. Dies liegt zum einen darin begründet, dass der Fan Art-Markt auch für die Rechteinhaber einen gewissen Nutzen erfüllt, nämlich die mittelbare Bewerbung des Originals, zum anderen entspricht es der Natur von Fan Art, dass sie eben nur von Fans und nicht von den Rechte-inhabern selbst produziert und verbreitet wird.[555] Man kann daher annehmen, dass die Verbreitung von Fan Art auf einem dem Original nachgelagerten Markt stattfindet. Eine schrankengekoppelte Ver-

---

551 *Geiger*, GRUR Int. 2008 459, 466 f.; kritisch dazu *Lindhorst*, GRUR 2009, 403, 407, der eine unzumutbare Beeinträchtigung von Urheberinteressen zu Bedenken gibt.

552 *Geiger*, GRUR Int. 2008, 459, 467; ähnlich *Hilty*, GRUR 2009, 633, 636 f., der vertritt: „Gegenüber einer Lösung über das Urhebervertragsrecht oder einer Schranke sei eine Zwangslizenz dann vorzugswürdig, wenn Ausschließlichkeitsrechte den Sinn und Zweck des Urheberrechts, ein Maximum an Werken hervorzubringen und zu adäquaten Bedingungen verfügbar zu machen, konterkarieren."

553 *Geiger*, GRUR Int. 2008, 459, 466.

554 *Hilty*, GRUR 2009, 633, 637.

555 *Lessig*, Free Culture, S. 25 ff..

gütung erfüllte in diesem Fall die von *Hilty* beschriebene wettbewerbsrelevante Funktion.

Da Fan Art aus einem Massenphänomen resultiert, nämlich dem Fantum, zählt sie zu den Massennutzungen, wie sie *Geiger* beschreibt. In Fällen, in denen Fan Art keine freie Benutzung im Sinne des § 24 UrhG ist, kann ein schrankengekoppelter Vergütungsanspruch des Rechteinhabers somit ein effektives Mittel zur Legalisierung der Werknutzung sein, das gleichzeitig dem Umstand Rechnung trägt, dass der Originalurheber des benutzten Werkes den Anstoß zu dem neuen Fan Art-Werk gegeben hat. Kopierende Fan Art wäre von der schrankengekoppelten Vergütung zwar nicht erfasst, da bloße Kopien weiterhin unter das Verbotsrecht des Rechteinhabers fallen sollen. Bei transferierender Fan Art, die meist eine unfreie Bearbeitung gemäß § 23 UrhG darstellt, könnte der kollektiv wahrgenommene Vergütungsanspruch insbesondere die Beteiligung der Urheber angesichts massenhafter Werknutzungen effektiver gestalten.

Im Fall der Slash Fiction als Form der transformativen Fan Art besteht nach *Geigers* Modell weiterhin das Problem, dass sie unter Umständen aus urheberpersönlichkeitsrechtlichen Gründen verhinderbar ist. Hier kann nur § 24 UrhG Abhilfe schaffen, da die Erwägungen zur Abgrenzung zwischen unfreier und freier Benutzung auf die Interessenabwägung in § 14 UrhG durchschlagen.[556]

C. Pauschale Vergütungsmodelle für private Netznutzungen

Seit Längerem wird über pauschale Vergütungsmodelle für private Netznutzungen unter den Schlagworten „Kulturflatrate" oder „Kulturwertmark" nachgedacht.[557] Urheberrechtsverletzungen, welche Nutzer im digitalen Raum begehen, sollen demnach gegen eine pauschale Zahlung (eine sog. „Flatrate") durch eine Erweiterung der Privatkopieschranke und der „Bearbeitungsschranken" legalisiert werden, sofern lediglich private Zwecke verfolgt werden. Die Einnahmen sollen nach einem näher zu bestimmenden Verteilungsschlüssel an die Urheber

556 BGH GRUR 1994, 206, 209 – Alcolix; Dreier/Schulze/*Schulze*, § 14 Rn. 24; *Huttenlauch*, Appropriation Art, S. 140; *Hess*, Urheberrechtsprobleme der Parodie, S. 165.

557 Vgl. *Höbel (u.a.)*, Kulturflatrate, Kulturwertmark, 2013; speziell zur sog. „Kulturflatrate": *Spindler*, Machbarkeit einer Kulturflatrate, abrufbar unter der URL: http://www.gruene-bundestag.de/fileadmin/media/gruenebundestag_de/themen_az/medien/Gutachten-Flatrate-GrueneBundestagsfraktion__CC_BY-NC-ND_.pdf (letzter Abruf: 15.06.2015); *Paal/Hennemann*, MMR 2012, 288, 289; *Schwartmann/Hentsch*, ZUM 2012, 759, 768; *Roßnagel*, Die Zulässigkeit einer Kulturflatrate, 2009; zum Vorschlag einer sog. „Kulturwerkmark" des Chaos Computer Clubs vom 26. April 2011 siehe http://ccc.de/system/uploads/65/original/kulturwertmark-neu.pdf (letzter Abruf 15.06.2015).

ausgekehrt werden. In seinem Gutachten zur „Rechtlichen und Ökonomischen Machbarkeit einer Kulturflatrate“ *nennt Spindler* monatliche Zahlungsbeträge zwischen 6 und 95 Euro.[558]

Die Flatratemodelle begegnen jedoch einigen Bedenken.[559] Inzwischen genießen sie auch in der Politik nur noch geringen Rückhalt, was nicht verwundert, da erhöhte Kosten für die Internetnutzung auf erhebliche Widerstände stoßen könnten.[560] Aus rechtlicher Sicht besteht ein Nachteil der Modelle darin, dass ihre Realisierung eine Veränderung der Informationsrichtlinie (2001/29/EG) voraussetzt. Für nicht ausgeschlossen hält eine solche Änderung zwar *Peifer*, u. a. mit dem Hinweis, dass bereits im Zusammenhang mit der Richtlinie 2012/28/EU über bestimmte zulässige Formen der Nutzung verwaister Werke eine neue Schranke durch die Union eingeführt wurde, für problematisch erachtet er jedoch die erforderliche Abgrenzung von kommerziellen und nicht-kommerziellen Nutzung.[561] „Erhebliche“ völkerrechtliche Bedenken an einem Modell der flächendeckenden Abschwächung des digitalen Urheberrechts auf einen gesetzlichen Vergütungsanspruch äußert u. a. *Peukert*.[562]

Ungeachtet dieser Bedenken erweist sich das Modell einer „Kulturflatrate“ für die Privilegierung von Fan Art nur als bedingt geeignet. Fan Art ist nicht immer nicht-kommerziell und sie ist nicht „nur“ ein Phänomen des Internets. Zudem ist Fan Art als kreative Werknutzung typischerweise eine Bearbeitung. Im Fall der Einführung einer Pauschalabgabe wurde zwar auch eine Erweiterung der Schranken auf Bearbeitungsrechte vorgeschlagen, insbesondere um Remixes und Mashups zu ermöglichen, *Spindler* verweist jedoch zurecht auf die Folgeprobleme einer solchen Erweiterung.[563] Zum einen bestünden diese auf der Vergütungsseite, da die Nutzer ihrerseits an der Vergütung partizipieren müssten, wenn sie ein

---

558 *Spindler*, Machbarkeit einer Kulturflatrate, S. 153 ff., abrufbar unter der URL: http://www.gruene-bundestag.de/fileadmin/media/gruenebundestag_de/themen_az/medien/Gutachten-Flatrate-GrueneBundestagsfraktion__CC_BY-NC-ND_.pdf (letzter Abruf: 15.06.2015).

559 U.a. *Peukert*, GRUR-Beilage 2014, 77, 90; insb. kritisch zum Gutachten über die „Rechtliche und ökonomische Machbarkeit einer Kulturflatrate“ *Elbel*, K&R 2013, 439; Replik dazu *Spindler*, K&R 2013, 544.

560 *Peukert*, GRUR-Beilage 2014, 77, 90; *Peifer*, ZUM 2014, 86, 89.

561 Peifer, ZUM 2014, 86, 89.

562 *Peukert*, GRUR-Beilage 2014, 77, 90; Zur Unvereinbarkeit einer gesetzlichen Lizenz für nicht-kommerzielles Filesharing mit dem Dreistufentest vgl. *Peukert*, in: 28:1Hastings Communications & Entertainment Law Journal, 1 (2005), S. 5 ff..

563 *Spindler*, Machbarkeit einer Kulturflatrate, abrufbar unter der URL: http://www.gruene-bundestag.de/fileadmin/media/gruenebundestag_de/themen_az/medien/Gutachten-Flatrate-GrueneBundestagsfraktion__CC_BY-NC-ND_.pdf (letzter Abruf: 15.06.2015); vgl. auch *Fisher*, Promises to keep, 2004.

neues Werk schaffen, zum anderen bestünde die Gefahr der Vernachlässigung von Urheberpersönlichkeitsrechten.

Flatratemodelle erweisen sich somit nicht als taugliches Lösungsmodell für den Interessenkonflikt zwischen kreativen Fans und Urhebern.

D. Ergebnis zu den Lösungen de lege ferenda

Die radikaleren Lösungen de lege ferenda, insbesondere die als sog. „große Lösung" bezeichnete Abschaffung des enumerativen Schrankenkatalogs zugunsten einer Fair Use-Generalklausel, schießen weit über das Ziel hinaus und unterschätzen die damit verbundenen Nachteile. Den deutschen Gerichten steht im Gegensatz zu U.S.-amerikanischen Gerichten kein umfassender „Katalog" an Einzelfallentscheidungen zum Fair Use zur Verfügung, was erhebliche Rechtsunsicherheiten zur Folge hätte. Die „große Lösung" verträgt sich darüber hinaus nicht mit den Grundsätzen des deutschen Urheberrechts und erfordert eine grundlegende Umstrukturierung. Die Einführung einer Auffanggeneralklausel als „kleine Lösung" ist zwar weniger radikal, ihre Umsetzung gestaltet sich jedoch ebenfalls aufwendig, da sie eine Änderung der Informationsrichtlinie erforderte. Davon abgesehen erscheinen die konkreten Formulierungsvorschläge für eine solche Auffangklausel lediglich wie Zusammenfassungen des geltenden Schrankenkatalogs, die man um ökonomische Fair Use-Kriterien ergänzt hat. Ein wesentlicher Fortschritt würde nicht erzielt.

Die mildeste Lösung de lege ferenda ist die Einführung einer neuen Schranke für kreative Werknutzungen. Konkrete Vorschläge gibt es bislang zum Fall des „User Generated Content" und zu „transformativen Werknutzungen". Hier hat sich jedoch gezeigt, dass diese Schranken nicht mehr Flexibilität für Fan Art bieten als das geltende Recht. Insbesondere der Schrankenvorschlag *Bauers* eignet sich nicht als Privilegierung für Fan Art, da dem Aspekt der kommerziellen Nutzung eine zu gewichtige Rolle zukommt. *Kreutzers* Schrankenvorschlag für „transformative Werknutzungen" erzielt keine wesentlichen Fortschritte. Im Fall der Fan Art wäre er allenfalls bei transformativer Fan Art hilfreich.

Als untaugliche Lösung für den Konflikt zwischen kreativen Fans und Urhebern erweist sich auch das pauschale Vergütungsmodell der sog. „Kulturflatrate". Es wäre im Fall der Fan Art nur bedingt einschlägig.

Insgesamt ist den Lösungen de lege ferenda entgegen zu halten, dass sie das Potential, das gewisse Vorschriften des geltenden Rechts gerade für transformative Werknutzungen bieten, nicht ausschöpfen.

Solange Anhaltspunkte bestehen, den Interessenkonflikt zwischen Urhebern und kreativen Nutzern durch eine erweiterte Auslegung geltender Vorschriften zu lösen, sollte daher von Lösungen de lege ferenda abgesehen werden.

Teil III: Eigener Lösungsansatz für die Privilegierung von Fan Art

Für die Erzielung eines gerechten Interessenausgleichs zwischen kreativen Fans und Urhebern erscheinen jene Ansätze am tauglichsten, die eine erweiterte Auslegung der freien Benutzung gemäß § 24 UrhG zugunsten kreativer Werknutzungen anregen.

Der dritte Teil der Arbeit soll diese Lösungsansätze fortführen. Es soll dabei die teilweise berechtigte Kritik an dem kunstspezifischen Auslegungsmodell, dem eine gewisse Tendenz zur Überprivilegierung des kreativen Nutzers unterstellt wird, berücksichtigt werden. Kritisiert wird insbesondere, dass die kunstspezifische Auslegung des § 24 UrhG ein umfassendes Privilegierungsbedürfnis nachschaffender Kunstformen bereits in dem Umstand erkennt, dass diese Kunst im Sinne des Art. 5 Abs. 3 GG darstellen. Dieses Kriterium allein kann für einen gerechten Interessenausgleich nicht zielführend sein. Dies gilt insbesondere für Fan Art, die aufgrund des weiten verfassungsrechtlichen Kunstbegriffs in den meisten Fällen als Kunst im Sinne des Art. 5 Abs. 3 GG zu qualifizieren ist. Ob tatsächlich eine derart umfassende Privilegierungsbedürftigkeit für Fan Art besteht oder ob mit Sicht auf berechtige Urheberinteressen nur bestimmte Formen der Fan Art privilegiert werden sollten, gilt es zu klären (5. Kapitel).

Im Anschluss wird ein eigener Auslegungsvorschlag für § 24 UrhG unterbreitet, der die betroffenen Interessen der Urheber und der kreativen Fans zu einem angemessenen Ausgleich führen soll (6. Kapitel). Überprüft wird die Praktikabilität des eigenen Lösungsvorschlags anhand der Anwendung des Modells auf typische Beispiele der Fan Art (7. Kapitel).

5. Kapitel: Privilegierungsbedürfnis, insbesondere transformativer Fan Art

Der Sozialwissenschaftler und Medienforscher *Henry Jenkins* beschreibt als das wesentliche Merkmal eines Fantums, die Fähigkeit, eine persönliche Reaktion in soziale Interaktion umzuwandeln und aus der reinen Konsumkultur eine partizipative Kultur zu machen.[564]

Aus soziologischer Perspektive ist der kreative Fan folglich ein sog. „Prosumer", ein Nutzer, der nicht ausschließlich passiv konsumiert, sondern zugleich ein aktiver Produzent ist, z. B. indem er vorhandene Inhalte in einem eigenen geistigen Inhalt verarbeitet.[565] In der Rechtswissenschaft hält eine geläufige Ansicht den „Prosumer" für einen völlig neuartigen Nutzertypen, auf den das Urheberrecht neu zugeschnitten werden müsse. Sie will den soziologischen Ansatz als urheberrechtlichen Privilegierungsgrund fruchtbar machen.[566]

Das folgende Kapitel soll untersuchen, unter welchen Umständen eine Privilegierung von Fan Art in Betracht kommt. Die soziologischen Begriffe des „Prosumers" oder des „Prosumierens" sollen bei dieser Untersuchung jedoch vermieden werden. Sie sind nämlich im urheberrechtlichen Zusammenhang irreführend, da suggeriert wird, dass die Vorgänge des Nutzens und Produzierens nicht nur aus soziologischer, sondern auch aus der urheberrechtlichen Perspektive eine Einheit bilden und nicht voneinander abgrenzbar sind.[567] Von einem völlig neuartigen Nutzertypen kann aber nicht ausgegangen werden. Die eigentliche Neuerung bei dem Vorgang des Nutzens zur kreativen Weiterverarbeitung im digitalen Kontext besteht darin, dass der Vorgang durch die fortgeschrittene Technik schneller vonstatten geht.[568] Dadurch mag der Eindruck entstehen, die Grenze zwischen Urheber und Nutzer sei verwischt worden, tatsächlich kann der Vorgang des „Prosumierens" aus urheberrechtlicher Perspektive als der ganz

---

564 *Jenkins*, Fans, Bloggers and Gamers, S. 41.

565 Der Begriff „Prosument" wurde erstmals 1980 von *Alvin Toffler* im Zusammenhang mit dem Phänomen gebraucht, dass ein nicht geringer Anteil des Bruttosozialprodukts der Vereinigten Staaten durch Haus- und Heimarbeit bestritten wurde, die sog. „invisible economy". *Toffler* beschreibt mit dem sog. „Prosumer Movement" ein Verwischen der Grenzen zwischen passivem Nutzer und aktivem Produzenten, vgl. *Akremi/Hellmann*, in: Fans, S. 326 ff.; *Schmidt-Lux*, in: Fans, S. 143; *Ito*, in: Digital Generations, S. 50.

566 *Bauer*, User Generated Content, S. 374 ff.; *Ng*, in: 12:4 Vanderbild Journ. Of Ent. And Tech. Law 853 (2010), S. 856; *Li/Mellor/Griffin/Waelde/Hao/Everson*, GRUR Int. 2014, 97, 98.

567 *Wandtke*, UFITA 2001/II, S. 650 ff.; kritisch dazu: *Peukert*, FS Wandtke, S. 460 ff., der zwar nicht vom neuen Nutzertyp des „Prosumenten", dafür aber vom sog. „digitalen Urheber" spricht.

568 Vgl. dazu *Lehmann*, in: Internet- und Multimediarecht, S. 32.

klassische Vorgang des Aufnehmens und Weiterverwertens eines vorhandenen geistigen Inhalts in einem neuen geistigen Inhalt bewertet werden. Die Privilegierungswürdigkeit von Fan Art sollte daher nicht allein daran zu bemessen sein, inwiefern das Web. 2.0 zu einem neuen Nutzerverhalten beigetragen hat, schon deshalb nicht, weil Fan Art kein ausschließliches Phänomen des Web 2.0 ist. Die Unterscheidung zwischen bloßer Nutzung und schöpferischer Tätigkeit kann sich ganz traditionell an der Frage orientieren, ob ein individueller Beitrag zum kulturellen Schaffen geleistet wird oder nicht.

Hinsichtlich der Frage nach der Privilegierungsbedürftigkeit von Fan Art bedeutet dies, dass zunächst untersucht wird, ob persönliche Individualität in Fan Art nachgewiesen werden kann (A.).

Neben der Anreizfunktion des Urheberrechts ist auch die Kommunikationsfunktion eines Werkes zu beachten, die Toleranz erfordert.[569] Daher ist auch zu prüfen, ob gewisse Allgemeinwohlbelange Zugriffe auf ein Werk rechtfertigen, solange dadurch die Interessen der Urheber nicht unerträglich beeinträchtigt werden (B.).

Zudem dürfen bei der Frage nach der Privilegierbarkeit von Fan Art die möglichen Auswirkungen für Urheber und Rechteinhaber sowohl in wirtschaftlicher als auch ideeller Hinsicht nicht unberücksichtigt bleiben. Dies gilt sowohl für mögliche Vorteile als auch Nachteile (C. bis E.).

A. Persönliche Individualität in Fan Art

Persönliche Individualität ist das Leitbild des kontinentaleuropäischen Urheberrechts.[570] Ihr Nachweis rechtfertigt die rechtliche Zuordnung des Werkes zu seinem Urheber und sichert im Rahmen der Authentizitätsfunktion die Exklusivität der Leistungen der Verwerter, welche Rechte vom Urheber erwerben.[571] Zugleich erfordert persönliche Individualität ein gewisses Maß an Toleranz, be-

---

569 *Peifer*, Individualität im Zivilrecht, S. 104.

570 Schricker/Loewenheim/*Loewenheim*, § 2 Rn. 23; *Ulmer*, Urheber- und Verlagsrecht, 3. A. 1980, S. 113; vgl. auch: EuGH EuZW 2012, 182, Tz. 88 – Painer: „Wie sich aus dem 17. Erwägungsgrund der Richtlinie 93/98/EWG ergibt, handelt es sich um eine eigene geistige Schöpfung des Urhebers, wenn darin seine Persönlichkeit zum Ausdruck kommt". Damit schafft der EuGH Klarheit hinsichtlich der Formulierung „eigene geistige Schöpfung" aus der Infopaq-Entscheidung, EuGH GRUR 2009, 1041, Tz. 51 – Infopaq, der teilweise entnommen worden war, die Anforderungen an die Werkqualität würden auf europäischer Ebene zunehmend abgesenkt, dazu: *Barudi*, Autor und Werk, S. 53 ff.; *Schlütter*, Begriff des Originals, S.63; *Leistner*, GRUR 2011, 761, 763; *Schulze*, GRUR 2009, 1019, 1021.

571 *Peifer*, Individualität im Zivilrecht, S. 57.

sonders hinsichtlich kreativer Werknutzungen.[572] Dies entspricht der Anreizfunktion des Urheberrechts, künstlerische Arbeit zu fördern, die im Regelfall aus der Auseinandersetzung mit bestehenden Kunstwerken resultiert. Jeder Urheber lässt zumindest auch fremde Individualität in sein Werk einfließen und muss sich dementsprechend gefallen lassen, wenn sein Werk, sobald es mit der Veröffentlichung nicht mehr ihm allein zur Verfügung steht, zum Anknüpfungspunkt künstlerischer Auseinandersetzungen wird.[573] Persönliche Individualität kann sowohl die Legitimation des Urheberschutzes als auch – unter gewissen Umständen – seine Begrenzung sein. Der Schutz des Urhebers endet dort, wo seine persönliche Individualität von den individuellen Merkmalen eines anderen Urhebers überlagert wird (vgl. § 24 UrhG).

Die Digitalisierung geistiger Inhalte hat dafür gesorgt, dass diese sowohl in ökonomischer als auch organisatorischer Hinsicht der breiten Masse leichter zugänglich geworden sind und folglich leichter adaptiert und verändert werden können.[574] Im Zeitalter des Remix wird das Werk zunehmend als ein Erzeugnis des kreativen Kollektivs verstanden, die Theorie der sog. „creatio ex nihilo" eines genieartigen Künstlers gilt als überholt.[575] In der Literatur- und Musiktheorie hat man nicht nur das Vorstellungsbild von der Schöpfung aus dem Nichts aufgegeben, sondern überdies die Vorstellung von einem Künstlergenie für überholt erklärt.[576]

Sofern man persönliche Individualität als Privilegierungsgrund für Fan Art anführen will, muss man sich daher zunächst die Frage stellen, ob es in der Kultur des Remix und Mashups überhaupt noch möglich ist, ein persönlich individuelles Werk zu schaffen und wenn ja, wodurch die persönliche Individualität gekennzeichnet ist?

---

572 *Peifer*, Individualität im Zivilrecht, S. 104; *Fechner*, Geistiges Eigentum und Verfassung, S. 132ff.; mit besonderem Bezug auf den verfassungsrechtlichen Aspekt der Kunstfreiheit (Art. 5 Abs. 3 GG) im Urheberrecht *Dahm*, Der Schutz des Urhebers durch die Kunstfreiheit, S. 170.

573 Vgl. BVerfG GRUR 2001, 149, 151 – Germania 3; *Stalder*, in: Geistiges Eigentum und Originalität, S. 27; *Hubmann*, Recht des schöpferischen Geistes, S. 124.

574 *Ng*, in: 12:4 Vanderbild Journ. Of Ent. And Tech. Law 853 (2010), S. 862f..

575 *Sievers*, Freiheit der Kunst durch Eigentum, S. 66 f.; *von Gehlen*, Lob der Kopie, S. 18 f.; *Stalder*, Neun Thesen zur Remix-Kultur: im Rahmen des Projects Arbeit 2.0 (Juni 2009), S. 9 f., abrufbar unter der URL:
http://irights.info/wp-content/uploads/fileadmin/texte/material/Stalder_Remixing.pdf (letzter Abruf: 15.06.2015); *Jaszi*, in: 10 Cardozo Art & Ent. L.J., 293 (1991/92), S. 295; *Woodmansee*, Autor-Effekt, S. 301.

576 *Barthes*, Tod des Autors, S. 185–193; *Adorno*, in: 2 Soundscapes, Journal on Media Culture, (Jan. 2000), Rn. 3 (Original veröffentlicht in: Studies in Philosophy and Social Science, NY 1941, IX, 17–48).

I. Persönliche Individualität in der sog. „Referenzkultur"?

Will man persönliche Individualität in der sog. „Referenzkultur" nachweisen, stellt sich ebenso die Frage, was im Urheberrecht heute unter dem Begriff der „Individualität" zu verstehen ist.

Teilweise hält man den Begriff für eine schon seit jeher „leere Worthülse" und für objektiv kaum nachvollziehbar.[577] In der Schweizer Lehre hatte *Kummer* dies zum Anlass genommen einen neuen Individualitätsbegriff zu entwickeln, der auf dem Kriterium der „statischen Einmaligkeit" eines Werkes und nicht auf der persönlichen Prägung des Urhebers aufbauen sollte.[578] Demzufolge sollte Individualität lediglich ein „Anderssein" voraussetzen, in dem Sinne, dass mit an Sicherheit grenzender Wahrscheinlichkeit ausgeschlossen werden kann, dass ein identisches Werk von einem hypothetischen Dritten geschaffen hätte werden können. Von dem auf der sog. „Prägetheorie" beruhenden Verständnis einer urheberbezogenen Individualität unterscheidet sich dieser Individualitätsbegriff vor allem durch seine Werkbezogenheit.[579] Der Einfluss des Konzepts von *Kummer* auf Lehre und Praxis blieb bis dato gering. In der Diskussion um das digitale Urheberrecht hat der werkbezogene Individualitätsbegriff jedoch erneut an Aufmerksamkeit gewonnen.[580]

Barudi schlägt vor, Individualität lediglich anhand der geistigen Leistung als Bezugspunkt festzustellen und Bezüge auf das subjektive Urheberpersönlichkeitsrecht auszuschließen.[581] Individualität bedeute in erster Linie „objektive Neuheit". Originalität oder persönliche Prägung stellten besonders mit Sicht auf den Schutz der sog. „kleinen Münze" keine zuverlässigen Kriterien zur Feststellung urheberrechtlicher Schutzwürdigkeit dar.[582] Von Individualität könne keine Rede sein, wenn selbst banalste Erzeugnisse dem urheberrechtlichen Schutz zugänglich sind.

Dieser Einwand findet auch unter den Befürwortern des traditionellen persönlichkeitsbezogenen Individualitätsbegriffs Zustimmung.[583] Sie verorten das

---

577 *Mijatovic*, Kreativität, S. 177.

578 *Kummer*, Das urheberrechtlich schützbare Werk, S. 30 ff.; *Girth*, Individualität und Zufall, S. 22 ff.; kritisch dazu *Schack*, § 9 Rn. 190.

579 Zur sog. „Prägetheorie" *Schack*, § 9 Rn. 189 f.; Schricker/Loewenheim/*Loewenheim*, § 2 Rn. 23; *Ulmer*, Urheber- und Verlagsrecht, 3. A. 1980, S. 113.

580 Vgl. *Barudi*, Autor und Werk, S. 185 ff.; *Straub*, GRUR Int. 2001, 1,8.

581 *Barudi*, Autor und Werk, S. 193; ähnlich *Strömholm*, GRUR Int. 1996, 529, 533; für fehlerhaft hält eine objektive Herangehensweise bei einem eindeutig subjektiven Phänomen wie der Kreativität oder Individualität *Mijatovic*, Kreativität, S. 219.

582 *Barudi*, Autor und Werk, S. 25; zustimmend: *Sievers*, Freiheit der Kunst, S. 69.

583 *Schack*, FS Wandtke, S. 9 ff.; *Peifer*, FS Bornkamm, S. 945.

Problem eines ausufernden Urheberschutzes jedoch nicht in der personenzentrierten Perspektive des urheberrechtlichen Werkbegriffs, sondern in einer Verwässerung des Individualitätsbegriffs durch die Gerichte. *Peifer* kritisiert diesbezüglich, dass nicht mehr überprüft werde, was Individualität ausmache, sondern lediglich festgestellt werde, dass Individualität, bereits bei der kleinsten Abweichung eines geistigen Erzeugnisses von der Norm vorläge.[584]

Vertreter des werkbezogenen Individualitätsbegriffs halten dies für eine „Elfenbein-Turm-Strategie“ und kritisieren, dass man versuche, dem Urheberrecht dort Halt zu geben, wo er längst verloren gegangen sei.[585] Sie führen zu ihrer Bestätigung Erkenntnisse der Kreativitätsforschung an. Mit *Barthes* und *Foucault*[586] geht man davon aus, dass auktoriales Schaffen kaum noch möglich sei und schließt daraus, dass das Urheberrecht in erster Linie als Investitionsschutz verstanden werden sollte und nicht als schöpferische Sonderleistung.[587]

Die Konzepte des werkorientierten Individualitätsbegriffs und des Urheberrechts als Investitionsschutz sind allerdings mit Schwierigkeiten behaftet, nicht nur, weil sie eine grundlegende Neugestaltung des Urheberrechts voraussetzen.[588] Die Abkehr vom persönlichkeitsorientierten Individualitätsbegriff überzeugt nicht, weil dabei ausgeblendet wird, dass ein Werk durchaus aus kollektiver Kreativität heraus entstehen und dennoch persönliche Bezüge zu seinem Schöpfer aufweisen kann. Dies zeigen u. a. psychologische Erkenntnisse zur Kreativität: Nach prozessorientierten Ansätzen in der Psychologie ist eine kreative Leistung nicht entweder rein subjektiv oder rein objektiv, sondern stets eine Mischung aus objektiven Prozessen wie handwerklichen Fähigen und subjektiven Prozessen wie den Gefühlen und der Persönlichkeit des Schöpfers.[589] Durch die Manifestation dieser Mischung in einem Werk kann es dem Schöpfer gelingen, seine persönliche Individualität zum Ausdruck zu bringen. Systemtheorietische psychologische Ansätze beschreiben die kreative Leistung als das Ergebnis einer Wechselwirkung von sozialen und kulturellen Bedingungen und dem Individu-

---

584 *Peifer*, GRUR Int. 2014, 1100 f..

585 *Sievers*, Freiheit der Kunst, S. 81.

586 *Barthes*, Tod des Autors, S. 185 – 193; *Foucault*, Was ist ein Autor?, S. 198 – 229.

587 *Kroeger*, Kalkulierte Originalität, in: Geistiges Eigentum und Originalität, S. 43 ff.; *Ladeur/Vesting*, in: Geistiges Eigentum und Innovation, S. 126; beruhend auf dem Verständnis von Kunst als Ware: *Sievers*, Freiheit der Kunst, S. 79, dazu: *Groys*, Topologie der Kunst, S. 9; zur wachsenden Bedeutung wirtschaftlicher Faktoren in der Kunst: *Gifford*, in: 18 Cardozo Art & Ent. L.J. 569 (2000), S. 571; kritisch zum Autorideal: *Woodmansee*, 17 Eighteenth-Cent. Stud., 425 (1983/84), 425 – 467.

588 *Peifer*, Individualität im Zivilrecht, S. 78; zum Versuch einer Rechtfertigung persönlichkeitsrechtlicher Interessen durch psychologische Erkenntnisse: *Barudi*, Autor und Werk, S. 187, mit Verweis auf *Peukert*, Die psychologische Dimension des Urheberrechts, S. 113 ff..

589 Vgl. *Kühne*, in: Die psychologische Dimension des Urheberrechts, S. 34.

um.[590] Individualität und Kollektivität schließen sich demzufolge nicht aus, sondern bedingen einander.[591]

Hinsichtlich des Nachweises von persönlicher Individualität in der Referenzkultur spricht man auch vom sog. „Netzwerkindividualismus".[592] In der Referenzkultur zeigt sich die persönliche Individualität des einen durch direkte Bezugnahme auf die Individualität der anderen. Treffend illustriert *Stalder* an Beispielen wie „Wikipedia" und dem Phänomen des „Blogging", dass sich *Barthes* These vom Tod des Autors daher gerade in der digitalen Welt als nicht haltbar erweist.[593] Die Autorenschaft sei nicht verschwunden, sondern, im Gegenteil, explodiere im Zuge der neuen technischen Möglichkeiten. Um sich in der Netzwerkgesellschaft konstituieren zu können, müsse man Autor werden. Die Position des Autors stellt sich damit zwar nicht mehr als ein Privileg dar, das einem einzelnen Genie vorbehalten ist, dies schließt jedoch nicht aus, dass sich in der Netz- und Referenzkultur persönliche Individualität entfalten kann.[594]

Man kann mit Sicht auf diese Erkenntnisse den Vertretern der werkzentrierten Perspektive somit lediglich in dem Punkt zustimmen, dass das solitäre Werk als Begriffsgegenstand von Originalität wohl nicht mehr alleiniger Bezugspunkt sein kann.[595] Nicht überzeugend ist aber die These, dass dies ebenso eine Abkehr vom persönlichkeitsorientierten Individualitätsbegriff bedeuten muss.[596]

---

590 *Kühne*, in: Die psychologische Dimension des Urheberrechts, S. 35 f.; *Weimar*, in: Die psychologische Dimension des Urheberrechts, S. 73.

591 So auch *Stalder*, Neun Thesen zur Remix-Kultur: im Rahmen des Projects Arbeit 2.0 (Juni 2009), S. 11, abrufbar unter der URL:
http://irights.info/wp-content/uploads/fileadmin/texte/material/Stalder_Remixing.pdf (letzter Abruf: 15.06.2015).

592 *Stalder*, in: Geistiges Eigentum und Originalität, S. 30, mit Verweis auf *Wellmann*, in: Digital Cities II, S. 10–25.

593 *Stalder*, in: Geistiges Eigentum und Originalität, S. 29.

594 In der amerikanischen Literatur setzt man sich aus diesem Grund sogar für eine Abkehr vom Copyright als Investitionsschutz ein, zugunsten eines stärkeren Schutzes von Autorenschaft. Dazu *Ng*, in: 12:4 Vanderbild Journ. Of Ent. And Tech. Law 853 (2010), S. 866; ähnlich *Lange*, in: 55:2 Law and Contemporary Problems 139 (1992), S. 148.

595 *Lethem*, in: Copy.Right.Now!; S. 42; *Stalder*, Neun Thesen zur Remix-Kultur: im Rahmen des Projects Arbeit 2.0 (Juni 2009), S. 10 f., abrufbar unter der URL: http://irights.info/wp-content/uploads/fileadmin/texte/material/Stalder_Remixing.pdf (letzter Abruf: 15.05.2014).

596 Vgl. *Schack*, § 9 Rn. 191 f., der zwischen den Begriffen der „Individualität" und der „Originalität" unterscheidet; *von Gehlen*, Lob der Kopie, S. 168, der von sog. „schwachen" und „starken" Originalen spricht.

II. Persönlich individuelle Merkmale in Fan Art

Es sind vor allem die Fankulturen, die als wesentliche Antriebskräfte in der Remix-Kultur gelten.[597] Neben dem Wunsch, die eigene Interpretation des Fanobjekts publik zu machen, kann die Vorstellung von dem Fanobjekt wiederum von kollektiven Ansichten in der Fansubkultur beeinflusst werden.[598] Die kreativen Aktivitäten eines Fantums könnten somit ein klassisches Beispiel für den sog. „Netzwerkindividualismus" darstellen. Im Folgenden soll herausgearbeitet werden, wie persönlich individuelle Merkmale in Fan Art zum Ausdruck gebracht werden können.

1. Das Aufbrechen von stereotypischen Darstellungen in transformativer Fan Art

Nach ihrem Selbstverständnis sehen sich Fans als Angehörige einer Subkultur, die als Zufluchtsort vor dem Banalen und Alltäglichen dient und das Eintauchen in eine Fabelwelt ermöglicht, die nach eigenen Vorstellungen (um-)gestaltet werden kann.[599] Im Gegensatz zu den Urhebern und Rechteinhabern des Originals sieht sich der Fan keinen ökonomischen Zwängen unterworfen, die es erfordern, eine fiktive Figur für eine bessere Verwertbarkeit an die Vorstellungen des Mainstream anzupassen.[600] Hieraus leitet sich die Vorstellung mancher Fans ab, „ihr" Fanobjekt in ihrer Kunst vor der Banalisierung durch Vermarktungsprozesse zu bewahren. Man spricht in der Szene vom sog. „triumph over market force", dem Triumph über den Einfluss des Wirtschaftsmarktes.[601]

Die Eigenschaften, die ein Fan einer fiktiven Figur im wahrsten Sinne des Wortes zu-schreibt, haben in manchen Fällen nicht mehr viel mit dem ursprünglichen Charakterkonzept der Figur gemeinsam. In transformativer Fan Art findet eine Auseinandersetzung mit der Klischeehaftigkeit einer fiktiven Figur wie

---

597 *Schmidt-Lux* in: Fans, S. 143; *Ito*, in: Digital Generations, S. 50.

598 *Kaplan*, in: Fan Fiction and Fan Communities, S.136.

599 *Jenkins*, Fans, Bloggers and Gamers, S. 41 ff.; *Stalder*, Neun Thesen zur Remix-Kultur: im Rahmen des Projects Arbeit 2.0 (Juni 2009), S. 23, abrufbar unter der URL: http://irights.info/wp-content/uploads/fileadmin/texte/material/Stalder_Remixing.pdf (letzter Abruf: 15.06.2015).

600 Im Zuge der Vermarktungsstrategien von Amazon mit der Plattform „Kindle-Worlds" befürchtet man allerdings eine Vereinnahmung der unabhängigen Fankulturen durch Produktionsfirmen, *Djordevic*, Wie lange noch wird es freie Fan-Communities geben?, abrufbar unter der URL: http://berlinergazette.de/fankultur-vermarktung-content-industrie/ (letzter Abruf: 15.06. 2015); Vgl. „Kindle-Worlds"-Modell auf Amazon https://kindleworlds.amazon.com/ (letzter Abruf: 15.06.2015).

601 *Lee*, in: 8:1 Participations, Journal of Audience & Reception Studies, 246 (2011), S. 247.

„Batman" dergestalt statt, dass das Klischee aufgebrochen wird. Einen besonders radikalen Bruch vollziehen Fans, die sog. „Slash Fiction" schreiben.[602]

Teilweise versteht man das Aufbrechen von Rollenklischees in Fan Art als einen Beweis für den Bruch mit dem Paradigma der Originalität eines Werkes.[603] Dazu erwähnt werden muss jedoch, dass Fans nicht die Autorstellung des Urhebers anzweifeln. Dieser wird zumindest durch Namensnennung gewürdigt, was in der Szene gewissermaßen zum „guten Ton" gehört.[604] Man respektiert den Urheber in erster Linie als denjenigen, der das ursprüngliche Fanobjekt ins Leben gerufen hat. Was dagegen nicht akzeptiert wird, ist, dass der Urheber deswegen unbegrenzte Verfügungsrechte an seinem Werk besitzt. Aus dieser Grundhaltung ergibt sich die Vorgehensweise der Fans, einerseits in Kauf zu nehmen, durch die kreative Nutzung geschützter Inhalte möglicherweise in Urheberrechte einzugreifen und andererseits dabei stets kenntlich zu machen, wer Schöpfer des Ursprungswerkes ist. Während der Urheber zumindest in seiner Autorfunktion Akzeptanz in der Fanszene findet, sind die kommerziellen Rechteverwerter erklärte „Feinde" der Fans, da sie fürchten, dass durch die Förderung der Vermarktungsprozesse das Fanobjekt banalisiert werden könnte.[605] Diese Auffassung sei zunächst nur dahingestellt, da auf die berechtigten Interessen sowohl der Rechteinhaber als auch der Urheber an anderer Stelle eingegangen werden soll.[606]

Festzuhalten ist, dass das Aufbrechen von Rollenklischees mit transformativer Fan Art jedenfalls nicht als klassisches Beispiel für eine Negation von Urheberschaft verstanden werden kann. Vordergründig geht es dem Fan in seiner Auseinandersetzung mit dem Fanobjekt um die Förderung und den Ausdruck der eigenen Individualität, in concreto seiner individuellen Beziehung zum Fanobjekt. Das Fannetzwerk funktioniert dabei als Plattform, wo der einzelne Fan seine individuelle Interpretation von einem bestimmten Fanobjekt einbringen kann. Je mehr sich diese Interpretation von dem ursprünglichen Charakterkonzept löst, desto deutlicher kann die persönliche Individualität des Fans darin zum Ausdruck kommen.

---

602 Vgl. dazu 1. Kap. A. II. 2.

603 *Djordevic*, Wie lange noch wird es freie Fan-Communities geben?, abrufbar unter der URL: http://berlinergazette.de/fankultur-vermarktung-content-industrie/ (letzter Abruf: 15.06.2015).

604 *Tushnet*, 70 Law & Contemp. Problems, 135, (2007), S. 166.

605 *Jenkins*, Fans, Bloggers and Gamers, S. 41; *Lee*, in: 8:1 Participations, Journal of Audience & Reception Studies, 246 (2011), S. 247.

606 Siehe hierzu C. – E..

2. Das Spiel mit Realität und Fiktion, Fan Art als „Pygmalionprozess"

Die Literarturwissenschaftlerin *Julia Genz* beschreibt in einem Beitrag über Verlebendigungstechniken in kunstästhetischen Schriften den Pygmalion-Mythos als „Mythos von Kunstwerk und Betrachter".[607]

Die Sage von Pygmalion erzählt von einem Künstler, der aufgrund schlechter Erfahrungen zum Frauenfeind geworden ist und nur noch für seine Bildhauerei lebt. Eines Tages erschafft er sich eine Statue aus Elfenbein, die wie eine lebendige Frau aussieht. Er behandelt das Abbild immer mehr wie einen echten Menschen und verliebt sich in seine Kunstfigur, bis sie schließlich durch die Liebesgöttin Venus zum Leben erweckt wirkt.[608]

Kunstwerken würden nach der Ansicht *Genz'* schon immer Gefühle entgegengebracht, sie seien Gegenstand der Verehrung und Bewunderung, ebenso Gegenstand des Hasses und der Verachtung.[609]

Die grenzenlose Bewunderung eines Kunstwerkes und der Wunsch nach dessen Verlebendigung spiegeln sich in vielen Verhaltensweisen kreativer Fans wieder. Am offensichtlichsten wird dieser „Pygmalionprozess" bei Cosplay als Erscheinungsform transformativer Fan Art. Hierbei schlüpft der Fan selbst in die Rolle des Fanobjekts, um es für andere Fans lebendig darzustellen. Gleichsam simuliert er auf diese Weise eine Verschmelzung mit seinem Fanobjekt. Die Symbiose von Fan und Fanobjekt verwischt die Grenzen zwischen Realität und Fiktion.[610]

Das Spiel mit Realität und Fiktion findet sich auch in transferierender Fan Art wieder. In Fan Fiction, welche die Geschichte eines Charakters weitererzählt und Fancomics oder Fanfilmen, in denen neue Episoden zu einer bestehenden Serie erfunden werden, wird der Versuch unternommen, bislang oder vermeintlich unbekannte Facetten eines fiktiven Charakters erkennbar werden zu lassen, um ein immer plastischeres Bild von der Figur zu modellieren.[611] Dass die fiktive Figur nicht real existiert, erweist sich aus Sicht des Fans insofern als vorteilhaft, als er sein persönliches Idealbild von der Figur besonders in solchen Bereichen einbringen kann, die bislang vom Urheber ausgelassen wurden. Wie Pygmalion seine perfekte Frau erschafft, kreiert der Fan sein perfektes Fanobjekt und simuliert auf diese Weise dessen Lebendigkeit. Er erschafft sich auf spielerische Art eine per-

---

607 *Genz*, in: 48:2 Arcadia, 411 (2013), S. 411 ff..
608 *Ovid*, Metamorphosen Buch 10, Vers 243 ff..
609 *Genz*, in: 48:2 Arcadia, 411 (2013), S. 415.
610 Vgl. *Jenkins*, Fans, Bloggers and Gamers, S. 41 f.; *Kelts*, Japanamerica; S. 151.
611 Vgl. *Lee*, in: 8:1 Participations, Journal of Audience & Reception Studies, 246 (2011), S. 254 ff.

sönliche Scheinwelt und nutzt das Feedback anderer Fans, um sie aufrecht zu erhalten.[612]

Der erkennbaren Simulation in Mashups entnimmt *Gelke* unter Berufung auf das Simulationstheorem *Jean Baudrillards*[613] persönliche Individualität und will Mashups, die das künstlerische Potential der sog. „Genre-Kollision“ ausnutzen, privilegieren.[614] Im Fall der Fan Art ist es die Simulation des persönlichen Idealbildes des Fans von der fiktiven Figur und Simulation einer Scheinwelt, das Spiel mit Realität und Fiktion, die auf persönliche Individualität hinweisen.

3. Fan Art als besondere Form der (Pop-)Ikonendarstellung

Zentraler Aspekt des Fanseins ist eine gewisse Form der Huldigung oder Ehrerbietung an das Fanobjekt. In der Soziologie gibt es Theorien, die den Verhaltensweisen eines Fantums sogar gewisse religiöse Aspekte zuschreiben.[615] Man vergleicht etwa die immer gleichen Sprechchöre der Fans einer Fußballmannschaft mit rituellen Gesängen. Die Kennzeichnung einer Fanszene durch kollektive Symbole habe Ähnlichkeiten mit der Kennzeichnung der Zugehörigkeit zu einer Glaubensrichtung.

In Fan Art erfolgt die Hommage an das Fanobjekt durch dessen intensives Studium, die Teilnahme an den Aktivitäten der Fanszene und schließlich durch die Darstellung der eigenen Interpretation, häufig in künstlerischer Form.[616] Die Intention der Fans, durch diese Kunst eine gewisse Verbindung zu der dargestellten Figur aufzubauen oder zu kommunizieren und die Motivation, neue Aspekte der Figur für andere Fans sichtbar werden zu lassen, erinnert an den Zweck von Ikonendarstellungen. Im Fall der Fan Art werden zwar nicht klassische religiöse Motive, sondern „Pop-Ikonen“ [617] dargestellt, eine gewisse Parallele besteht jedoch hinsichtlich der Funktion von Ikonendarstellungen. Während Ikonen nämlich das unsichtbare Abbild Gottes veranschaulichen und eine existenzielle Verbindung zwischen dem Betrachter und dem Dargestellten aufbauen sollen[618], soll Fan Art vermeintlich unsichtbare Aspekte des Fanobjekts veranschaulichen

---

612 *Jenkins*, Fans, Bloggers and Gamers, S. 41 ff.; *Fritzsche*, in: Fans, S. 244.

613 Vgl. *Jean Baudrillard*, The Evil Demon of Images, 1988.

614 *Gelke*, Mashups, S. 228.

615 *Schmidt-Lux*, in: Fans, S. 288 ff..

616 *Jenkins*, Fans, Bloggers and Gamers, S. 41 ff.; *Schmidt-Lux*, in: Fans, S. 133 ff.

617 Der amerikanische Musiksender VH1 erstellte 2003 eine Liste der 200 größten Pop-Ikonen, in der sich auch beliebte Fan Art-Motive wie „"Batman„", „Superman“ oder Mickey Mouse“ befinden, vgl. FAZ vom 22.07.2003, „Die 200 größten Pop-Ikonen“, abrufbar unter der URL: http://www.faz.net/-gqz-nubq (letzter Abruf: 15.06.2015).

618 Vgl. *Marina Schuster*, in: Kunst und Religion im 20. Jahrhundert, S. 113 ff.

und eine ebenfalls existenzielle Verbindung zwischen Fan und Fanobjekt darstellen. Während die Ikonografie allerdings eine bestimmte Bildsprache für die Darstellung eines Gottesabbildes vorschreibt, ist Fan Art in ihrer Darstellungsform nicht festgelegt. Dies eröffnet dem einzelnen Fan die Möglichkeit, bestimmte Aspekte einer fiktiven Figur, die er persönlich verehrt, in den Vordergrund zu stellen. Er macht die Figur auf diese Weise zu einem persönlichen Kultobjekt.

III. Zwischenergebnis zur persönlichen Individualität in Fan Art

Es ist festzuhalten, dass in Fan Art persönliche Individualität u. a. in dem Aufbrechen stereotypischer Charakterdarstellungen, dem Spiel mit Realität und Fiktion und dem Ausdruck der Hommage an das Fanobjekt erkennbar werden kann. Dass Fan Art meist aus einer Fan-Community hervorgeht, die Fans als Plattform nutzen, um ihre persönliche Interpretation von einem Fanobjekt zu diskutieren, spricht nicht gegen eine persönliche Prägung der Fan Art durch ihren Schöpfer. Bei Fan Art hat man es mit einer Form der sog. „Netzwerkindividualität" zu tun, bei der sich Individualität und kollektive Kreativität einander bedingen. Der Urheber des Fanobjekts wird in Fan Art nicht in seiner Schöpferfunktion angezweifelt, es wird allenfalls sein Werkschaffen kritisiert. Diese Form der Kritik muss sich der Urheber jedoch unter gewissen Umständen gefallen lassen, besonders wenn die Kritik in einer kreativen Auseinandersetzung zum Ausdruck gebracht wird, die ihrerseits persönliche Individualität erkennbar werden lässt. Dies folgt aus der Anreizfunktion des Urheberrechts schöpferische Tätigkeit zu fördern.

Der Nachweis von persönlicher Individualität in Fan Art ist daher ein Indiz für deren Privilegierungswürdigkeit.

Es hat sich herausgestellt, dass insbesondere transformative Fan Art den Nachweis persönlicher Individualität erbringen kann. In transferierender Fan Art, die Gestaltungsspielräume ausnutzt, welche von dem Originalurheber bislang nicht genutzt wurden (z. B. in Form der alternativen Fortsetzung), ist ebenfalls persönliche Individualität nachweisbar. Kopierender Fan Art hingegen gelingt der Nachweis von Individualität nicht. Sie mag zwar eine gewisse Form der Hommage darstellen, jedoch nutzt sie das kreative Potential, das für ein Privilegierungsbedürfnis von Fan Art spricht, gar nicht oder nur kaum aus.

Als Zwischenergebnis kann daher festgehalten werden, dass zumindest kopierende Fan Art von der umfassenden Privilegierung durch § 24 UrhG ausgenommen werden sollte.

B. Fan Art als Unterstützung der Identitätsbildung

Das Fannetzwerk, welches Fans als Plattform für ihre individuelle und kreative Entfaltungsmöglichkeit nutzen, kann aus psychosozialer Sicht besonders jugendliche Fans bei ihrer Identitätsbildung unterstützen.[619] Durch die Kommunikation und Interaktion innerhalb der Fanszene wird nicht nur soziale Kompetenz gefördert, der Fan erfährt zudem Anerkennung und Akzeptanz für sein persönliches Empfinden, während er im Mainstream häufig in die Position des Außenseiters gedrängt wird.[620] Fans empfinden ihre kreative Tätigkeit im Fantum daher als Selbstbereicherung. Besonders die Interaktion mit anderen Fans helfe ihnen, neue Erfahrungen zu sammeln und viel über sich selbst zu lernen.[621] Fan Art als besondere Interaktionsform in der Fankultur bietet zudem die Möglichkeit, auf bekanntem Terrain eigene Ideen zu entwickeln und wird daher von vielen Fans als wichtiger erster Schritt bei der Entdeckung und Entwicklung der eigenen Kreativität angesehen.[622]

Fan Art als sozialtypisches Verhalten weist daher einen gewissen Gemeinwohlaspekt auf, der ebenfalls für eine stärkere Privilegierung spricht.

C. Potentielle Absatzzuwächse bei Urhebern

Als Privilegierungsgrund kann auch in Erwägung gezogen werden, dass mit der Erstellung und Veröffentlichung von Fan Art ein gewisser kostenloser Werbeeffekt für die betreffenden Werke verbunden ist.[623]

Eine starke „Fanbase" garantiert Urhebern und Rechteinhabern langanhaltendes Interesse für das Originalwerk und auch für den damit verbundenen Sekundärmarkt. Je mehr das Interesse der Fans angeregt wird, desto mehr will es befriedigt werden.[624] Aus diesem Grund gehen sowohl Urheber als auch Verwerter nur ungern rechtlich gegen Fans vor. Man will sich nicht unbeliebt machen und die

619 So auch bzgl. User Generated Content *Bauer*, User Generated Content, S. 383 f..

620 *Fritzsche*, in: Fans, S. 229 ff.; *Katyal*, 14 Am. Journ. of Gender, Soc. Pol. & the Law 461, (2006), S. 492.

621 *Fritzsche*, Pop-Fans, S. 18; vgl. zudem Aussage des Fans „Bobcat Moran" in: *Lee*, in: 8:1 Participations, Journal of Audience & Reception Studies, 246 (2011), S. 253 f..

622 Vgl. Aussagen von „Brooklingirl" und „Bobcat Moran" in: *Lee*, 8:1 Participations, Journal of Audience & Reception Studies, 246 (2011), S. 258 f..

623 *Peifer*, ZUM 2014, 86, 89.

624 Vgl. *Akremi/Hellman*, in: Fans, S. 309 ff.; *Fritzsche*, Pop-Fans, S. 19.

treuesten Kunden nicht vergraulen.[625] Fan Art ist ein wesentlicher Bestandteil der Fanszene, fördert den Austausch über das Originalwerk und hält folglich auch das Interesse daran auf einem zumindest konstanten Level.

Cosplay hat den Rechteinhabern sogar neue Sekundärmärkte eröffnet. Man vertreibt mittlerweile „offizielle" Markenkostüme und veranstaltet Wettbewerbe, die wie Werbeveranstaltungen inszeniert werden. Als Siegerprämien werden meist neue oder limitierte Merchandisingartikel in Aussicht gestellt, die wiederum das Interesse an dem Sekundärmarkt zum Werk fördern sollen.[626]

D. Geringe Substitutionsgefahr

Im Fall bestimmter nachschaffender Kunstgattungen und in manchen Bereichen des User Generated Content kann die Gefahr der Substitution des Originals ein gewichtiges Privilegierungshindernis sein. Dies gilt besonders für die unveränderte kostenlose öffentliche Zugänglichmachung von Alternativaufzeichnungen fremder Werke.[627]

Bei transferierender Fan Art kann sich dieses Problem bei Fortsetzungswerken stellen, aus denen nicht erkennbar wird, dass sie keine Fortsetzungen des Originalurhebers sind. Dies kann Fan Fiction sein, die nahtlos an eine vorbestehende Geschichte anknüpft und die Eigenschaften und Verhaltensweisen der übernommenen Charaktere identisch übernimmt und fortführt. Sofern der Urheber ebenfalls eine Fortsetzung auf den Markt bringen möchte, kann diese in Konkurrenz zu der Fan Fortsetzung treten und gegebenenfalls von dieser subsituiert werden.[628]

Bei transformativer Fan Art besteht eine nur geringe Substitutionsgefahr. Die kreativen Fans verbreiten ihre Werke auf einer Art Parallelmarkt und erstreben selbst im Fall kommerzieller Fan Art nicht, dem Originalmarkt Konkurrenz zu machen, vielmehr fördern sie ihn.[629]

Wann eine Substitutionsgefahr bestehen kann, sollte im Rahmen einer möglichen Privilegierung von Fan Art im Rahmen des § 24 UrhG anhand hinrei-

625 Vgl. *Djordevic*, Wie lange noch wird es im Netz freie Fan-Communities geben?, http://berliner gazette.de/fankultur-vermarktung-content-industrie/ (letzter Abruf: 15.06.2015).

626 Ein Beispiel dazu sind die Wettbewerbe auf der jährlich stattfindenden Manga- und Animemesse „Connichi" in Kassel, http://www.connichi.de (letzter Abruf: 15.06.2015).

627 Vgl. *Bauer*, User Generated Content, S. 381.

628 Aus diesem Grund wird in der U.S.-amerikanischen Rechtsprechung auch meist eine Privilegierung durch Fair Use abgelehnt. Siehe 3. Kap. D. II..

629 *Lessig*, Free Culture, S. 25f..

chend bestimmter Kriterien abgegrenzt werden. Das Vorliegen einer Substitutionsgefahr könnte jedenfalls Indiz dafür sein, dass es sich um nicht ausreichend selbstständige Fan Art handelt, die folglich im Hinblick auf berechtigte Interessen der Urheber und Rechteinhaber nicht privilegierungswürdig wäre.

E. Gefahr der Rufschädigung des Originals als Privilegierungshindernis

Gegen eine urheberrechtliche Privilegierung der unautorisierten Verwendung fremder Werke in Fan Art spricht aus Sicht der Urheber und Rechteinhaber vor allem die Gefahr der Rufschädigung des Originals.

Dies betrifft insbesondere Fälle, in denen das ursprüngliche Charakterkonzept einer Figur durch Fans derart verwässert wird, dass auch wirtschaftliche Interessen des Urhebers und der Rechteinhaber vor allem im Bereich des Character Merchandising beeinträchtigt werden können.[630]

Bei der Privilegierung von Fan Art ist das Gefahrpotential der Rufschädigung des Urhebers bzw. die Gefahr der Schädigung seines geistig-persönlichen Bandes zu seinem Werk somit besonders mit Sicht auf § 14 UrhG zu berücksichtigen.

Kernfragen könnten sein: Ist die Fan Art als solche erkennbar und grenzt sie sich hinreichend von dem Original ab, so dass ersichtlich ist, dass es sich nicht um die Originalfigur handelt?

F. Ergebnis

Die Untersuchung hat ergeben, dass insbesondere transformative Fan Art privilegierungsbedürftig ist.

Zugunsten kreativer Fans ist vor allem der Nachweis persönlicher Individualität in Fan Art ins Feld zu führen. Die Anreizfunktion des Urheberrechts soll kulturellen Fortschritt gewährleisten. Aus diesem Grunde bedarf es im Urheberrecht einer gewissen Toleranz auch für kreative Auseinandersetzungen, die ihrerseits individuelle Züge aufweisen. Trotz deutlicher Bezugnahme auf das Fanobjekt als der geschützte Inhalt kann in transformativer und mancher transferierender Fan Art persönliche Individualität des Fans nachgewiesen werden. Sie ergibt sich besonders aus fantypischen Praktiken bei der Auseinandersetzung mit dem Fanobjekt, etwa aus dem Aufbrechen von stereotypischen Darstellungen oder

---

630 Siehe 2. Kap. C. I 2..

aus dem Spiel mit Realität und Fiktion. Daraus ergibt sich allerdings für kopierende Fan Art, dass diese von der Privilegierung einer erweiterten Auslegung des § 24 UrhG nicht erfasst sein sollte, da sie ihr im Regelfall nicht der Nachweis persönlich individueller Anteile des Fans gelingt.

Neben dem Individualitätsaspekt sprechen auch Allgemeinwohlbelange für eine stärkere Privilegierung von Fan Art. Diese kann nämlich nicht nur zum kulturellen Fortschritt beitragen, sondern auch die meist jugendlichen Fans bei ihrer persönlichen Identitätsbildung unterstützen, indem diese besonderen Rückhalt in der Fangemeinde durch ihre kreativen Beiträge erfahren.

Auf Seiten der Urheber und Rechteinhaber ist die Gefahr einer Substitution des Originals durch Fans regelmäßig gering. Dies ergibt sich vor allem aus dem Konsumverhalten von Fans, die neben Fan Art auch das Original unterstützen. Teilweise können sich Urheber und Rechteinhaber Fan Art sogar zu Nutze machen. Diese kann nämlich einen kostenlosen Werbeeffekt besonders für Produkte des Sekundärmarkts erzeugen.

Besonders zu berücksichtigen sind bei einer stärkeren Privilegierung von transformativer Fan Art allerdings die Auswirkungen auf das „Image" von fiktiven Figuren als Fanobjekt. Dieses kann durch abweichende Darstellungen in Fan Art verwässert werden, was negative Auswirkungen auf den Markt des Character Merchandising haben kann.

6. Kapitel: Entwicklung eines Auslegungsvorschlages für § 24 UrhG

Die Vorschläge für eine flexiblere Auslegung des § 24 UrhG haben gezeigt, dass die Norm mehr Potential hat, den Interessenkonflikt zwischen Urhebern und kreativen Nutzern zu lösen als teilweise angenommen wird.[631] Das Rechtsinstitut der freien Benutzung bietet sich daher auch für eine Privilegierung von Fan Art an, sofern konkretere und gegebenenfalls weitere Kriterien zur Bestimmung der freien Benutzung herangezogen werden. Dabei ist einerseits darauf zu achten, die Norm nicht zu restriktiv zu behandeln, da sie ein wichtiges Instrument zur Berücksichtigung von Nutzerinterinteressen im Urheberrecht darstellt, andererseits muss im Hinblick auf die Rechtsfolge (die vergütungsfreie Nutzung des Werkes und das Entfallen des persönlichkeitsrechtlichen Verbietungsanspruchs aus § 14 UrhG) beachtet werden, dass berechtigte Interessen der Urheber nicht vernachlässigt werden.

Im 6. Kapitel wird ein Auslegungsmodell für § 24 UrhG entwickelt, das mehr Freiräume für Fan Art ermöglichen und gleichzeitig die berechtigten Interessen der Urheber und Rechteinhaber berücksichtigen soll.

A. Grundlagen

Bei der Auslegung von Gesetzen kann auf den historisch psychologischen Willen des Gesetzgebers, „subjektive Theorie“, oder auf die Erschließung des dem Gesetz innewohnenden Sinnes, ausgehend von Wortlaut, Systematik und gegebenenfalls der Historie, „objektive Theorie“, abgestellt werden.[632]

Die Auslegung nach der subjektiven Theorie kann sich allerdings als problematisch erweisen, wenn die Norm zu einem Zeitpunkt verfasst wurde, zu dem für den Gesetzgeber gewisse technische oder kulturelle Entwicklungen, die sich später als relevant erweisen, nicht vorhersehbar waren oder wenn der Wille des Gesetzgebers nicht eindeutig erkennbar ist. Entscheidend für die Auslegung ist daher der objektivierte Wille des Gesetzgebers, der im Gesetzwortlaut Niederschlag gefunden hat.[633] Der in Gesetzesmaterialien zum Ausdruck kommende Wille des Gesetzgebers kann bei der Auslegung unterstützend berücksichtigt

631 Vgl. 3. Kap. D.
632 *Larenz*, Methodenlehre der Rechtswissenschaft, S. 302.
633 BVerfGE 1, 299, 312; BVerfGE 6, 389, 431; BVerfGE 10, 243, 244; BVerfGE 36, 342, 367.

werden, allerdings nur soweit diese auf einen objektiven Gesetzesinhalt schließen lassen.[634]

I. Wortlaut

1. Offener Wortlaut

Eindeutig erforderlich für die freie Benutzung gemäß § 24 UrhG ist die Entstehung eines neuen Werkes im Sinne des § 2 Abs. 2 UrhG.[635] Unbestimmt bleibt, wie sich der Begriff der „Selbstständigkeit" zum Begriff der „Freiheit" einer Benutzung verhält und insbesondere, wann ein Werk „selbstständig" bzw. „frei" im Sinne des § 24 UrhG ist. Aus Abs. 2 lässt sich zumindest für den Fall der Melodie entnehmen, dass diese dem Werk nicht „erkennbar" entnommen werden soll. Daraus lässt sich für Abs. 1 schlussfolgern, dass erkennbare Entnahmen bis zu einem gewissen Grad „selbstständig" oder „frei" sein können, sonst bedürfte es der Klarstellung in Abs. 2 nicht.[636]

2. Kein objektiv erkennbarer konkreter Wille des Gesetzgebers in den Gesetzesmaterialien

Will man den in den Gesetzesmaterialien zu § 24 UrhG zum Ausdruck kommenden Willen des Gesetzgebers ergänzend für die Auslegung des § 24 UrhG heranziehen, wird man in der Begründung des Regierungsentwurfs nur bedingt fündig. Hierin heißt es:

> „In Übereinstimmung mit dem geltenden Recht (...) sieht der Entwurf vor, daß abweichend von der Regelung in § 23 ein in Anlehnung an ein anderes Werk geschaffenes Werk dann ohne Zustimmung des Urhebers des benutzten Werkes veröffentlicht und verwertet werden darf, wenn es sich von der Vorlage so weit gelöst hat, daß es als eine völlig selbstständige Neuschöpfung anzusehen ist (freie Benutzung)."[637]

---

634 BVerfGE 62, 1, 45.
635 BGH GRUR 1999, 984, 986 – Laras Tochter; BGH GRUR 1961, 631, 632 – Fernsehbuch; OLG Hamburg UFITA 86 (1980), 292 – Häschenschule; KG GRUR 1997, 128 – Verhüllter Reichstag; Möhring/Nicolini/*Ahlberg*, § 24 Rn. 2; Wandtke/Bullinger/*Bullinger*, § 24 Rn. 2.
636 Vgl. Schricker/Loewenheim/*Loewenheim*, § 24 Rn. 32; Mestmäcker/Schulze/*Haberstumpf*, § 24 Rn. 48; a.A. Möhring/Nicolini/*Ahlberg*, § 24 Rn. 37, der dem Kriterium der „erkennbaren Entnahme" lediglich eine Klarstellungsfunktion zuschreibt, in dem Sinne, dass die Verblassenformel auch auf Melodien Anwendung findet.
637 Reg. Begr. BT-Drucks IV/270, S. 51.

Deutlich wird in der Formulierung lediglich die Grundintention kreative Anschlussnutzungen zu ermöglichen, soweit sie keine abhängige Bearbeitung im Sinne des § 23 UrhG darstellen.[638] Demnach dient § 24 UrhG der Abgrenzung zur unfreien Bearbeitung. Hinsichtlich der Ausgestaltung der Abgrenzung ist der Wille des Gesetzgebers nicht eindeutig erkennbar. Es bedarf einer Neuschöpfung, die „völlig selbstständig" sein muss.

Unklar ist, ob allein die Selbstständigkeit eines Werkes zu einer freien Benutzung führt – dafür könnte sprechen, dass der Begriff „freie Benutzung" in Klammern hinter „selbstständige Neuschöpfung" aufgeführt ist – oder, vice versa, ob eine freie Benutzung selbstständig ist. In der gängigen Rechtsprechung und Literatur wird die Frage der Selbstständigkeit und Freiheit einer Benutzung zusammenhängend geprüft und das Kriterium der „Selbstständigkeit" mit dem Kriterium der „Freiheit" der Benutzung gleichgesetzt.[639]

Es blieb bislang außer Betracht, dass mit Sicht auf den Wortlaut des § 24 UrhG („... ein **selbstständiges** Werk, das in **freier** Benutzung des Werkes eines anderen geschaffen worden ist ...") den Begriffen der „Selbstständigkeit" und der „Freiheit" auch eigenständige Bedeutungen zukommen könnten.[640]

Der Wortlaut der Norm, sowie die ergänzenden Gesetzesmaterialien sind jedenfalls hinsichtlich der Frage offen, wie die Abgrenzung der freien Benutzung von der unfreien Bearbeitung zu erfolgen hat.

II. Dogmatische Einordnung als Inhaltsbestimmung

Bei der Entwicklung eines Auslegungsvorschlags zu § 24 UrhG, der eine stärkere Privilegierung von Fan Art ermöglichen kann, ist die dogmatische Einordnung der Regelung zu berücksichtigen.

Teilweise wird vertreten, dass das Rechtsinstitut der freien Benutzung als Schranke[641] zugunsten der Freiheit geistigen Schaffens zu verstehen sei, die wohl überwiegende Ansicht versteht § 24 UrhG als Inhaltsbestimmung.[642]

---

638 *Chakraborty*, Das Rechtsinstitut der freien Benutzung, S. 24.

639 BGH GRUR 2008, 693, 695 – TV-Total; Schricker/Loewenheim/*Loewenheim*, § 24 Rn. 8; Wandtke/Bullinger/*Bullinger*, § 24 Rn. 2; *Stuhlert*, Behandlung der Parodie, S. 21; *Hess*, Urheberrechtsprobleme der Parodie, S. 36; *Krusemarck*, Die abhängige Schöpfung, S. 321.

640 Ausführlich dazu unten (B. II.).

641 *Bauer*, User Generated Content, S. 330; *Garloff*, GRUR 2001, 476, 477; *Stuhlert*, Behandlung Parodie, S. 15; Mestmäcker/Schulze/*Haberstumpf*, § 24 UrhG Rn. 1; Dreier/Schulze/*Schulze*, § 24 Rn. 1; *Schramm*, Sample-Computer, S. 122; *Stieper*, Schranken des Urheberrechts, S. 7, der § 24 UrhG als „inhaltliche Schranke" bezeichnet; vermittelnd *Vogel*, FS Loewenheim, S. 369 f., der annimmt, dass § 24 „Elemente einer Schrankenregelung zugunsten kreativen Schaffens" enthalte.

Für letzteres spricht die systematische Stellung der Norm. Die freie Benutzung ist anders als die klassischen Schrankenregelungen der §§ 44a ff. UrhG nicht im 6. Abschnitt des UrhG geregelt, sondern im 4. Abschnitt, der den Inhalt des Urheberrechts zum Gegenstand hat. Daraus lässt sich schließen, dass § 24 UrhG den Inhalt des Urheberrechts näher bestimmen und nicht ein bestehendes Recht des Urhebers einschränken soll.[643]

Für die Einordnung der freien Benutzung als Inhaltsbestimmung spricht auch die Vereinbarkeit mit den Vorgaben der EG-Richtlinie zur Harmonisierung bestimmter Aspekte des Urheberrechts in der Informationsgesellschaft (RL 2001/29/EG). Diese erlaubt in ihrem enumerativen Schrankenkatalog lediglich eine „Nutzung zum Zwecke von Karikaturen, Parodien oder Pastiches".[644] Eine Ausnahmeregelung, die mit dem weiter zu verstehenden Rechtsinstitut der freien Benutzung vergleichbar wäre, enthält der Schrankenkatalog dagegen nicht.[645] Würde man § 24 UrhG als Schranke qualifizieren, stünde in Frage, ob diese überhaupt mit den Vorgaben der Harmonisierungs-RL, insbesondere mit dem Dreistufentest, vereinbar ist.[646]

Der deutsche Gesetzgeber hat mit dem Ersten Gesetz zur Regelung des Urheberrechts in der Informationsgesellschaft vom 13.09.2003 die Vorgaben der Informationsrichtlinie umgesetzt. In diesem Zusammenhang hat er sich auch mit den Anforderungen des in Art. 5 Abs. 5 der Richtlinie verankerten Dreistufentests auseinandergesetzt und betont, dass sämtliche Schranken an diesem Maßstab zu messen seien.[647] Im Ergebnis ging man davon aus, dass die Ausgestaltung der Schrankenregelungen des Urheberrechtsgesetzes inhaltlich bereits den Anforderungen des Art. 5 Abs. 5 der Informationsrichtlinie entspräche.[648]

---

642 *Dreier/Leistner*, GRUR-Beilage 2014, 13, 16; *Peifer*, FS Wandtke, S. 106; *Wehler*, Die freie Benutzung im digitalen Zeitalter, S. 24; *Czernik*, Die Collage, S. 302 ff.; *Chakraborty*, Das Rechtsinstitut der freien Benutzung, S. 25 f.; Wandtke/Bullinger/*Bullinger*, § 24 UrhG Rn. 1; *Hess*, Urheberrechtsprobleme der Parodie, S. 28; *Ruijsenaars*, GRUR Int. 1993, 918, 923 f.; *Slopek*, WRP, 2009, 20, 22; *Brauns*, Entlehnungsfreiheit, S. 15 ff..

643 *Chakraborty*, Das Rechtsinstitut der Freien Benutzung, S. 25; *Wehler*, Die freie Benutzung im digitalen Zeitalter, S. 22; für lediglich historisch begründet hält die Stellung des § 24 UrhG dagegen *Bauer*, User Generated Content, S. 333.

644 Vgl. Art. 5 Abs. 3 lit. k) RL 2001/29/EG.

645 *Peifer*, FS Wandtke, S. 107; *Stuhlert*, Behandlung der Parodie, S. 294.

646 Ausführlich dazu unten: D. I..

647 Vgl. Begr. RegE BT- Drucks. 15/38, S. 35: „Nach ständiger Rechtsprechung des BGH ist der „Drei-Stufen-Test" entscheidender Maßstab für die Anwendung der einschlägigen Vorschriften des Urheberrechtsgesetzes. Sämtliche Schranken sind an diesem Maßstab zu messen."

648 Vgl. Begr. RegE BT-Drucks. 15/38, S. 15: „Die Ausnahmen von den Ausschließlichkeitsrechten sind mit Schrankenregelungen umschrieben, die auf Einzelfälle beschränkt sind und die zugleich die Interessen der Urheber ausführlich berücksichtigen."

§ 24 UrhG ist dem Wortlaut nach sehr offen. Die Norm enthält im Gegensatz zu den Regelungen der §§ 44a ff. UrhG keine Differenzierungen nach unterschiedlichen Formen der Werknutzung und ist auch nicht auf bestimmte Werkarten beschränkt; auch nicht nach der geltenden Auslegung, die für das Vorliegen einer freien Benutzung lediglich einen hinreichend inneren Abstand zur benutzten Vorlage voraussetzt.[649] Das Bestimmtheitserfordernis des Dreistufentests setzt für Schrankenbestimmungen jedoch voraus, dass diese auf klar umrissene Einzelfälle beschränkt sind.[650] Folglich hätte der Gesetzgeber zum Zeitpunkt des Erlasses des Ersten Gesetzes zur Regelung des Urheberrechts in der Informationsgesellschaft § 24 UrhG im Zuge der Umsetzung der Informationsrichtlinie aufheben oder anpassen müssen, wenn er die Regelung für eine Schranke gehalten hätte. Dass § 24 UrhG aber unverändert geblieben ist, spricht dafür, dass der Gesetzgeber die Regelung nicht als Schranke einordnet.[651] Zugleich spricht dies gegen das Argument der Gegenseite, welche die systematische Einordnung des § 24 UrhG im 4. Abschnitt des UrhG für lediglich historisch bedingt hält.[652] Der Gesetzgeber hätte diese Einordnung nämlich im Zuge der Reform ebenfalls aufheben und § 24 UrhG in den Schrankenkatalog der §§ 44a ff. UrhG einordnen können, hat davon aber abgesehen.

Ein weiteres Indiz für die Eigenschaft der freien Benutzung als Inhaltsbestimmung ist, dass zwischen der freien Benutzung gemäß § 24 UrhG und der unfreien Bearbeitung gemäß § 23 UrhG ein Stufenverhältnis besteht.[653] § 24 UrhG legt die tatbestandlichen Voraussetzungen fest, bei deren Vorliegen die Zustimmungspflicht des Urhebers zur Verwertung gemäß § 23 UrhG entfällt. Eine freie Benutzung ist diejenige Nutzung, die sich so weit von der Werkvorlage löst, dass aus ihr ein „selbstständiges" Werk entsteht. Dieses unterscheidet sich in seinen individuellen Zügen so grundlegend von der Vorlage, dass nicht mehr von einer Bearbeitung gesprochen werden kann, sondern von einem Werk mit einem „völlig" eigenständigen Wesenskern. Ein Werk, das sich „grundlegend" von einer Vorlage unterscheidet, kann keine Leistungsübernahme darstellen und folglich auch nicht in einen Schutzbereich eingreifen.[654] Anders als eine Schrankenrege-

---

649 Vgl. BGH GRUR 2003, 956 – Gies-Adler; BGH GRUR 2000, 703 – Mattscheibe; BGH GRUR 1994, 191, 193 – Asterix-Persiflagen; BGH GRUR 1994, 206, 208 – Alcolix.

650 *Bornkamm*, FS Erdmann, S. 45 f.; *Bauer*, User Generated Content, S. 421; *Förster*, Fair Use, S. 196 f.; *Reinbothe*, FS Dittrich, S. 257.

651 *Wehler*, Die freie Benutzung im digitalen Zeitalter, S. 24.

652 *Bauer*, User Generated Content, S. 333.

653 Fromm/Nordemann/*Nordemann*, §§ 23/24 Rn. 28.

654 *Czernik*, Die Collage, S. 306; a.A. *Stuhlert*, Behandlung der Parodie, S. 16, die dies für eine Konsequenz der Behandlung der freien Benutzung durch die Rechtsprechung hält.

lung verkürzt die Regelung demnach nicht das Recht des Urhebers in einem Bereich, wo es ohne sie bestünde, sondern legt die Werkherrschaft des Urhebers fest.[655] Sie bestimmt, dass diese dort enden soll, wo die individuellen Elemente seines Werkes als „freie" Anregungen benutzt werden.

Das Rechtsinstitut der freien Benutzung ist somit als Inhaltsbestimmung einzuordnen.

III. Objektiver Sinn und Zweck der Norm

Der objektive Sinn und Zweck des § 24 UrhG besteht darin, Grundlagen für neue Schöpfungsleistungen zur Förderung des kulturellen Fortschritts freizuhalten. Dies beruht auf der Annahme, dass individuelle Leistungen auf vorbekannten Leistungen aufbauen.[656] Die Regelung soll einen gerechten Ausgleich der sich gegenüberstehenden auschließlichen Interessen des Urhebers und der kulturellen Interessen der Allgemeinheit erzielen.[657] Auf der einen Seite soll das Rechtsinstitut der freien Benutzung nicht dazu führen, dass dem Benutzer eines fremden Werkes eigenes Schaffen erspart wird, indem er an fremden Leistungen schmarotzt.[658] Auf der anderen Seite soll der Urheber jedenfalls dann nicht mehr über das Werk bestimmen können, wenn es nur noch als Anregung dient und kein spürbarer Eingriff in den Schutzbereich erfolgt, weil ein ausreichender inhaltlicher Abstand dazu besteht. Der Freiraum für künstlerisches Schaffen wäre zu eng, wenn sich eine freie Benutzung lediglich auf gemeinfreie Werke beschränken dürfte.[659] Aus diesem Grund ist die Norm auch keinesfalls „überflüssig", wie vereinzelt behauptet wird.[660]

655 *Chakraborty*, Das Rechtsinstitut der Freien Benutzung, S. 26; *Wehler*, Die freie Benutzung im digitalen Zeitalter, S. 25.
656 *Chakraborty*, Das Rechtsinstitut der freien Benutzung, S. 54; *Schricker*, GRUR 1992, 242, 246.
657 Dreier/Schulze/*Schulze*, § 24 Rn. 1; *Chakraborty*, Das Rechtsinstitut der freien Benutzung, S. 52.
658 BGH GRUR 1981, 267, 269 – Dirlada; BGH GRUR 1958, 500, 502 – Mecki-Igel I; *Chakraborty*, Das Rechtsinstitut der freien Benutzung, S. 80.
659 Wandtke/Bullinger/*Bullinger*, § 24 Rn. 1; Schricker/Loewenheim/*Loewenheim*, § 24 Rn. 2; *Chakraborty*, Das Rechtsinstitut der freien Benutzung, S. 25.
660 So aber *Hörnig*, UFITA 1985, S. 40.

IV. Historie

Der Kerngedanke, dass jeder geistige Inhalt auch als Grundlage und Anknüpfungspunkt für einen neuen geistigen Inhalt herangezogen werden darf, sofern sich dieser als neuer kultureller Beitrag hinreichend von der Vorlage abgrenzt, lässt sich auch der Historie des Rechtsinstituts der freien Benutzung entnehmen.[661]

Erste Vorläufer finden sich bereits im preußischen Gesetz zum Schutz des Eigentums an Werken der Wissenschaft und Kunst vom 11. Juni 1837[662] in Gestalt von Regelungen zum Schutzumfang von Kunstwerken, die allerdings noch keine ausdrückliche Regelung zur freien Benutzung beinhalteten. Der Begriff der freien Benutzung wird erstmals im Gesetz betreffend das Urheberrecht an Werken der bildenden Künste vom 9. Januar 1876 in Abgrenzung zur Nachbildung verwendet.[663] Es fehlte jedoch an Kriterien für die Bestimmung einer freien Benutzung.

Als Rechtsinstitut wird diese schließlich in § 13 des Gesetzes betreffend das Urheberrecht an Werken der Literatur und Tonkunst (LUG)[664] normiert, in einer Form, die mit dem heutigen § 24 UrhG vergleichbar ist. Voraussetzung einer freien Benutzung war demnach, dass durch die Nutzungshandlung eine eigentümliche Schöpfung hervorgebracht wird, die nicht zu den in § 12 Abs. 2 LUG beschriebenen Formen der Bearbeitung, etwa der Übersetzung oder Dramatisierung, zählt.[665] Ungeklärt blieb, was unter der für eine freie Benutzung vorausgesetzten eigentümlichen Schöpfung zu verstehen war.

Wenige Jahre später folgte die Normierung der freien Benutzung auch für die bildenden Künste und Photographie in § 16 des Gesetzes betreffend das Urheberrecht an Werken der bildenden Künste und der Photografie (KUG).[666] Der Gesetzeswortlaut entsprach dem des LUG, zur Abgrenzung von der unfreien Bearbeitung wurde auch das künstlerische Ziel der Nachschöpfung berücksichtigt.[667]

Der direkte Vorläufer der freien Benutzung, so wie sie heute in § 24 UrhG normiert ist, befindet sich im Regierungsentwurf von 1965 und knüpft an die

---

661 Dazu bereits *Hitzig*, UFITA 107 (1988), S. 194.

662 Gesetz zum Schutz des Eigentums an Schriftwerken, Abbildungen, musikalischen Kompositionen und dramatischen Werken vom 11. Juni 1870, BGBl. Des Norddeutschen Bundes 1870, abgedruckt bei *Wadle*, Das preußische Urheberrechtsgesetz, S. 93 ff..

663 Gesetz betreffend des Urheberrecht an Werken der bildenden Künste, RGBl. 1876, S. 4 ff..

664 Gesetz vom 19. Juni 1901, S. 227 ff., in Kraft getreten am 1. Januar 1902.

665 Vgl. *Chakraborty*, Das Rechtsinstitut der freien Benutzung, S. 20.

666 Gesetz vom 9. Januar 1907, in Kraft getreten am 1. Juli 1907.

667 Vgl. *Chakraborty*, Das Rechtsinstitut der freien Benutzung, S. 21.

Regelung der §§ 13 LUG, 16 KUG an.[668] Voraussetzung der freien Benutzung sollte demnach sein, dass eine völlig selbstständige Neuschöpfung entsteht, die sich von der Vorlage löst.[669]

V. Zusammenfassung

Bei der Auslegung des § 24 UrhG sind somit die folgenden Punkte zu berücksichtigen:

- § 24 UrhG dient dem Ausgleich der ausschließlichen Interessen des Urhebers und der kulturellen Interessen der Allgemeinheit und würdigt sowohl den Umstand, dass kultureller Fortschritt die Anlehnung an bestehendes Kulturgut voraussetzt, als auch das Interesse des Urhebers nicht ausgebeutet zu werden. Dies verdeutlicht auch die historische Entwicklung des Rechtsinstituts.
- Aus dem Wortlaut der Norm ergibt sich, dass für eine freie Benutzung ein neues Werk im Sinne des § 2 Abs. 2 UrhG entstehen muss. Wann die Benutzung selbstständig und/oder frei ist, hat der Gesetzgeber offen gelassen.
- § 24 UrhG ist eine Inhaltsbestimmung. Dementsprechend darf die freie Benutzung eines Werkes nicht in den Schutzbereich des benutzten Werkes eingreifen. Die sich gegenüberstehenden Schutzbereiche sind voneinander abzugrenzen. Wie diese Abgrenzung zu erfolgen hat, wurde von dem Gesetzgeber offen gelassen.

B. Neuer Auslegungsvorschlag für § 24 UrhG

Basierend auf den Grundlagen für die Auslegung des § 24 UrhG und den im 5. Kapitel herausgearbeiteten Gründen der Privilegierungsbedürftigkeit von Fan Art soll nun ein neuer Auslegungsvorschlag entwickelt werden, der eine Privilegierung, insbesondere von transformativer Fan Art ermöglicht und gewichtige Urheberinteressen nicht vernachlässigt.

---

668 Einzelne Ansätze finden sich auch durchaus früher. Dazu eingehend *Chakraborty*, Rechtsinstitut der freien Benutzung, S. 15 ff.; *Hess*, Urheberrechtsprobleme der Parodie, S. 13 ff..
669 Reg. Begr. BT-Drucks IV/270, S. 51.

I. Entstehung eines neuen Werkes im Sinne des § 2 Abs. 2 UrhG

Der Wortlaut des § 24 UrhG setzt das Entstehen eines neuen Werkes voraus. Eingangsvoraussetzung der freien Benutzung ist daher, dass eine persönlich geistige Schöpfung im Sinne des § 2 Abs. 2 UrhG entstanden ist.[670] Diese Voraussetzung darf im Hinblick auf berechtigte Urheberinteressen, sowie aufgrund des eindeutigen Wortlauts und des systematischen und teleologischen Verständnisses der freien Benutzung nicht verwässert und schon gar nicht abgeschafft werden.[671] Das Rechtsinstitut der freien Benutzung fördert die Freiheit geistigen Schaffens und verlangt folglich einen eigenen kulturellen Beitrag.

In systematischer Hinsicht verdeutlicht das Tatbestandmerkmal „Werk", dass § 24 UrhG der Abgrenzung zweier verschiedener Schutzbereiche dient und deswegen richtigerweise im 4. Abschnitt des Urheberrechtsgesetzes verortet ist. Nachschaffende Schöpfungen, die keine Werkqualität aufweisen, können folglich keine freie Benutzung sein.

II. Selbstständige „und" freie Benutzung – Modell einer zweistufigen Abgrenzung der gegenüberstehenden Schutzbereiche

1. Vorüberlegungen

Der Ausdruck „selbstständiges Werk" betont, dass das Rechtsinstitut der freien Benutzung nur solche nachschaffenden Werke privilegiert, die ein gewisses Maß an Eigenständigkeit aufweisen.[672] Dadurch soll verhindert werden, dass sich der nachschaffende Urheber an dem geistigen Schaffen des Urhebers des benutzten Werkes lediglich zu eigenen Zwecken bereichert.

Anders als im Zitatrecht kann die Selbstständigkeit einer freien Benutzung jedoch nicht die Hinwegdenkbarkeit der Entlehnungen voraussetzen, sondern sie betrifft die Art und Weise der inhaltlichen Integration der übernommenen Elemente in das neue Werk.[673] Dieses muss nicht in formaler Hinsicht, sondern in schöpferischer Hinsicht selbstständig sein. Selbstständigkeit heißt somit nicht **völlige** Unabhängigkeit von dem Vorlagewerk. Alles andere widerspräche dem

---

670 BGH GRUR 1999, 984, 986 – Laras Tochter; BGH GRUR 1961, 631, 632 – Fernsehbuch; OLG Hamburg UFITA 86 (1980), 292 – Häschenschule; KG GRUR 1997, 128 – Verhüllter Reichstag; Möhring/Nicolini/*Ahlberg*, § 24 Rn. 2; Wandtke/Bullinger/*Bullinger*, § 24 Rn. 2.

671 Siehe 3. Kap. D. I. 6..

672 BGH GRUR 1961, 631, 632 – Fernsprechbuch; Dreier/Schulze/*Schulze*, § 24 Rn. 5; Möhring/Nicolini/*Ahlberg*, § 24 Rn. 2.

673 Zum Selbstständigkeitsbegriff in § 51 UrhG siehe 3. Kap. B I. 1..

Sinn und Zweck der Vorschrift, den Umstand zu berücksichtigen, dass kulturelles Schaffen auf vorbekannten kulturellen Leistungen aufbaut.[674] Dafür sprechen die kulturtheoretischen Ausführungen zum Begriff der Individualität, wonach besonders in Zeiten, in denen schöpferische Leistungen vermehrt aus dem kreativen Kollektiv heraus entstehen und keine „solitären" Werke darstellen.[675] Dies ergibt sich auch aus der traditionellen Auslegung des § 24 UrhG. Nach dem Abgrenzungskriterium des sog. „inneren Abstandes" sind formelle Übernahmen zulässig, solange das benutzende Werk zumindest inhaltlich einen ausreichenden Abstand zu der Vorlage einhält.[676] Als klassisches Fallbeispiel einer solchen inhaltlichen Abgrenzung gilt die antithematische Auseinandersetzung mit der Vorlage in Form der Parodie. *Von Becker* kritisiert zutreffend, dass in diesem Fall das Kriterium des „inneren Abstandes" als abschließende Aussage über die „Freiheit" der Benutzung nicht passt, da eine Parodie eben nicht nur das formelle Äußere der Vorlage erkennbar lässt.[677] In der antithematischen Auseinandersetzung mit dem Inhalt des vorbekannten Werkes bleibt dieses insgesamt erkennbar. Die Parodie „steht und fällt" mit der Vorlage. *Von Becker* hält die Rechtsprechung, welche die Parodie dennoch als freie Benutzung qualifiziert aus diesem Grund für systemwidrig.

Der Vorwurf des Systembruchs ließe sich mit einem anderen Verständnis des Selbstständigkeitsbegriffs entkräften. Bislang gelten Werke, die selbstständig im Sinne des § 24 Abs. 1 UrhG sind, automatisch als freie Benutzung, da nach der geltenden Auslegung des § 24 UrhG nicht zwischen den Begriffen „selbstständig" und „frei" differenziert wird.[678] Wenn der Begriff der „Selbstständigkeit" lediglich die Art und Weise der inhaltlichen Integration der übernommenen Elemente in das neue Werk betrifft, kann darin jedoch noch kein abschließendes Abgrenzungskriterium zur unfreien Bearbeitung gemäß § 23 UrhG gesehen werden. Diese kann nämlich ebenfalls durch die eigentümliche Integration fremder Elemente in ein neues Werk gekennzeichnet sein (vgl. § 3 UrhG).

Die Privilegierung der Parodie ergibt sich nicht primär aus deren Einordnung als „selbstständiges" Werk, sondern aus der Berücksichtigung der künstlerischen

674 BGH GRUR 2009, 403, 406 – Metall auf Metall; *Hess*, Urheberrechtsprobleme der Parodie, S. 35; Schricker/Loewenheim/*Loewenheim*, § 24 Rn. 9; *Hess*, Urheberrechtsprobleme der Parodie, S. 35.

675 Siehe 5. Kap. A. I..

676 BGH GRUR 2003, 956 – Gies-Adler; BGH GRUR 2000, 703 – Mattscheibe; BGH GRUR 1994, 191, 193 – Asterix-Persiflagen; BGH GRUR 1994, 206, 208 – Alcolix; BGH NJW 1971, 2169, 2172 – Disney-Parodie.

677 *von Becker*, GRUR 2004, 104, 108.

678 BGH GRUR 2008, 693, 695 – TV-Total; Schricker/Loewenheim/*Loewenheim*, § 24 Rn. 8; Wandtke/Bullinger/*Bullinger*, § 24 Rn. 2; *Stuhlert*, Behandlung der Parodie, S. 21; *Hess*, Urheberrechtsprobleme der Parodie, S. 36; *Krusemarck*, Die abhängige Schöpfung, S. 321.

Schaffensfreiheit gemäß Art. 5 Abs. 3 S. 1 GG in § 24 UrhG.[679] Sie ist demnach ein selbstständiges Werk, das deshalb eine „freie" Benutzung ist, weil die erkennbare Auseinandersetzung mit der Vorlage vorrangig zu künstlerischen Zwecken erfolgt und nicht zum Zwecke der Leistungsübernahme. Um Widersprüche zu vermeiden, sollte die Berücksichtigung der künstlerischen Schaffensfreiheit daher getrennt von der Frage nach der Selbstständigkeit des neuen Werkes stattfinden und zwar im Rahmen des unbestimmten Rechtsbegriffs „frei". Der Wortlaut der Regelung spricht nicht dagegen. Es heißt: „... ein **selbstständiges** Werk, das in **freier** Benutzung des Werkes eines anderen geschaffen wurde ...".

Dies würde für die Bestimmung der freien Benutzung bedeuten, dass diese zweistufig erfolgt. Das Vorliegen eines „selbstständigen Werkes" würde nicht ausschließen, dass ein Teil des Schutzbereichs des benutzten Werkes gegebenenfalls auch inhaltlich erkennbar bleibt, sondern lediglich besagen, dass eine eigenständige, individuelle Schöpfung aus der Benutzung des Vorlagewerkes hervorgegangen ist. Das Selbstständigkeitskriterium stellte demnach nur eine Eingangsvoraussetzung dar, anhand der noch keine abschließende Aussage über die Privilegierbarkeit der Werknutzung getroffen werden kann. Es kann jedoch dazu dienen, gewisse Nutzungen wie z. B. kopierende Fan Art von der Privilegierung des § 24 UrhG auszuschließen, da sie keinen hinreichend eigenständigen kulturellen Beitrag enthalten.

Die entscheidende Voraussetzung der freien Benutzung ist in dem unbestimmten Freiheitkriterium zu sehen, das als Korrektiv möglicher Interessenkollisionen angesehen werden kann. Da § 24 UrhG eine Inhaltsbestimmung ist, setzt eine „freie" Benutzung voraus, dass es zu keiner **spürbaren** Beeinträchtigung des Schutzbereichs der Vorlage kommt. Dies kann anhand von Kriterien wie u. a. der künstlerisch motivierten Auseinandersetzung bestimmt werden.

2. Abkehr von der Verblassensformel

Erfährt der Selbstständigkeitsgedanke bei der Gesamtbetrachtung eine eigenständige Bedeutung, sind die bislang geltenden Abgrenzungskriterien der freien von der unfreien Benutzung zu überdenken.

Die restriktive Haltung bei der Bestimmung des Abstandes zwischen freier und unfreier Benutzung hat dazu geführt, dass man ein ungenügendes Verblassen der Vorlage als negatives Indiz hinsichtlich der Selbstständigkeit eines Werkes ver-

---

679 Vgl. BGH GRUR 2003, 956 – Gies-Adler; BGH GRUR 2000, 703 – Mattscheibe; BGH GRUR 1994, 191, 193 – Asterix-Persiflagen; BGH GRUR 1994, 206, 208 – Alcolix; BGH NJW 1971, 2169, 2172 – Disney-Parodie.

steht.[680] Dieser Ansatz ist nicht mehr haltbar. Das vollständige Verblassen des benutzten Werkes gegenüber der Eigenartigkeit des neuen Werkes bezeichnet lediglich das Maximum der Selbstständigkeit des neuen Werkes und ist folglich nicht dazu geeignet, eine abschließende Aussage darüber zu treffen. Allein der Fall der Parodie hat gezeigt, dass auch aus der erkennbaren Übernahme prägender Werkelemente ein selbstständiges Werk hervorgehen kann mit der Folge, dass man sich in diesen Fällen von dem Kriterium des Verblassens im engeren Sinne bereits abgewendet hat.[681]

Die restriktive Handhabung der Verblassensformel ignoriert zudem die Entwicklung kulturellen Schaffens, die vermehrt in der Auseinandersetzung mit bestehendem Kulturgut besteht. Remix-Kunst ist eine Kunst der Reflexion des Bekannten, um daraus neue Erkenntnisse zu erzielen. Diese Reflexion setzt voraus, dass die Vorlage gerade nicht völlig verblasst.[682] Im Mittelpunkt der Abgrenzung des selbstständigen von dem unselbstständigen Werk sollte daher nicht mehr die Frage stehen, ob das alte Werk verblasst, sondern ob das neue Werk ein eigenständiger kultureller Beitrag ist. Das Verblassen der Vorlage kann allenfalls ein positives Indiz für die Selbstständigkeit des neuen Werkes sein. Als entscheidendes Abgrenzungsmerkmal der sich gegenüberstehenden Schutzbereiche ist die Formel zu eng und folglich aufzugeben.

3. Bestimmung der Selbstständigkeit eines nachschaffenden Werkes

Weiterhin erforderlich ist für die Bestimmung der Selbstständigkeit des nachschaffenden Werkes eine vergleichende Gesamtbetrachtung der sich gegenüberstehenden Werke. Folgend sollen Kriterien herausgearbeitet werden, die für die Selbstständigkeit eines Werkes sprechen. Zudem soll untersucht werden, ob bereits bestehende Kriterien zur Bestimmung der freien Benutzung beibehalten werden können.

a) Objektive Erkennbarkeit des Eigenanteils des nachschaffenden Urhebers

Das Mindestkriterium, das ein nachschaffendes Werk erfüllen muss, um als selbstständig zu gelten, ist die objektive Erkennbarkeit eines individuellen Eigen-

---

680 Vgl. BGH GRUR 1958, 402 – Lili Marleen; *Ulmer*, Urheber- und Verlagsrecht, § 36 II, S. 163 (1.Aufl. 1951); *Chakraborty*, Rechtinstitut der freien Benutzung, S. 75.

681 BGH GRUR 1994, 191, 193 – Asterix-Persiflagen; BGH GRUR 1994, 206, 200 – Alcolix; BGH WRP 2014, 178, Tz. 47 – Pippi Langstrumpf.

682 Vgl. *Gelke*, Mashups, S. 223.

anteils des nachschaffenden Urhebers.[683] Im Regelfall werden Werknutzungen, die lediglich kopieren diesem Kriterium nicht gerecht. Selbst wenn die Herstellung der Kopie eine gewisse künstlerische Intention verfolgt, kann schwerlich von einer selbstständigen und unabhängigen Leistung gesprochen werden.

Diesem Problem begegnet vor allem die Appropriation Art, in welcher der Künstler im Regelfall gerade vermeiden will, dass sein Eigenanteil objektiv erkennbar wird.[684] Der Aussagegehalt der schöpferischen Leistung ist in vielen Fällen der Appropriation Art lediglich auf den Inhalt beschränkt, kein Original zu sein. Den Ansichten, die gerade darin den Ausdruck von persönlicher Individualität nachweisen wollen, ist entgegen zu halten, dass es sich bei der Intention des Appropriation Künstlers um ein subjektives Kriterium handelt. Gewichtet man subjektive Motivationen zu stark, birgt dies die Gefahr von Rechtsunsicherheit und einer Vernachlässigung berechtigter urheberrechtlicher Interessen.[685] Erforderlich ist die **objektive** Erkennbarkeit. Appropriation Art ist daher im Regelfall nicht selbstständig.

Was für Appropriation Art gilt, ist auch auf kopierende Fan Art übertragbar, die sich lediglich darauf beschränkt, das Fanobjekt möglichst originalgetreu abzuzeichnen. Sie lässt keine hinreichende Eigenleistung und keine persönliche Individualität erkennen.

Eigenanteile des kreativen Fans können aber, wie im 5. Kapitel dargelegt, in dem Spiel mit Realität und Fiktion und in der Simulation einer neuen Fiktion wahrnehmbar werden.[686]

Die Erkennbarkeit des Eigenanteils spielt auch eine wichtige Rolle bei der Berücksichtigung urheberpersönlichkeitsrechtlicher Belange, insbesondere bei der Vermeidung einer Beeinträchtigung im Sinne von § 14 UrhG. Was nämlich als Anteil des Fans erkennbar ist, wird dem Originalurheber und dem Original nicht zugerechnet. Die Gefahr der Entstellung und Rufschädigung des Originals kann dadurch vermieden werden.[687]

b) Art der Benutzung

Bei der Beurteilung, ob das benutzende Werk selbstständig ist, kann auch die Art der Benutzung maßgeblich sein.

---

683 Zum Fall der Parodie so auch GRUR 1971, 588, 589 – Disney-Parodie; BGH GRUR 1958, 402, 404 – Lili Marleen; BGH *Hess*, Urheberrechtsprobleme der Parodie, S. 115.

684 *Fuchs*, Avantgarde und Erweiterter Kunstbegriff, S. 99; *Huttenlauch*, Appropriation Art, S. 27.

685 Ähnlich *Schack*, FS Nordemann, S. 107, 110.

686 Vgl. 5. Kap. A. II..

687 Vgl. *Hess*, Urheberrechtsprobleme der Parodie, S. 167.

Von einer unselbstständigen Bearbeitung ist bspw. nach dem geltenden Maßstab die Rede, wenn das bearbeitende Werk dem Original dient, wie es bei Übersetzungen der Fall ist.[688] Das Übersetzungswerk ist von der Übersetzungsvorlage abhängig. Es liegt zwar eine erkennbare Eigenleistung vor, die Art der Leistung ist jedoch als unselbstständig zu qualifizieren.

In der Rechtsprechung wurde bereits besonders bei der Privilegierung der Parodie durch § 24 UrhG auf die Art und den Zweck der Nutzung abgestellt. Für privilegierungswürdig hielt man eine Nutzung, wenn sie einer antithematischen werkbezogenen Auseinandersetzung diente und künstlerisch motiviert war.[689] Weitere privilegierungswürdige Nutzungsarten und -zwecke sind jedoch auch aufgrund des strengen Maßstabs bei der Bestimmung einer freien Benutzung nicht etabliert.

Da bei der Bestimmung der Selbständigkeit keine abschließende Aussage über die Freiheit der Benutzung getroffen wird, kann jedoch ein großzügigerer Maßstab angewendet werden, der erlaubt, weitere Nutzungszwecke als Indizien für die Selbstständigkeit des nachschaffenden Werkes in Betracht zu ziehen und bestehende Kriterien zu hinterfragen.

aa) Keine Indizwirkung der rein künstlerischen Motivation

Bei der Bewertung der Freiheit einer Benutzung wurde bislang besonders im Fall der Parodie die künstlerische Motivation als Abgrenzungskriterium herangezogen. Sofern es um die Beurteilung der Freiheit einer Benutzung geht, ist dies auch sinnvoll, da die künstlerische Motivation Bestandteil des durch § 24 UrhG geschützten kulturellen Gemeininteresses sein kann. Über die Selbstständigkeit eines nachschaffenden Werkes sagt die Motivation des nachschaffenden Urhebers allein allerdings nicht viel aus. Dies zeigen die Fälle der Appropriation Art, die zwar eine anerkannte Kunstform ist, aber dennoch von der Vorlage abhängig bleibt, indem sie deren Originalität leugnen will.

Als Indiz für die Selbstständigkeit eines nachschaffenden Werkes ist das künstlerische Ansinnen des nachschaffenden Urhebers daher ungeeignet.

---

688 OLG Düsseldorf GRUR 1990, 263, 266 – Automaten-Spielplan; KG GRUR-RR 2004, 129, 131 – Modernisierung einer Liedaufnahme; Dreier/Schulze/*Schulze* § 23 Rn. 5; Schricker/Loewenheim/*Loewenheim*, § 23 Rn. 4.

689 BGH GRUR 1994, 191, 193 – Asterix-Persiflagen; BGH GRUR 1994, 206, 200 – Alcolix.

bb) Keine negative Indizwirkung der kommerziellen Nutzung

Das Kriterium „Art der Benutzung“ sollte nicht mit dem ersten Fair Use-Kriterium (Charakter und Zweck der Nutzung) verwechselt werden. Anders als bei dem ersten Faktor der Fair Use-Prüfung ist für die Frage der Selbstständigkeit des nachschaffenden Werkes nämlich nicht von Relevanz, ob der Zweck kommerzieller oder rein ideeller Natur ist.[690] Der kommerzielle Zweck der Nutzung gibt lediglich Auskunft über die wirtschaftliche Verwertbarkeit des Werkes, nicht jedoch darüber, in welchem Verhältnis die individuellen Aspekte der Vorlage zu der Nachschöpfung stehen.[691]

Übertragbar ist aber das Fair Use-Kriterium des transformativen Charakters einer Werknutzung, da es sich auf individuelle Anteile im nachschaffenden Werk bezieht, die wiederum für die Abgrenzung zur Werkvorlage herangezogen werden können.[692]

cc) Indizwirkung der transformativen Werknutzung

Bei transformativen Werknutzungen handelt es sich nach der bislang gängigsten Definition um eigene geistige Schöpfungen, deren Sinngehalt und geistig-ästhetische Wirkung sich von dem oder den aufgenommenen Werken unterscheiden.[693]

Da lediglich ein Unterscheiden vorausgesetzt wird und keine deutliche Abgrenzung von der Vorlage, bei der es auf die Gemeinsamkeiten und nicht die Unterschiede ankommt, entspricht nicht jede transformative Werknutzung dem geltenden Maßstab bei der Bestimmung der freien Benutzung.[694]

Eine grundsätzliche Privilegierung transformativer Werknutzungen wird zwar vermehrt vorgeschlagen, hat sich jedoch besonders mit Sicht auf mögliche ideelle Interessenbeeinträchtigungen der Urheber zu recht noch nicht durchgesetzt.[695]

Bei der Bestimmung der Selbstständigkeit eines Werkes kann die transformative Werknutzung hingegen Indiz für die Selbstständigkeit des nachschaffenden Werkes sein. Entscheidend käme es dann bei der Frage, ob ein Werk selbstständig ist, auf die inhaltlichen Unterschiede der sich gegenüberstehenden Werke

---

690 Vgl. Harper & Row Publishers, Inc. v. Nation Enterprise, 471 U.S. 539 (1985).

691 Vgl. *Huttenlauch*, Appropriation Art, S. 176.

692 Vgl. 3. Kap. D. II.

693 *Kreutzer*, Verbraucherschutz, S. 73; ähnlich definiert wird der amerikanische „transformative use“, vgl. dazu: Campell v. Acuff-Rose music, Inc., 510 U.S. 569, 577 (1994).

694 Vgl. BGH GRUR 2004, 855, 857 – Hundefigur; BGH GRUR 1981, 267, 269 – Dirlada; BGH GRUR 1961, 635, 638 – Stahlrohrstuhl; OLG Karlsruhe GRUR 1957, 395, 386 – Trotzkopf; Dreier/Schulze/*Schulze*, § 24 Rn. 13; Schricker/Loewenheim/*Loewenheim*, § 24 Rn. 15.

695 Vgl. *Kreutzer*, Verbraucherschutz, S. 73.

an. Dieser gelockerte Maßstab ist vertretbar, da die Frage der spürbaren Beeinträchtigung von Urheberinteressen noch in einem zweiten Schritt zu prüfen ist.

(1) Die Simulation einer neuen Realität als transformative Werknutzung

Eine Form der selbstständigen transformativen Werknutzung wäre die von *Gelke* für die Privilegierung von Mashups vorgeschlagene Simulation einer neuen Realität durch Neukombination vorbekannter Werkelemente, welche auf sog. „AMVs" sowie Fan Fiction und Fan Comics übertragbar ist, welche die Handlung der benutzten Vorlage nicht lediglich geradlinig fortsetzen, sondern die übernommen Charaktere in einen alternativen Kontext setzen.[696] Die simulierte Realität setzt sich in solchen Fällen zwar aus prägenden Elementen des benutzten Werkes zusammen, erhält jedoch durch eine außergewöhnliche Kombination einen neuen Aussagegehalt, der dem nachschaffenden Urheber zuzurechnen ist. Diese Neukombination kann in ihrer Gesamtheit eigenständig und schöpferisch selbstständig sein, da die Selbstständigkeit eines nachschaffenden Werkes nicht die Hinwegdenkbarkeit der Entlehnungen voraussetzt.

(2) Die antithematische Auseinandersetzung als transformative Werknutzung

Von einem hinreichenden inneren Abstand spricht man im Fall der Parodie, wenn sie sich antithematisch mit der Vorlage auseinandersetzt, d.h. das Vorlagewerk nur formal übernimmt und den Inhalt aber ins Gegenteil verkehrt.[697] Diese Form der werkbezogenen Auseinandersetzung enthält aufgrund ihrer Gegensätzlichkeit zur Vorlage einen eigenständigen Aussagegehalt und ist damit ebenfalls als eine besondere Form der transformativen Werknutzung. Das Kriterium der Antithematik ist daher ein Indiz für die Selbstständigkeit eines nachschaffenden Werkes. Es sollte jedoch nicht lediglich auf die parodistische Auseinandersetzung beschränkt sein.[698] Denkbar sind auch ernste und kritische antithematische Auseinandersetzungen, z.B. bei sog. Slash Ficiton.

---

696 *Gelke*, Mashups, S. 228.

697 BGH GRUR 1994, 191, 193, 194 – Asterix-Persiflagen; BGH GRUR 1994, 206, 200 – Alcolix; *Hess*, Urheberrechtsprobleme der Parodie, S. 120.

698 Vgl. *Huttenlauch*, Appropriation Art, S. 170; Kritisch zum Kriterium der Antithematik an sich *Stuhlert*, Behandlung der Parodie, S. 27.

(3) Das Aufbrechen von Rollenklischees in Fan Art als transformative Werknutzung

Im Bereich der Fan Art ist das Genre Slash ein Beispiel dafür, dass die inhaltliche Aussage des Vorlagewerkes in ihr Gegenteil verkehrt werden kann, obwohl wesentliche Handlungsstränge der Vorlage erhalten bleiben und ohne dass das Ziel verfolgt wird, eine parodistische Wirkung zu erzeugen. Fan Fiction, die zwar das vorbekannte Setting und die grundlegende Handlungsstruktur der benutzten Vorlage übernimmt, jedoch das Charakterkonzept der agierenden fiktiven Figuren grundlegend verändert, ist somit ebenfalls eine selbstständige transformative Werknutzung. Wenn „Batman" in dem gewohnten Setting der Stadt „Gotham City" als sensibler Liebhaber von „Robin" auftritt, ist für den Leser zwar die Bezugnahme auf die Batman-Comics erkennbar, durch den harten Bruch mit dem originalen Charakterkonzept, wonach die Figur des Batman einem heteronormativen Leitbild entspricht, wird jedoch ebenso der kreative Eigenanteil des Fans deutlich.

Das Aufbrechen von Rollenklischees in Fan Art ist somit sowohl eine besondere Form der Simulation einer neuen Realität als auch eine besondere Form der antithematischen Auseinandersetzung mit einem bestehenden Charakterkonzept. Der kreative Eigenanteil des Fans kann in diesen Fällen trotz der Übernahme vorbekannter Beziehungsgeflechte und Settings gegenüber den individuellen Eigenanteilen des Originalurhebers überwiegen. Zu überprüfen bleibt jedoch im Rahmen des Freiheitskriteriums, ob bei sehr extremen Umgestaltungen von Charakterkonzepten das Integritätsinteresse des Urhebers (§ 14 UrhG) unzumutbar beeinträchtigt wird.[699]

c) Fehlende Substitutionskonkurrenz als Indiz für Selbstständigkeit

Eine fehlende Substitutionskonkurrenz zwischen Vorlagewerk und Nachschöpfung wird teilweise als sicheres Indiz für das Vorliegen einer freien Benutzung vorgeschlagen, da es gegen eine parasitäre Nutzung spreche, wenn der nachschaffende Urheber einen vom Original völlig unabhängigen Markt bediene.[700] Zur Bestimmung der sachlich relevanten Märkte wird auf Erkenntnisse im Wettbewerbsrecht zurückgegriffen. Der sachlich relevante Markt wird anhand der funktionellen Austauschbarkeit der Produkte bestimmt (sog. Bedarfsmarktkonzept).[701] Sofern die Produkte für einen verständigen Verbraucher für einen be-

---

699 Siehe dazu unten 4. b).

700 Vgl. *Huttenlauch*, Appropriation Art, S. 177; *Chakraborty*, Rechtsinstitut der freien Benutzung, S. 100.

701 EUGH GRUR 2007, 511, 513 – De Landtsheer; Fezer/*Osterrieth*, UWG, § 4-S1, Rn. 105; Immenga/Mestmäcker/*Fuchs/Möschel*, GWB, § 18 Rn. 23 ff..

stimmten Verwendungszweck als gleichwertig und austauschbar angesehen werden, bedienen sie denselben Markt. Theoretisch wird die Austauschbarkeit verschiedener Produkte im Wettbewerbsrecht anhand der zwischen ihnen bestehenden Kreuz-Preis-Elastizität oder dem sog. SSNIP-Test („small but significant non-transitory increase in price") bemessen.[702] Von substituierbaren Gütern geht man aus, wenn relative Preisänderungen bei einem Produkt dazu führen, dass der Verbraucher den Lieferanten wechselt. Nach dem SSNIP-Test führt bei Konkurrenzprodukten eine relative Preisänderung in Höhe von etwa 5 %-10 % zu einer nachhaltigen Verlagerung der Nachfrage. Zu berücksichtigen sind neben der Theorie der Kreuz-Preis-Elastizität auch besondere Eigenschaften der jeweiligen Produkte, ihr Verwendungszweck, besondere Verbrauchergewohnheiten und Marktstatistiken.[703]

Bei dieser stark wirtschaftlich orientierten Feststellung der Substitutionskonkurrenz des neuen Werkes zu der Werkvorlage, muss bedacht werden, dass gewichtige urheberpersönlichkeitsrechtliche Belange schnell in den Hintergrund treten können. Die Substituierbarkeit sollte daher keine Indizwirkung hinsichtlich der Freiheit und folglich der Privilegierung einer Werknutzung entfalten, denn auch wenn man dem nachschaffenden Urheber keine parasitäre Absicht unterstellen kann, bedeutet dies nicht automatisch, dass er nicht doch das Integritätsinteresse des Urhebers spürbar verletzt.[704]

Sofern keine Substitutionskonkurrenz zwischen dem nachschaffenden und dem benutzten Werk feststellbar ist, kann dies aber zumindest auf einen gewissen Grad der Selbstständigkeit des nachschaffenden Werkes hinweisen. Grenzt sich das nachschaffende Werk ausreichend von dem Vorlagewerk ab, so liegt es nahe, dass es einem anderen Verwendungszweck dient oder andere Verbraucherbedürfnisse befriedigt.

Das Kriterium kann besonders im Fall sog. transferierender Fan Art als Abgrenzungsmerkmal zur unfreien Bearbeitung hilfreich sein. Eine Fortsetzungsgeschichte, die nahtlos an das Handlungsgeschehen des Originals anknüpft, ist nämlich im Regelfall dazu geeignet, zumindest auf dem potentiellen Markt des Urhebers mit dessen Werken in Konkurrenz zu treten.

---

702 Axter/Osterrieth/Pfaff/*Osterrieth*, Lizenzverträge, Rn. 316; Mestmäcker/*Schweitzer*, Europäisches Wettbewerbsrecht, § 16 Rn. 6 ff.

703 BGH GRUR 2002, 228, 229 – Lottoschein.

704 So auch *Stuhlert*, Behandlung der Parodie, S. 286.

4. Bestimmung der Freiheit der Benutzung

Charakteristisch für das Urheberrecht ist ein natürlicher Interessengegensatz: Während der Werkschöpfer ein ideelles und materielles Interesse an einem möglichst umfassenden ausschließlichen Recht hat, bestimmen zu können, wie sein Werk genutzt wird, sind sowohl Rechteverwerter als auch die Allgemeinheit an einem möglichst geringen und kurzfristigen Schutz des Werkschöpfers interessiert, um das Werk möglichst kostenfrei nutzen zu können.[705] Aus ökonomischer Sicht bedeutet jedes Ausschließlichkeitsrecht auf Seiten des Urhebers einen Anreiz für schöpferische Tätigkeit, gleichzeitig bedeutet es auf Seiten der Nutzer eine Erhöhung der Kosten für die Ausübung der vom Urheberrecht erfassten Verhaltensweisen und die Entstehung künftiger Kreationen anderer Urheber.[706]

Die Berücksichtigung dieser sich gegenüberstehenden Interessen kommt nach dem Auslegungsvorschlag der Verfasserin vor allem in dem Freiheitskriterium des § 24 UrhG zum Ausdruck.

Methodisch wären die Prüfungspunkte der Werkeigenschaft und Selbstständigkeit der Nachschöpfung als die Feststellung ihrer potentiellen Privilegierungsfähigkeit zu bewerten. Sie zeigen, dass der nachschaffende Urheber einen eigenen individuellen Beitrag zum kulturellen Gut geleistet hat. Im Rahmen der Bestimmung der Freiheit der Benutzung ist schließlich die Privilegierungswürdigkeit des nachschaffenden Werkes anhand der Frage zu bestimmen, ob durch die Nutzung eine spürbare Beeinträchtigung gewichtiger Urheberinteressen ersichtlich ist.

Anhand des Rechtsinstituts der freien Benutzung wird insbesondere das Verhältnis von künstlerischer Schaffensfreiheit (Art. 5 Abs. 3 GG) und dem Urheberrecht als Eigentumsrecht (Art. 14 UrhG) sichtbar.[707] Die Norm verdeutlicht die Funktion des Urheberrechts, künstlerisches Schaffen vorbehaltlos zu fördern und wirtschaftlich denjenigen zu unterstützen, der einen eigenen schöpferischen Beitrag zum Kulturgut leisten und nicht lediglich am wirtschaftlichen Erfolg des Originalurhebers partizipieren will.[708] Gegen die Verwendung seines Werkes als Anregung für einen neuen kulturellen Beitrag darf sich der Originalurheber folglich nicht wehren, wenn seine Interessen hierdurch nicht spürbar beeinträchtigt werden. Stellt man bei der Prüfung der Freiheit der Benutzung dagegen

---

705 *Peifer*, Individualität im Zivilrecht, S. 99; *Kakies*, Kunstzitate, Rn. 40.

706 *Peukert* in: Hilty/Peukert, Interessenausgleich im Urheberrecht, S. 17 f.; *Stieper*, Schranken des Urheberrechts, S. 74 ff..

707 *Fechner*, Geistiges Eigentum und Verfassung, S. 304; *Dahm*, Schutz des Urhebers durch die Kunstfreiheit, S. 169; *Huttenlauch*, Appropriation Art, S. 167; *Peifer*, Individualität im Zivilrecht, S. 104.

708 BGH GRUR 1981, 267, 269 – Dirlada; *Wandtke*, ZUM 2005,769, 773; *Kakies*, Kunstzitate, Rn. 70.

eine Beeinträchtigung gewichtiger Urheberinteressen fest, lässt dies darauf schließen, dass das Vorlagewerk nicht nur als Anregung verwendet wurde, sondern dass sich der nachschaffende Urheber an dem Werk des Originalurhebers bereichert.

a) Berücksichtigung der Interessen des nachschaffenden Urhebers

Bei der Bestimmung der Freiheit der Benutzung können im Rahmen einer Interessenabwägung bestimmte Nutzerinteressen und –intentionen von gewichtigerer Bedeutung sein, vorausgesetzt, diese werden objektiv erkennbar. Die Berufung auf eine objektiv nicht überprüfbare Intention birgt die Gefahr der missbräuchlichen Privilegierungsbeanspruchung auf Kosten der Originalurheber und zulasten der Rechtssicherheit in sich. Sie kann daher nicht als Privilegierungsgrund dienen.

aa) Grad der Selbstständigkeit als Abwägungskriterium

Grundsätzlich kann gelten: Je höher der Grad an Selbstständigkeit des nachschaffenden Werkes ist, desto schwerwiegender muss die Beeinträchtigung möglicher Urheberinteressen sein, um eine Privilegierung durch § 24 UrhG zu verhindern.

Dies trägt dem Umstand Rechnung, dass es sich bei dem Rechtsinstitut der freien Benutzung um eine Schutzbereichsbestimmung handelt, durch die sich gegenüberstehende Schutzbereiche voneinander abgegrenzt werden. Je höher der Grad der Selbstständigkeit des nachschaffenden Werkes ist, desto unwahrscheinlicher ist es, dass sein Schutzbereich mit dem Schutzbereich der Vorlage kollidiert. Damit vergleichbar ist die bislang geltende Wertung des Individualitätsgrades bei dem Vergleich der sich gegenüberstehenden Werke im Rahmen der Bestimmung der freien Benutzung.[709]

bb) Künstlerisch motivierte Auseinandersetzung

Ein besonders zu berücksichtigendes Nutzerinteresse ist die künstlerisch motivierte Auseinandersetzung mit einem vorbekannten Werk, die verfassungsrechtlich durch Art. 5 Abs. 3 GG geschützt sein kann.[710] Ihr dürfen folglich durch eine zu restriktive Auslegung der freien Benutzung keine zu engen Schranken gesetzt werden. Sie spricht für kulturelles Schaffen und Individualität und stellt sich

---

709 Wandtke/Bullinger/*Bullinger*, § 24 Rn. 10; Möhring/Nicolini/*Ahlberg*, § 24 Rn. 8; Dreier/Schulze/*Schulze*, § 24 Rn. 8; *Stuhlert*, Behandlung der Parodie, S. 22.
710 Vgl. BGH GRUR 2003, 956 – Gies-Adler; BGH GRUR 2000, 703 – Mattscheibe.

damit zumindest nach dem Sinn und Zweck der Vorschrift als Standardfall des § 24 UrhG dar.

Wann eine künstlerisch motivierte Auseinandersetzung objektiv nachweisbar ist, bestimmt sich im Hinblick auf Art. 5 Abs. 3 GG nach dem Betrachterhorizont desjenigen, der über ein entsprechendes kognitives Verständnis verfügt.[711] Gegebenenfalls ist hierbei kunstwissenschaftlicher Sachverstand hinzuzuziehen.[712]

Ein genereller Freibrief darf der künstlerischen Auseinandersetzung mit geschützten Werken nicht erteilt werden. Zwar stellt die Kunstfreiheit ein vorbehaltlos gewährtes Verfassungsgut dar, ihr sind jedoch Grenzen durch Grundrechte anderer Rechtsträger und sonstiger Rechtsgüter mit Verfassungsrang gesetzt, wozu auch das Eigentumsrecht nach Art. 14 GG zu zählen ist.[713] Dementsprechend ist zu berücksichtigen, inwiefern die künstlerische Auseinandersetzung eine spürbare eigenmächtige Inanspruchnahme und Beeinträchtigung der Eigentumsrechte des Urhebers darstellt.

cc) Erkennbare Hommage

Ein Indiz für eine freie Benutzung kann die künstlerische Auseinandersetzung zum Zweck der Hommage darstellen. Sie ist gekennzeichnet durch die besondere Würdigung des Originalurhebers und seines Werkschaffens und bringt eine gewisse Form der Ehrerbietung zum Ausdruck.[714] Diesem Zweck lässt sich entnehmen, dass die Hommage nicht das Ziel verfolgt, schädigend in Märkte des Urhebers einzugreifen, sondern das Original vielmehr fördern will. Ein objektives Feststellungskriterium kann diesbezüglich das Fehlen einer Substitutionskonkurrenz zwischen Hommage und Original sein.[715]

Ob es sich bei einer kreativen Werknutzung überhaupt um eine künstlerische Hommage handelt, lässt sich objektiv und aus Sicht eines hinreichend verständigen Betrachters durch die Art und Weise der Veröffentlichung und den Kontext bestimmen, in dem das nachschaffende Werk veröffentlicht wird. Im Fall der Fan Art wird der Zweck der Hommage durch die Veröffentlichung der Fan Art in einschlägigen Fannetzwerken objektiv erkennbar. Des Weiteren können direkte Hinweise des nachschaffenden Urhebers dazu dienen, den Hommage-Charakter deutlich werden zu lassen. Dazu zählt in erster Linie die Nennung des Original-

711 BGH GRUR 1994, 191, 193 – Asterix Persiflagen; BGH GRUR 1971, 588, 590 – Disney-Parodie.
712 *Huttenlauch*, Appropriation Art, S. 173.
713 BVerfGE 75, 369 ff. – Strauß-Karikatur; BVerfG NJW 1984, 1293.
714 Vgl. *Kakies*, Kunstzitate, Rn. 25 ff.; *Peukert*, GRUR-Beilage 2014, 77, 89.
715 Siehe oben B. II. 3. c).

urhebers oder des Rechteinhabers, sowohl im Werktitel, z. B.: „A tribute to ...", als auch in sog. Disclaimern, z. B.: „This is a non-profit, fan-made piece. Batman is copyright DC Comics. Please support the official releases."

dd) Gemeinwohlinteressen

Auch sonstige Gemeinwohlinteressen können im Rahmen der Interessenabwägung eine Rolle spielen, sofern sie im Zusammenhang mit kultureller Entfaltungsfreiheit stehen, die durch § 24 UrhG gefördert werden soll. Dies ergibt sich aus der Sozialbindung des Urheberrechts, wonach sich der Urheber im Interesse der Allgemeinheit gewisse Einschränkungen seines Ausschließlichkeitsrechts gefallen lassen muss.[716]

Im Bereich der Fan Art ist als privilegierungswürdiges sozialtypisches Verhalten besonders der Aspekt der kreativen Kommunikation als Unterstützung der eigenen Identitätsbildung hervorzuheben.[717] Hierdurch kann nämlich individuelles kreatives Schaffen gefördert werden.

b) Berücksichtigung insbesondere persönlichkeitsrechtlicher Interessen des Originalurhebers

§ 24 UrhG gestattet die zustimmungsfreie und vergütungsfreie Veröffentlichung und Verwertung eines Werkes. Aufgrund dieser umfassenden Privilegierung wurde bislang stets ein strenger Maßstab an das Vorliegen einer freien Benutzung angesetzt, um eine Gefährdung gewichtiger Urheberinteressen zu vermeiden.[718]

Im Rahmen der Interessenabwägung müssen daher sowohl wirtschaftliche als auch persönlichkeitsrechtliche Interessen des Urhebers besonders berücksichtigt werden.

In die Berücksichtigung wirtschaftlicher Interessen ist, wie *Stuhlert* zutreffend feststellt, auch der Lizenzmarkt des Urhebers miteinzubeziehen, der sich ihm bei unfreien Bearbeitungen eröffnet.[719] Im Fall transferierender Fan Art wird man im Rahmen der Interessenabwägung daher in den meisten Fällen zu einer Beein-

---

716 BVerfG, GRUR 1972, 481, 483 – Kirchen- und Schulgebrauch ; *Peifer*, Individualität im Zivilrecht, S. 104; Schricker/Loewenheim/*Melichiar*, Vor §§ 44a ff. Rn 1; *Kreile*, FS Lerche, S. 253; *Lerche*, FS Reichardt, S. 101 ff.; *Pahud*, UFITA 2000/I , S. 116; *Schack*, § 5 Rn. 91 ff..

717 Vgl. 4. Kap. B.; ähnlich zum Fall des User Generated Content *Bauer*, User Generated Content, S. 383.

718 BGH GRUR 2000, 703, 704 – Mattscheibe; BGH GRUR 1999, 984, 987 – Laras Tochter; Schricker/Loewenheim/*Loewenheim*, § 24 Rn. 13.

719 *Stuhlert*, Behandlung der Parodie, S. 286.

trächtigung wirtschaftlicher Interessen des Urhebers gelangen, da Fortsetzungen, die nahtlos an das Original anknüpfen, das Potential aufweisen mit möglichen Fortsetzungen des Urhebers in Konkurrenz zu treten.

Bei transformativer Fan Art können unter Umständen persönlichkeitsrechtliche Interessen des Urhebers vor allem mit Blick auf den Integritätsschutz des Urhebers gemäß § 14 UrhG gefährdet sein. In Härtefällen wäre zugunsten des Urhebers zu entscheiden und das selbstständige Werk als unfreie Benutzung zu qualifizieren.

aa) Die sog. „Schmähung“ als Grenze des Zumutbaren

Im Fall der Parodie hat man sich bereits mit der Frage auseinandergesetzt, ob die darin enthaltene antithematische Kritik eine gewisse Grenze des Zumutbaren überschreiten kann.[720] Meist wird eine unzumutbare Beeinträchtigung der urheberpersönlichkeitsrechtlichen Interessen abgelehnt.[721] Nach der sog. normenhierarchischen Argumentation ist die Position des Parodisten aufgrund seiner Kunst- (Art. 5 Abs. 3 S. 1 GG) und Meinungsfreiheit (Art. 5 Abs. 2 GG) in besonderem Maße geschützt.[722] Da die parodistische Kritik zum Wesensgehalt der künstlerischen Aussage der Parodie gehört, darf sie nicht schlechthin unmöglich werden. Ein teleologisches Argument für die besondere Privilegierung der Parodie ist, dass das in § 14 UrhG normierte Integritätsinteresse Art. 6bis Abs. 1 RBÜ Rechnung tragen soll, demzufolge sich der Urheber jeder Änderung oder Beeinträchtigung widersetzen kann, die „seiner Ehre oder seinem Ruf nachteilig sein können“.[723] In Bezug auf die Parodie wird daraus der Gegenschluss gezogen, dass diese aufgrund der erkennbar antithematischen Behandlung des Originals gerade deutlich zum Ausdruck bringe, dass sie nicht vom Originalurheber stammt und somit nicht zu einer Rufschädigung führen könne.[724]

---

720 *Stuhlert*, Behandlung der Parodie im Urheberrecht, S. 297; *Hess*, Urheberrechtsprobleme der Parodie, S. 162ff.; *Hefti*, Die Parodie im Urheberrecht, S. 113ff..

721 BGH GRUR 1994, 191, 198 – Asterix-Persiflagen; *Stuhlert*, Behandlung der Parodie im Urheberrecht, S. 297; *Hess*, Urheberrechtsprobleme der Parodie, S. 167.

722 Fromm/Nordemann/*Dustmann*, § 14 Rn. 50; *Hess*, Urheberrechtsprobleme zur Parodie, S. 150ff.; ähnlich: *Platho*, GRUR 1992, 360, 362f.; vgl. zur europäischen Dimension: EuGH, Schlussanträge des Generalanwalts Pedro Cruz Villalón vom 25.05.2014 – C 201/13, Tz. 81 und Tz. 88, der den Anwendungsbereich der Parodie durch den Hinweis auf die Meinungsfreiheit erweitert.

723 Schricker/Loewenheim/*Dietz/Peukert*, § 14 Rn. 8; Fromm/Nordemann/*Dustmann*, § 14 Rn. 4.

724 Fromm/Nordemann/*Dustmann*, § 14 Rn. 50; *Stuhlert*, Behandlung der Parodie im Urheberrecht, S. 297; *Hess*, Urheberrechtsprobleme der Parodie, S. 167

Einen Freibrief sollte bestimmten Beeinträchtigungen persönlichkeitsrechtlicher Interessen des Urhebers durch § 24 UrhG dennoch nicht erteilen.

Als mögliche Grenze des Zumutbaren könnten Kriterien übertragen werden, die in Fällen ehrverletzender Karikaturen real existenter Personen angewendet werden. Demnach gilt im Fall der Satire die sog. „Schmähung" als nicht mehr zumutbar, welche vorliegt, wenn in einer Äußerung „nicht mehr die Auseinandersetzung in der Sache, sondern die Diffamierung der Person im Vordergrund steht", so dass von einer „das sachliche Anliegen völlig in den Hintergrund drängenden persönliche Kränkung" auszugehen ist. [725]

Überträgt man diese Kriterien auf Beeinträchtigungen des Urheberpersönlichkeitsrechts gemäß § 14 UrhG, läge ein unzumutbarer Härtefall vor, wenn bei einer entstellenden Werknutzung nicht der Zweck der kritischen Meinungsäußerung im Vordergrund steht, sondern das Werk des Urhebers ohne hinreichende Auseinandersetzung und ohne Sachzusammenhang lediglich verhöhnt und verspottet werden soll. Des Weiteren ist eine Entstellung ungerechtfertigt, wenn sie kaum meinungsbildende Elemente enthält, sondern mit der provozierenden Darstellung vorrangig eigene Zwecke, z.B. das Erzeugen von Aufmerksamkeit, verfolgt werden, während die damit verbundene Rufschädigung des Urhebers billigend in Kauf genommen wird.

Besonders im Bereich der Porn Art wird die Grenze des Zumutbaren regelmäßig auf diese Weise überschritten. Sehr häufig ist die Darstellung von Disney-Charakteren in pornografischen Szenen, in denen weibliche Protagonistinnen wie Arielle, die Meerjungfrau, Prinzessin Jasmin oder Schneewittchen von anderen Disneyfiguren vergewaltigt werden.[726] Da Disney besonderen Wert darauf legt, kindgerechte und gewaltfreie Filme zu produzieren, rufen pornografische Darstellungen der Disney-Charaktere Irritation bei dem Betrachter hervor, ggf. wird auch ein gewisser Schockeffekt erzeugt. Dem Kontext, in dem die Pornofilme gezeigt werden, lässt sich entnehmen, dass es den Produzenten dabei nicht vorrangig um die kritische Auseinandersetzung mit dem „sauberen" Image von Walt Disney geht. Porn Art ist meist eingerahmt von zahlreichen Werbeanzeigen. Dies lässt darauf schließen, dass lediglich Aufmerksamkeit für das eigene Geschäftsmodell erzeugt werden soll. Eine Rufschädigung Disneys wird dabei billigend in Kauf genommen. Dementsprechend ist Porn Art als unzumutbare Beeinträchtigung des Integritätsinteresses zu qualifizieren.

Bei Slash kann das Integritätsinteresse des Urhebers ebenfalls betroffen sein, wenn besonders gravierende Veränderungen an einem Charakterkonzept vorge-

725 Vgl. BVerfG ZUM 2013, 793, 795; BVerfG NJW 2003, 3760; BVerfG NJW 1987, 2661, 2662.
726 Siehe 3. Kap. C. III. 3. a).

nommen werden. Ein solcher Fall kann z. B. vorliegen, wenn „Batman" ein Liebesverhältnis mit seinem Erzfeind dem „Joker" unterstellt wird.[727] Slash dient im Gegensatz zur Porn Art jedoch im Regelfall der kritischen Meinungsäußerung.[728] Die ungewöhnlichen Pärchen sind nicht zufällig gewählt, sondern sollen entweder dazu dienen, Charakterzüge der fiktiven Figuren zu verdeutlichen, die nach Ansicht des Fans durch den Originalurheber nicht ausreichend betont werden, oder sie dienen dazu, die Bewunderung des Fans für die benutzten Charaktere zum Ausdruck zu bringen. Daher wird es sich meist um keine unzumutbare Beeinträchtigung des Integritätsinteresses des Urhebers handeln.

bb) Auswirkung der Beeinträchtigung auf die Reputation des Urhebers und Grad der Öffentlichkeit der Beeinträchtigung

Zu beachten sind bei einer möglichen Beeinträchtigung des Integritätsinteresses des Urhebers die Auswirkungen auf dessen Reputation. Diese kann dann gefährdet sein, wenn der Eindruck entsteht, der Urheber habe das Werk selbst geschaffen oder in die entstellende Darstellung seines Werkes eingewilligt.[729] Von besonderer Relevanz kann in dieser Hinsicht der Grad der Öffentlichkeit sein, in dem das entstellte Werk präsentiert wird.[730] Je mehr Personen das entstellende Werk als das Werk des Urhebers wahrnehmen, desto mehr leidet dessen Ansehen darunter.

Porn Art kann bspw. Auswirkungen auf die Reputation des Urhebers haben, wenn nicht deutlich wird, dass es sich um nicht lizenzierte Nutzungen handelt. Sie wird im Regelfall im Internet verbreitet und ist demnach einer besonders großen Öffentlichkeit zugänglich.

Slash Fiction wird zwar auch in Internetforen verbreitet, enthält jedoch meist einen Vermerk, der die Slash Fiction als solche kennzeichnet, um eine Verwechslung mit dem Original auszuschließen. Eine negative Auswirkung auf die Reputation des Urhebers kann dadurch häufig ausgeschlossen werden.

c) Zwischenergebnis

Als Zwischenergebnis kann festgehalten werden, dass in dem unbestimmten Freiheitskriterium des § 24 UrhG eine Berücksichtigung der sich gegenüberste-

---

727 Ausführlich dazu unten 7. Kap. B. II..

728 Siehe 3. Kap. C. III. 3. b).

729 Vgl. Wandtke/Bullinger/*Bullinger*, § 14 Rn. 20; Fromm/Nordemann/*Dustmann*, § 14 Rn. 50.

730 BGH GRUR 1971, 35, 38 – Maske in Blau; BGH UFITA 60 (1971), 312, 317 – Petite Jaqueline; Fromm/Nordemann/*Dustmann*, § 14 Rn. 25; Wandtke/Bullinger/*Bullinger*, § 14 Rn. 20.

henden Interessen von Urhebern und kreativen Werknutzern stattfinden muss. Stellt man bei der Prüfung der Freiheit der Benutzung eine Beeinträchtigung gewichtiger Urheberinteressen fest, lässt dies darauf schließen, dass das Vorlagewerk nicht nur als Anregung verwendet wurde, sondern dass sich der nachschaffende Urheber an dem Werk des Originalurhebers lediglich bereichert.

Für die Privilegierung einer Werknutzung im Rahmen der freien Benutzung können ein besonders hoher Grad an Selbstständigkeit bei dem nachschaffenden Werk sprechen sowie die künstlerisch motivierte Auseinandersetzung, z.B. in Form der objektiv erkennbaren Hommage. Auch sonstige Gemeinwohlinteressen können im Rahmen der Interessenabwägung eine Rolle spielen, sofern sie im Zusammenhang mit kultureller Entfaltungsfreiheit stehen, die durch § 24 UrhG gefördert werden soll. Dies ergibt sich aus der Sozialbindung des Urheberrechts, wonach sich der Urheber im Interesse der Allgemeinheit gewisse Einschränkungen seines Ausschließlichkeitsrechts gefallen lassen muss.[731]

In Fällen der transformativen Werknutzung ist zugunsten des Urhebers insbesondere dessen Integritätsinteresse gemäß § 14 UrhG zu berücksichtigen. Im Fall der Parodie ist man bislang überwiegend zu dem Ergebnis gelangt, dass der Urheber die damit verbundene Kritik mit Sicht auf
Art. 5 Abs. 3 S. 1 GG hinnehmen müsse. Dennoch muss es Grenzfälle geben, in denen die Entstellung eines Werkes unzumutbar wird. Denkbar ist, das Kriterium der sog. „Schmähung" für die Feststellung solcher Grenzfälle zu bemühen. Bei der sog. Porn Art kommt man auf diese Weise meist zu dem Ergebnis, dass eine unzumutbare Beeinträchtigung urheberrechtlich geschützter Interessen vorliegt und eine Privilegierung durch § 24 UrhG ausscheiden muss.

5. Verhältnis des § 24 Abs. 2 UrhG zum Auslegungsmodell

Da bei der Interessenabwägung im Rahmen des Freiheitskriteriums umfassend berücksichtigt werden soll, ob die Interessen des Originalurhebers durch die Werknutzung des nachschaffenden Urhebers spürbar beeinträchtigt werden, ist eine gesonderte Privilegierung der Melodie durch § 24 Abs. 2 UrhG nicht mehr notwendig. Der Regelungszweck beschränkt sich nämlich auf die Verhinderung der Ausnutzung von Melodien in der Schlager- und Unterhaltungsmusik.[732] Sofern keine spürbare Beeinträchtigung festgestellt werden kann, ist ein „starrer Melo-

---

731 BVerfG, GRUR 1972, 481, 483 – Kirchen- und Schulgebrauch ; *Peifer*, Individualität im Zivilrecht, S. 104; Schricker/Loewenheim/*Melichiar*, Vor §§ 44a ff. Rn 1; *Kreile*, FS Lerche, S. 253; *Lerche*, FS Reichardt, S. 101 ff.; *Pahud*, UFITA 2000/I , S. 116; *Schack*, § 5 Rn. 91 ff..

732 Schricker/Loewenheim/*Loewenheim*, § 24 Rn. 32 ff.; *Brunner*, Melodienschutz im Urheberrecht, S. S. 92; *Baumann*, Urheberrecht an der Melodie, S. 80; Schack, § 9 Rn. 277.

dienschutz“ unbegründet. Versteht man den Melodienschutz als eine konsequente Fortführung der Verblassensformel[733], ist er unter Zugrundelegung des neuen Auslegungsmodells erst recht nicht mehr haltbar, da die Verblassensformel aus genannten Gründen aufzugeben ist.[734]

Es stellt sich daher die Frage wie mit § 24 Abs. 2 UrhG vor dem Hintergrund der neuen Privilegierungsmaßstäbe zu verfahren ist.

Gegen Vorschläge, die § 24 Abs. 2 UrhG im Sinne einer verfassungskonformen Auslegung lediglich eine Klarstellungsfunktion für Musikwerke zuschreiben wollen, in dem Sinne, dass die Kriterien des § 24 Abs. 2 UrhG insbesondere auch bei Melodien Anwendung finden[735], spricht der Wortlaut, der von einer „erkennbaren Übernahme“ spricht. Erkennbare Übernahmen können nämlich nach dem vorgebrachten Auslegungsmodell unter gewissen Umständen privilegierungsfähig und –würdig sein. Am konsequentesten ist die ersatzlose Streichung des § 24 Abs. 2 UrhG, wie auch von *Schmieder* vorgeschlagen wird.[736] Dafür spricht nicht nur, dass die Interessen der Urheber von Schlager- und Unterhaltungsmusik bereits in § 24 Abs. 1 UrhG hinreichend Berücksichtigung finden, sondern auch eine verfassungsrechtliche Erwägung. Würde man nämlich unter Zugrundelegung des hier vorgebrachten Auslegungsvorschlags an einem „starren Melodienschutz“ festhalten, würde Schlager- und Unterhaltungsmusik vor anderen künstlerischen Leistungen bevorzugt werden, ohne ersichtlichen Grund.

Die gesonderte Privilegierung der Melodie in § 24 Abs. 2 UrhG ist folglich nicht mehr haltbar.

6. Verhältnis des § 24 UrhG zum Verbietungsrecht des Urhebers aus § 14 UrhG

Versteht man § 24 UrhG als Inhaltsbestimmung, folgt daraus, dass bei Vorliegen einer freien Benutzung das Integritätsinteresse des Urhebers aus § 14 UrhG nicht spürbar verletzt werden kann.[737] Ein nachschaffendes Werk, das einen selbstständigen individuellen Gehalt aufweist, kann nämlich nicht mit dem geistig in-

---

733 Vgl. Dreier/Schulze/*Schulze*, § 24 Rn. 44; Möhring/Nicolini/*Ahlberg*, § 24 Rn. 37; Fromm/Nordemann/*Nordemann*, §§ 23/24 Rn. 54.

734 Siehe dazu A. II. 1..

735 *Czernik*, Die Collage, S. 354 ff..

736 *Schmieder*, UFITA 93 (1982), 63, 69; a.A. *Hess*, Urheberrechtsprobleme der Parodie, S. 44 f., der es verfassungsrechtlich für „zumindest vertretbar“ hält, den Bereich der Musik zu privilegieren, selbst wenn dem rechtspolitische Gründe entgegenstehen könnten.

737 Vgl. BGH GRUR 1994, 206, 209 – Alcolix; Schricker/Loewenheim/*Dietz/Peukert*, § 14 Rn. 11d; *Stuhlert*, Behandlung der Parodie, *Huttenlauch*, Appropriation Art, S. 140; S. 81; *von Gruben*, Das urheberrechtliche Entstellungsverbot, S. 37.

dividuellen Gehalt der Vorlage kollidieren. Zudem darf die Abgrenzung von freier Benutzung und unfreier Bearbeitung mit Sicht auf die Freiheit der künstlerischen Auseinandersetzung (Art. 5 Abs. 3 S. 1 GG) nicht nachträglich durch § 14 UrhG unterlaufen werden. Im Fall der Parodie hat man die Frage einer Urheberpersönlichkeitsrechtsverletzung daher bereits nicht unabhängig von der Frage der freien Benutzung behandelt und lässt die Privilegierung einer zulässigen freien Benutzung auf die Interessenabwägung im Rahmen des § 14 UrhG durchschlagen.[738] Daran kann auch nach dem neuen Auslegungsmodell festgehalten werden.

III. Ergebnis

Der neue Auslegungsvorschlag zu § 24 UrhG ermöglicht eine flexiblere Vorgehensweise bei der Abgrenzung einer freien von einer unfreien Benutzung. Er orientiert sich vorwiegend an dem grundlegenden Sinn und Zweck der Vorschrift, nämlich der Berücksichtigung des Umstandes, dass kulturelles Schaffen auf vorbekannten Leistungen aufbaut.

Da ein gewisser kultureller Fortschritt für eine Privilegierung im Rahmen des § 24 UrhG erforderlich ist, muss die Nachschöpfung schutzfähig im Sinne des § 2 Abs. 2 UrhG sein. Dies verdeutlicht, dass es im Rahmen der Gegenüberstellung des Vorlagewerkes mit dem nachschaffenden Werk um die Abgrenzung zweier Schutzbereiche geht, denn § 24 UrhG ist eine Inhaltsbestimmung, keine Schranke.

Ob der Schutzbereich des Urhebers durch die Nachschöpfung spürbar berührt wird, bestimmt sich anhand einer Gesamtbetrachtung der sich gegenüberstehenden Werke, im Rahmen derer festzustellen ist, ob eine selbstständige Benutzung vorliegt, die als freie Anregung qualifiziert werden kann.

Dem Kriterium der Selbstständigkeit kommt eine eigenständige Bedeutung zu. Sie kann anhand der objektiven Erkennbarkeit des Eigenanteils des nachschaffenden Urhebers und der Art der Nutzung bestimmt werden. Indizien für ein selbstständiges Werk können das Vorliegen einer transformativen Werknutzung und die fehlende Substitutionskonkurrenz zum Vorlagewerk sein. Ungeeignet erweist sich bei der Feststellung der Selbstständigkeit eine Unterscheidung nach kommerzieller oder nicht kommerzieller Nutzung.

---

738 Vgl. BGH GRUR 1994, 206, 208 – Alcolix; Schricker/Loewenheim/*Dietz/Peukert*, § 14 Rn. 11d; Wandtke/Bullinger/*Bullinger*, § 14 Rn. 39; *Stuhlert*, Behandlung der Parodie, S. 79 ff.; *Hess*, Urheberrechtsprobleme der Parodie, S. 50.

Insgesamt soll im Rahmen der Bestimmung der Selbstständigkeit des neuen Werkes aufgezeigt werden, dass ein eigenständiger neuer Beitrag zum kulturellen Schaffen ist.

Zu berücksichtigen ist des Weiteren, dass § 24 UrhG eine umfassende Privilegierung darstellt. Allein die Selbstständigkeit eines Werkes darf im Hinblick auf gewichtige Urheberinteressen daher nicht dazu führen, dass die Benutzung als „frei" zu qualifizieren ist. Das unbestimmte Freiheitskriterium in § 24 UrhG dient daher als Korrektiv möglicher Interessenkollisionen, insbesondere der Feststellung, ob durch das nachschaffende selbstständige Werk persönlichkeitsrechtliche Interessen des Urhebers betroffen sein können. Gelangt man zu einer spürbaren Interessenbeeinträchtigung des Urhebers, scheidet eine Privilegierung nach § 24 UrhG aus.

C. Vereinbarkeit mit verfassungsrechtlichen Vorgaben

Das Auslegungsmodell müsste mit verfassungsrechtlichen Vorgaben vereinbar sein. Dabei ist insbesondere der vereinzelt vorgebrachte Einwand zu berücksichtigen, dass eine in § 24 UrhG vorgenommene Interessenabwägung im Lichte der Kunstfreiheit nach Art. 5 Abs. 3 GG das Gebot der mittelbaren Drittwirkung der Grundrechte missachte und tatsächlich eine freischwebende Interessenabwägung und damit eine unzulässige unmittelbare Drittwirkung der Grundrechte bezwecke.[739]

Zudem ist zu berücksichtigen, wie sich das Gebot der restriktiven Auslegung von Inhalts- und Schrankenbestimmungen zu dem Auslegungsvorschlag verhält.

I. Verfassungsrechtliche Kollisionslage

Das Urheberrecht ist als geistiges Eigentum verfassungsrechtlich durch die Garantie des Art. 14 Abs. 1 GG und Art. 2 Abs. 1 i.V.m. Art. 1 GG geschützt.[740] Schwerpunktmäßig hat sich die grundrechtliche Judikatur zum Urheberrecht mit Art. 14 GG auseinandergesetzt. Aus der Institutsgarantie des Art. 14 Abs. 1 GG ergibt sich die Zuordnung des wirtschaftlichen Nutzens eines Werkes zum Urheber.[741]

---

739 *Wegmann*, Rechtsgedanke der freien Benutzung, S. 195; *Poll*, ZUM 2004, 511, 517; *Schack*, FS Schricker, S. 518.

740 Dreier/Schulze/*Dreier*, UrhG Einl. Rn. 39; *Kreile*, FS Lerche, S. 253.

741 BVerfGE 49, 382, 400 – Kirchenmusik; BVerfG, GRUR 1972, 481, 484 – Kirchen- und Schulgebrauch.

Erfasst sind davon sowohl das vermögenswerte Ergebnis einer schöpferischen Leistung, als auch die Freiheit des Urhebers, in eigener Verantwortung darüber verfügen zu können.[742]

Die Eigentumsfreiheit ist kein schrankenlos gewährleistetes Grundrecht. Die verfassungsrechtliche Konzeption in Art. 14 Abs. 1 S. 2 GG sieht vor, dass das Eigentum einer Sozialbindung unterliegt, d. h. auch dem Wohl der Allgemeinheit dient.[743] Der Gesetzgeber hat im Rahmen der inhaltlichen Gestaltung des Urheberrechts sachgerechte Maßstäbe festzulegen, die der sozialen Bedeutung des Rechts entsprechen und eine angemessene Verwertung sicherzustellen.[744] Diesem Erfordernis ist er in den Regelungen des Schutzumfangs des Urheberrechts, der Zustimmungs- und Vergütungspflichtigkeit gewisser Nutzungshandlungen und in den Beschränkungen des Ausschließlichkeitsrechts in den §§ 44a ff. UrhG zugunsten schutzwürdiger Allgemeinwohlbelange von geistigem und kulturellem Wert nachgekommen.[745]

Die in den Inhalts- und Schrankenregelungen zum Ausdruck kommende abstrakte Güter- und Interessenabwägung des Gesetzgebers ist grundsätzlich abschließend. Aus der Schutzgebotsfunktion der Grundrechte kann sich allerdings im Einzelfall ergeben, dass unzureichende Abwägungsresultate durch eine verfassungskonforme Auslegung der betreffenden Vorschrift zu beheben sind.[746] Dies zeigte sich insbesondere im Germania3-Beschluss des Bundesverfassungsgerichts, das zugunsten der Kunstfreiheit nach Art. 5 Abs. 3 S. 1 GG eine grundrechtliche Abwägung bei der Anwendung der Zitatschranke des § 51 UrhG vornahm.[747]

Dieser kunstspezifischen Auslegung steht man teilweise kritisch gegenüber. Insbesondere wird darauf verwiesen, dass sie dem Grundsatz der engen Auslegung der Schrankenbestimmungen des Urheberrechts widerspreche und aufgrund der vom Gesetzgeber bereits vorgenommenen abstrakten Güter und Interessenabwägung nicht von Nöten sei.[748]

Der Germania3-Beschluss des Bundesverfassungsgerichts kann aber dahingehend verstanden werden, dass die Berücksichtigung der Kunstfreiheit durch

---

742 BVerfG, GRUR 1972, 481, 483 – Kirchen- und Schulgebrauch; *Grzeszick*, ZUM 2007, 344, 347.

743 BVerfG GRUR 1972, 481, 484 – Kirchen- und Schulgebrauch; Schricker/Loewenheim/*Melchiar*, Vor §§ 44a ff. Rn. 1; *Fechner*, Geistiges Eigentum und Verfassung, S. 163; *Lerche*, FS Reichardt, S. 101 ff.; *Stieper*, Schranken des Urheberrechts, S. 23 ff.; ausführlich zur Sozialbindung des geistigen Eigentums *Leinemann*, Sozialbindung, S.35 ff.

744 BVerfG GRUR 1972, 481, 484 – Kirchen- und Schulgebrauch; *Grzeszick*, ZUM 2007, 344, 350.

745 Amtl. Begr. BT Drucks. IV/270, S. 62.

746 BGH GRUR 2003, 956, 957 – Gies-Adler.

747 BVerfG GRUR 2001, 149 – Germania 3.

748 *Lindhorst*, MMR 2000, 686; *Schack*, JZ 2002, 1008.

eine zulässige verfassungskonforme Auslegung der Schrankenbestimmung im Rahmen der mittelbaren Drittwirkung der Grundrechte erfolgt.[749] Die vom Gesetzgeber vorgenommene abstrakte Güterabwägung verhindert folglich nicht, dass das Gericht im Einzelfall die betroffenen Interessen abwägt und das Ergebnis dieser Abwägung bei der Auslegung berücksichtigt.[750]

§ 24 UrhG soll dazu dienen, eigentumsrechtlich geschützte Interessen des Urhebers aus Art. 14 GG mit der Kunstfreiheit nachschaffender Künstler aus Art. 5 Abs. 3 S. 1 GG zu einem optimalen Ausgleich zu bringen.[751] Der Gesetzgeber hat die genaue Ausgestaltung dieses Interessenausgleichs jedoch weitgehend offen gelassen. Das Festhalten an dem Maßstab der Verblassensformel oder des inneren Abstandes ist daher nicht vorgeschrieben, eine Berücksichtigung auch verfassungsrechtlicher Aspekte, wie des Schutzes der künstlerischen Schaffensfreiheit in Art. 5 Abs. 3 S. 1 GG, ist vor allem dann geboten, wenn nach dem geltenden Maßstab kein optimaler Ausgleich der geschützten Interessen erzielt werden kann. Dies wäre dann der Fall, wenn dem nachschaffenden Künstler keine andere Wahl bliebe, als gegen Urheberrechte zu verstoßen, wenn er seine Kunstfreiheit ausübt.[752]

Im Fall der Remix-Kunst, zu der auch Fan Art zu zählen ist, haben sich die geltenden Maßstäbe als zu restriktiv erwiesen.[753] Einwände, die behaupten, dass die künstlerische Entfaltungsfreiheit eines kreativen Fans auch dann hinreichend berücksichtigt sei, wenn er seine Kunst nur im privaten Raum, quasi im „stillen Kämmerlein", produziere, können nicht überzeugen.[754] Sie verkennen die Bedeutung des künstlerischen Wirkbereichs für Fan Art, die als Kommunikations- und Interaktionsmittel innerhalb der Fangemeinde gebraucht wird und als eine Form der kollektiven Kreativität zu weiteren schöpferischen Leistungen anregen soll. Eine vollständige Einschränkung des Wirkbereichs einer Kunstrichtung im Sinne des Art. 5 Abs. 3 S. 1 GG ist ebenso unverhältnismäßig wie eine Verhinderung der Ausübung einer Kunstform.[755]

---

749 *Wegmann*, Rechtsgedanke der freien Benutzung, S. 195.

750 *Stieper*, Schranken des Urheberrechts, S. S. 46; *Borkamm*, FS Piper, S. 349.

751 *Fechner*, Geistiges Eigentum und Verfassung, S. 304; *Dahm*, Schutz des Urhebers durch die Kunstfreiheit, S. 169; *Huttenlauch*, Appropriation Art, S. 166; *Peifer*, Individualität im Zivilrecht, S. 104.

752 *Huttenlauch*, Appropriation Art, S. 168.

753 Vgl. *Peukert*, GRUR-Beilage 2014, 77, 89.

754 Vgl. *Akremi/Hellmann* in: Fans, S. 326 ff.

755 BVerfG NJW 2006, 596, 597 – Xavier Naidoo; BVerfGE 30, 173 = NJW 1971, 1645 – Mephisto; Dreier/*Wittreck*, GG Art. 5 III (Kunst), Rn. 45; Münch/Kunig/*Wendt*, GG, Art. 5 Rn. 93; Sachs/*Bethge*, GG Art. 5 Rn. 188.

In Fällen der Fan Art erweist sich eine Berücksichtigung der verfassungsrechtlich geschützten Kunstfreiheit nach Art. 5 Abs. 3 S. 1 UrhG im Rahmen der Bestimmung der Freiheit der Benutzung daher als geboten. Das Freiheitskriterium erweist sich aufgrund seiner Unbestimmtheit zudem als der geeignete Ort einer verfassungskonformen Auslegung.

II. Verhältnis des Grundsatzes der restriktiven Schrankenauslegung zum neuen Auslegungsvorschlag für § 24 UrhG

Die Kritiker flexiblerer Auslegungsmodelle im Urheberrecht berufen sich auf das sog. „Gebot" der restriktiven Schrankenauslegung auch für § 24 UrhG.[756]

Es ist daher darauf einzugehen, wie sich eine flexiblere Auslegung der freien Benutzung zu dem Grundsatz der restriktiven Schrankenauslegung verhält. Das Gebot einer restriktiven Auslegung der Schrankenbestimmungen im Urheberrecht entnimmt man dem in Art. 14 GG verankerten Beteiligungsgrundsatz des Urhebers.[757] Das vermeintliche Dogma hat allerdings zunehmend Kritik erfahren und wird sogar vereinzelt als „Ammenmärchen" bezeichnet.[758]

Den Kritikern der engen Schrankenauslegung kommt vor allem der Germania3-Beschluss des Bundesverfassungsgerichts entgegen, der gezeigt hat, dass in Schrankenbestimmungen, obwohl sie bereits Ausdruck der verfassungsrechtlichen Güter- und Interessenabwägung des Gesetzgebers sind, im Einzelfall besondere verfassungsrechtlich geschützte Allgemeinwohlbelange, wie etwa die Kunstfreiheit aus Art. 5 Abs. 3 GG, zu berücksichtigen sind.[759]

Auch im Hinblick auf neue Technologien hält man das Gebot der restriktiven Schrankenauslegung für nicht mehr haltbar, da es die Anpassungsfähigkeit der urheberrechtlichen Normen verhindere.[760]

Methodisch spricht gegen die restriktive Auslegung von Schranken- und Inhaltsbestimmungen, dass diese nach der zivilrechtlichen Methodenlehre allen-

756 Vgl. Schricker/Loewenehim/*Melchiar*, Vor §§ 45 ff, Rn. 15.

757 BVerfGE 31, 229 – Kirchen- und Schulgebrauch; BGHZ 50, 147, 152 f. – Kadinsky I; BGHZ 114, 358, 371 – Liedersammlung; BGH GRUR 1983, 28, 29 – Presseberichterstattung; Schricker/Loewenehim/*Melchiar*, Vor §§ 45 ff, Rn. 15.

758 *Geiger*, GRUR Int. 2008, 459; *Hilty*, GRUR 2005, 819, 823 f.; *von Becker*, GRUR 2004, 104, 108; *Kröger*, MMR 2002, 18, 20.

759 BVerfG NJW 2001, 598– Germania 3; weitere Entscheidungen, die auf Analogien oder erweiterter Auslegung von Schranken beruhen: BGH GRUR 2002, 963 – Elektronischer Pressespiegel; BGH GRUR 1999, 707 – Kopienversanddienst; kritisch dazu *Wegmann*, Rechtsgedanke der freien Benutzung, S. 195; *Poll*, ZUM 2004, 511, 521.

760 *Kröger*, MMR 2002, 18, 20.

falls bei Ausnahmevorschriften gerechtfertigt ist.[761] Von einer Ausnahme kann gesprochen werden, wenn ein bestimmter Fall nach dem Willen Gesetzgebers nicht von einer Regel abgedeckt ist oder sich im Widerspruch zu einer gegenwärtigen Regel befindet.[762] Die §§ 24, 44a ff. UrhG stellen jedoch Inhaltsbestimmungen bzw. Schutzbereichsbeschränkungen dar. Sie dienen der Berücksichtigung der Allgemeinwohlbelange und sollen diese in ein ausgeglichenes Verhältnis zu den Belangen des Urhebers bringen.[763] Treffend illustriert *Geiger* den Unterschied zwischen Ausnahme und inhaltlicher Begrenzung des Rechts mit dem Bild einer Insel. Während die Ausnahme die Insel von Freiheit in einem Meer von Ausschließlichkeit sei, stellten die Schrankenbestimmungen das Meer von Freiheit um eine Insel von Ausschließlichkeit dar.[764]

Methodisch ist die restriktive Auslegung demzufolge schon im Rahmen der Schrankenbestimmungen kein zwingendes Erfordernis.

Im Falle der freien Benutzung, die als Inhaltsbestimmung zu verstehen ist, kann das vermeintliche Dogma der restriktiven Auslegung einem flexibleren Verständnis der Regelung ebenfalls nicht entgegenstehen.

§ 24 UrhG dient der Abgrenzung zweier selbstständiger Schutzbereiche und ist damit ebenfalls nicht als Ausnahmevorschrift zu verstehen. Greift man das Inselbeispiel von *Geiger* auf, so hat man es bei einer freien Benutzung mit zwei Inseln zu tun, die sich in dem Meer aus Freiheit gegenüberliegen. Im Fall des § 24 UrhG kommt es zu keiner spürbaren Beeinträchtigung des Beteiligungsgrundsatzes des Urhebers aus Art. 14 GG.

Das Gebot der restriktiven Schrankenauslegung steht einer flexibleren Auslegung der freien Benutzung nach § 24 UrhG folglich nicht entgegen.

III. Keine freischwebende Güterabwägung

Der Auslegungsvorschlag für § 24 UrhG ist von einem Modell abzugrenzen, demzufolge der Konflikt zwischen dem Urheberrecht und den Kommunikationsgrundrechten mit Hilfe einer außerhalb der urheberrechtlichen Tatbestände erfolgenden grundrechtlichen Interessenabwägung oder des Instituts des überge-

---

761 Selbst dies ist mittlerweile in der Methodenlehre umstritten, vgl. dazu *Geiger*, GRUR Int. 2008, 459, 461.

762 Vgl. *Kröger*, MMR 2002, 18, 20.

763 *Stieper*, Schranken des Urheberrechts, S. 45 ff.; *Peifer*, Individualität im Zivilrecht, S. 104; *Hubmann*, Recht des schöpferischen Geistes, S. 124; *Schmieder*, UFITA 80 (1977) 127, 132.

764 *Geiger*, in: Interessenausgleich im Urheberrecht, S. 150.

setzlichen Notstands gelöst werden soll.[765] Eine freischwebende oder nachgeschaltete Güter- und Interessenabwägung würde die Kompetenzen der Zivilgerichte überschreiten.[766] Soweit die zulässige verfassungskonforme Auslegung des Gesetzes nicht möglich erscheint, etwa wegen eines eindeutigen Wortlauts, ist gemäß Art. 100 Abs. 1 GG eine Vorlage an das Bundesverfassungsgericht erforderlich.

Soweit das hier vorgeschlagene Auslegungsmodell für § 24 UrhG von der Abwägung urheberrechtlicher Interessen gegen die Interessen der nachschaffenden Urheber spricht, bedeutet dies nicht, dass außerhalb des § 24 UrhG eine nachgeschaltete verfassungsrechtliche Interessenabwägung nach dem Modell des übergesetzlichen Notstandes stattfinden soll, um einen bestehenden Eingriff durch eine abstrakte Interessenabwägung zu rechtfertigen. Vielmehr geht es darum, festzustellen, ob überhaupt ein Eingriff vorliegt und dem Sinn und Zweck der Vorschrift entsprechend, zwei selbstständige Schutzbereiche voneinander abzugrenzen. Das Freiheitskriterium dient lediglich als Korrektiv möglicher Interessenkollisionen, soweit diese nicht bereits im Rahmen der Bestimmung der Selbstständigkeit der Benutzung ausgeschlossen werden können, etwa durch einen sehr hohen Grad an Selbstständigkeit bei dem nachschaffenden Werk. Der Wortlaut der Regelung ist vor allem hinsichtlich des Begriffs der „freien" Benutzung nach § 24 UrhG unbestimmt, so dass er einer verfassungskonformen Auslegung, die im Einzelfall die künstlerische Entfaltungsfreiheit nach Art. 5 Abs. 3 S. 1 GG berücksichtigt, nicht entgegensteht.

IV. Ergebnis

Es lässt sich festhalten, dass dem Auslegungsvorschlag für § 24 UrhG keine verfassungsrechtlichen Vorgaben entgegenstehen.

---

765 So aber: LG Berlin, NJW 1995, 881; Schricker/*Wild*, 2. A. , § 97 Rn. 20.
766 BGH GRUR 2003, 956, 957 – Gies-Adler; *Bornkamm*, FS Piper, S. 650; *Schack*, FS Schricker, S. 518.

D. Vereinbarkeit mit gemeinschaftsrechtlichen Vorgaben und internationalen Konventionen

In internationalen Konventionen finden sich keine expliziten Regelungen zur freien Benutzung.[767] Die Berner Übereinkunft zum Schutz von Werken der Literatur und Kunst überlässt gemäß Art. 5 Abs. 2 S. 2 RBÜ die Abgrenzung der Bearbeitung von der freien Benutzung im Einzelfall dem Recht des Schutzlandes. Auch im TRIPS-Übereinkommen findet sich keine besondere Bestimmung. Die Zulässigkeit des Rechtsinstituts ergibt sich jedoch aus Art. 5 Abs. 2 S. 2 RBÜ und Art. 13 TRIPS.

Die Richtlinie 2001/29/EG zur Harmonisierung bestimmter Aspekte des Urheberrechts und der verwandten Schutzrechte in der Informationsgesellschaft befasst sich mit Schranken zu Vervielfältigungs-, Verbreitungs- und Wiedergaberechten. In Art. 5 Abs. 3 lit. k RL 2001/29/EG findet sich eine Regelung für „die Nutzung zum Zwecke von Karikaturen, Parodien oder Pastiches", die den Mitgliedstaaten gestattet, in diesen Fällen Ausnahmen in Bezug auf die in den Artikeln 2 und 3 vorgesehen Rechte der Vervielfältigung und öffentlichen Wiedergabe und öffentlicher Zugänglichmachung vorzusehen. Das Rechtsinstitut der freien Benutzung ist jedoch sowohl nach traditioneller Auslegung als auch nach dem neuen Auslegungsvorschlag weiter zu verstehen und sieht nicht ausschließlich die Privilegierung von Parodien, sondern auch anderer kreativer Werknutzungen vor.[768] Mit dem abschließenden Schrankenkatalog der Informationsrichtlinie ist das Rechtsinstitut der freien Benutzung demnach nicht vereinbar, sofern man § 24 UrhG als Schrankenregelung versteht.[769]

Die Ausführungen zur dogmatischen Einordnung des § 24 UrhG haben bereits gezeigt, dass vieles dafür spricht, § 24 UrhG nicht als Schranke, sondern als Inhaltbestimmung im Sinne des Art. 14 Abs. 1 GG anzusehen.[770] Dieser Ansatz wäre

767 Fromm/Nordemann/*Nordemann*, §§ 23/24 Rn. 7; *Wegmann*, Rechtsgedanke der freien Benutzung, S. 36.

768 *Stuhlert*, Behandlung der Parodie, S. 294.

769 Näheres dazu oben: A. II.; für die dogmatische Einordnung der Regelung als Schrankenbestimmung: *Bauer*, User Generated Content, S. 330; *Garloff*, GRUR 2001, 476, 477; *Stuhlert*, Behandlung der Parodie, S. 15; Mestmäcker/Schulze/*Haberstumpf*, § 24 UrhG Rn. 1; Dreier/Schulze/*Schulze*, § 24 Rn. 1; *Schramm*, Sample-Computer, S. 122; *Stieper*, Schranken des Urheberrechts, S. 7.

770 Siehe oben: A. II.; Vgl. *Dreier/Leistner*, GRUR-Beilage 2014, 13, 16; *Peifer*, FS Wandtke, S. 106; ähnlich: *Wehler*, Die freie Benutzung im digitalen Zeitalter, S. 24; *Czernik*, Die Collage, S. 302 ff.; *Chakraborty*, Das Rechtsinstitut der freien Benutzung, S. 25 f.; Wandtke/Bullinger/*Bullinger*, § 24 UrhG Rn. 1; *Hess*, Urheberrechtsprobleme der Parodie, S. 28; *Ruijsenaars*, GRUR Int. 1993, 918, 923 f.; *Slopek*, WRP, 2009, 20, 22; *Brauns*, Entlehnungsfreiheit, S. 15 ff..

nicht nur der dogmatisch sauberste, sondern hätte zudem den Vorteil, dass sich die Problematik der Aufnahme einer weiteren Regelung in den Schrankenkatalog der Harmonisierungsrichtlinie erübrigen würde.[771] Der Auslegungsvorschlag wäre bedenkenlos mit gemeinschaftsrechtlichen Vorgaben und internationalen Konventionen vereinbar.

Um der nicht unbeachtlichen Gegenansicht zu begegnen, soll jedoch ergänzend auf die Vereinbarkeit des Auslegungsvorschlags mit gemeinschaftsrechtlichen Vorgaben eingegangen werden, unterstellt, es handelt sich bei § 24 UrhG um eine Schrankenbestimmung.

I. Vereinbarkeit mit dem Dreistufentest

Mit dem abschließenden Schrankenkatalog der Harmonisierungsrichtlinie ist § 24 UrhG, wie erwähnt, nicht vereinbar. Die starren europäischen Schrankenvorgaben sind jedoch vermehrt in die Kritik geraten.[772] Im „Gowers Report" wurde bereits eine Berichtigung der Harmonisierungsrichtlinie vorgeschlagen, um die Einführung einer Schranke zu ermöglichen, die transformative Werknutzungen im Rahmen der durch den Dreistufentest festgelegten Vorgaben erlaubt.[773] Auch die EU-Kommission zieht in ihrem Grünbuch 2008 die Ergänzung der Harmonisierungsrichtlinie um einen solchen Ausnahmetatbestand in Erwägung, indem sie *Gowers* Vorschlag aufgreift und zur Diskussion stellt, ob die „Richtlinie um eine Ausnahme für von Nutzern geschaffene Inhalte erweitert werden" sollte.[774] Vor diesem Hintergrund steht hinsichtlich der Vereinbarkeit des Auslegungsvorschlags für § 24 UrhG insbesondere dessen Vereinbarkeit mit dem Dreistufentest in Frage.

Als internationale „Schranken-Schranke" findet sich der Dreistufentest in allen wichtigen urheberrechtlichen Staatsverträgen und gilt daher als konventionsrechtlicher Maßstab für die Beschränkung von Urheberrechten.[775] Gemäß Art. 9 Abs. 2 RBÜ, Art. 13 TRIPS und Art. 10 WCT ist eine Urheberrechtsschranke

771 Vgl. *Dreier/Leistner*, GRUR-Beilage 2014, 13, 16; *Peifer*, FS Wandtke, S. 106.

772 Vgl. *Kleinemenke*, ZGE/IPJ 5 (2013), S. 104; *Förster*, Fair Use, S. 213; *Bauer*, User Generated Content, S. 407; *Kreutzer*, Verbraucherschutz, S. 10.

773 Gowers Report, S. 68, abrufbar unter der URL: https://www.gov.uk/government/uploads/system/uploads/attachment_data/file/228849/0118404830.pdf (letzter Abruf: 15.06.2015).

774 *EG-Kommission*, Grünbuch – Urheberrechte in der wissensbestimmten Wirtschaft, KOM (2008) 466.

775 *Poeppel*, Neuordnung der urheberrechtlichen Schranken, S. 107; *Bauer*, User Generated Content, S. 420; *Kleinemenke*, Fair Use im deutschen Urheberrecht, S. 436.

zulässig, wenn sie einen bestimmten Sonderfall betrifft, die normale Verwertung des Werkes nicht beeinträchtigt und die berechtigten Interessen des Urhebers bzw. Rechteinhabers nicht unzumutbar verletzt.

1. Bestimmter Sonderfall

Auf der ersten Teststufe setzt das Vorliegen eines „bestimmen Sonderfalls" zumindest voraus, dass die Schranke einen spezifischen Nutzungszweck privilegiert.[776]

Nach dem vorgebrachten Auslegungsvorschlag verfolgt § 24 UrhG den Zweck, natürlichen Personen die erlaubnisfreie Nutzung fremder Werke und Leistungen zu gestatten, soweit dies der kreativen Auseinandersetzung dient, aus der ein eigener kultureller Beitrag hervorgeht, der sich derart von der Vorlage unterscheidet, dass er als selbstständig gelten kann und die Interessen des Urhebers bzw. der Rechteinhaber nicht spürbar beeinträchtigt.

Problematisiert wurde bereits, ob dieser Nutzungszweck den Anforderungen des Bestimmtheitsgebots genügen kann.[777] Geht man davon aus, dass das Bestimmtheitserfordernis des Dreistufentests voraussetzt, dass eine Schrankenbestimmung auf klar umrissene Einzelfälle beschränkt sein muss, genügt der Vorschlag der Anforderung nicht, da selbst der Nutzungszweck der kreativen Auseinandersetzung in Form der transformativen Werknutzung kaum auf klar umrissene Einzelfälle beschränkbar ist.[778] Dies ergibt sich schon daraus, dass die Privilegierung des § 24 UrhG aus einer Berücksichtigung der künstlerischen Schaffensfreiheit nach Art. 5 Abs. 3 GG resultiert, die auf nicht bestimmte Einzelfälle reduziert werden kann.

Teilweise wird vertreten, die Voraussetzung des „bestimmten Sonderfalls" nicht im Sinne eines echten Bestimmtheitsgebotes, sondern weiter zu verstehen.[779] Sie stützt sich auf den Wortlaut der Art. 9 Abs. 2 RBÜ, Art. 13 TRIPS, Art. 10 WCT, in denen lediglich eine Beschränkung auf „gewisse" Sonderfälle vorgesehen ist. Der Dreistufentest solle den Gesetzgeber nicht daran hindern, offene Beschränkungen beizubehalten oder einzuführen, solange die Reichweite derartiger Beschrän-

776 Im Übrigen sind die Anforderungen des bestimmten Sonderfalls umstritten. Zum Streitstand siehe: *Poeppel*, Die Neuordnung der urheberrechtlichen Schranken, S. 112ff..

777 Siehe oben: A. I..

778 *Bornkamm*, FS Erdmann, S. 45f.; *Bauer*, User Generated Content, S. 421; *Förster*, Fair Use, S. 196f.; *Reinbothe*, FS Dittrich, S. 257.

779 *Kleinemenke*, Fair Use im deutschen Urheberrecht, S. 453ff.; *Senftleben*, GRUR Int. 2004, 200, 206; *Poeppel*, Neuordnung der urheberrechtlichen Schranken, S. 113; Geiger, IIC 2009, 627, 633ff..

kungen hinreichend vorhersehbar ist.[780] Diese Vorhersehbarkeit sei auch dann gegeben, wenn eine Abwägung anhand etablierter und nachhaltiger Kriterien erfolge.

Mit diesem Verständnis des Bestimmtheitserfordernisses würde die vorgebrachte Auslegung, welche die Selbstständigkeit und Freiheit der kreativen Werknutzungen anhand bestimmter Kriterien feststellt[781], den Anforderungen des Bestimmtheitsgebotes genügen.

Für das Vorliegen eines „Sonderfalls" ist richtigerweise darauf abzustellen, welchem Zweck eine Beschränkung des Urheberrechts dient.[782] Dient die Schranke der Durchsetzung von Grundrechten wie der Kunstfreiheit kann von einem Sonderfall ausgegangen werden.[783]

Die vorgeschlagene Auslegung des § 24 UrhG entspricht demnach den Anforderungen der ersten Teststufe, da sie vor allem die durch Art. 5 Abs. 3 GG geschützte künstlerische Schaffensfreiheit berücksichtigen soll.

2. Beeinträchtigung der normalen Auswertung

Um die zweite Teststufe zu bestehen, dürfte durch § 24 UrhG in der hier vorgebrachten Auslegung nicht die „normale Auswertung" der von ihm eingeschränkten Schutzgegenstände beeinträchtigt sein.

Der Begriff der „normalen Werkauswertung" betrifft nach überwiegender Auffassung den ökonomischen Kern des Urheberrechts.[784] Es sollen vor allem „intakte Marktsegmente" geschützt werden, in denen der Urheber seinen Beteiligungsanspruch durch Ausschließlichkeitsrechte realisieren kann.[785] Von einer Beeinträchtigung der normalen Auswertung ist auszugehen, wenn die Schran-

---

780 *Kleinemenke*, Fair Use im deutschen Urheberrecht, S. 456; *Geiger*, IIC 2009, 627, 633f..

781 Siehe oben: B. II. 3. und 4..

782 *Poeppel*, Neuordnung der urheberrechtlichen Schranken, S. 113; *Senftleben*, GRUR Int. 2004, 200, 207; *Hilty*, GRUR 2005, 819, 825; *Bauer*, User Generated Content, S. 421; *Kleinemenke*, Fair Use in deutschen Urheberrecht, S. 458.

783 *Rehse*, Ungeschriebene Schranken, S. 141; *Runge*, GRUR Int. 2007, 130, 134; *Senftleben*, GRUR Int. 2004, 200, 207f.; *Kleinemenke*, Fair Use im deutschen Urheberrecht, S. 458.

784 *Senftleben*, GRUR Int. 2004, 209; *Findeisen*, Auslegung urheberrechtlicher Schrankenbestimmungen, S. 167; *Poeppel*, Neuordnung der urheberrechtlichen Schranken, S. 116; *Bauer*, User Generated Content, S. 422; *Kleinemenke*, Fair Use im deutschen Urheberrecht, S. 470.

785 *Senftleben*, GRUR Int. 2004, 200, 209; *Bornkamm*, FS Erdmann, S. 48; für eine rein ökonomisch fokussierte Betrachtungsweise spricht sich die TRIPS-Schiedsstelle aus, vgl. WTO-Panelreport, WT/DS160/R; Übersicht zum Streitstand siehe: *Kleinemenke*, Fair Use im deutschen Urheberrecht, S. 460ff..

kenbestimmung die Rechtsinhaber einer aktuellen oder potenziellen Einnahmequelle beraubt, der typischerweise ein besonderes Gewicht innerhalb der Gesamtverwertung der betroffenen Werke zukommt.[786] Insbesondere ist dies der Fall, wenn ein bestimmtes Werk ausschließlich für die Verwertung in einem Bereich geeignet ist, der durch die Schranke privilegiert wird.

Zur Bestimmung der Selbstständigkeit eines Werkes im Sinne von § 24 UrhG dient nach dem vorgebrachten Auslegungsvorschlag u. a. die Substitutionskonkurrenz des Vorlagewerkes und der kreativen Werknutzung als Feststellungskriterium. Fehlt es an einer Substitutionskonkurrenz ist im Regelfall von einer selbstständigen Nutzung im Sinne des § 24 UrhG auszugehen. Sofern eine Substitutionskonkurrenz nicht festgestellt werden kann, z. B. weil das nachschaffende Werk einen anderen Markt bedient als das Vorlagewerk, wie es vor allem bei Parodien und transformativer Fan Art der Fall ist, kann auch nicht von einer Beeinträchtigung der normalen Werkauswertung ausgegangen werden. Spätestens bei der Bestimmung des Freiheitskriteriums in § 24 UrhG wird darauf abgestellt, ob eine Beeinträchtigung ökonomischer und ideeller Interessen des Urhebers ausgeschlossen werden kann. Die Anforderungen der zweiten Teststufe sind folglich gewahrt.

3. Unzumutbare Verletzung berechtigter Interessen

Als dritte Teststufe sieht der Dreistufentest vor, dass eine Schrankenregelung die berechtigten Interessen der Urheber nicht unzumutbar verletzen darf, womit sowohl die ideellen als auch die materiellen Interessen der betroffenen Rechteinhaber geschützt werden sollen.[787] Untersagt ist lediglich eine „unzumutbare" Verletzung berechtigter Interessen, d. h. nicht jede Verletzung, sondern nur solche, bei denen die Urheberinteressen gegenüber den durch die Schranke privilegierten Interessen unangemessen zurückgestellt werden. Diese Interessenabwägung entspricht im Wesentlichen der verfassungsrechtlichen Verhältnismäßigkeitsprüfung nach deutschem Recht.[788]

Da in dem hier vorgebrachten Auslegungsvorschlag das Freiheitskriterium des § 24 UrhG als Korrektiv möglicher Interessenkollisionen dienen soll, ist die dritte

---

786 *Poeppel*, Neuordnung der urheberrechtlichen Schranken, S. 116; *Senftleben*, GRUR Int. 2004, 200, 209; *Bauer*, User Generated Content, S. 422; *Kleinemenke*, Fair Use im deutschen Urheberrecht, S. 470; ähnlich bereits: *Ulmer*, GRUR Int. 1967, 431, 444.

787 *Poeppel*, Die Neuordnung der urheberrechtlichen Schranken, S. 119.

788 *Senftleben*, GRUR Int. 2004, 200, 210; *Hilty*, GRUR 2005, 819, 825; *Geiger*, GRUR Int. 2008, 459, 468.

Teststufe bereits in die Regelung integriert, so dass eine unzumutbare Verletzung berechtigter Interessen ausgeschlossen werden kann.

II. Ergebnis

Geht man davon aus, dass es sich bei § 24 UrhG um eine Schrankenbestimmung handelt, wäre der Auslegungsvorschlag mit den verbindlichen Vorgaben aus dem konventionsrechtlich verankerten Dreistufentest vereinbar. Der abschließende Schrankenkatalog der Harmonisierungsrichtlinie müsste allerdings noch um eine Ausnahmeregelung für kreative
Werknutzungen ergänzt werden.

Gemäß der vorzugswürdigeren Ansicht, wonach § 24 UrhG dogmatisch als Inhaltsbestimmung einzuordnen ist, ergeben sich keinerlei Probleme hinsichtlich der Vereinbarkeit des Vorschlags mit gemeinschaftsrechtlichen Vorgaben und internationalen Konventionen.

7. Kapitel: Anwendung des Lösungsansatzes

Im 7. Kapitel sollen die für § 24 UrhG gefundenen neuen Maßstäbe auf Fan Art angewendet werden. Da nach dem jeweiligen Einzelfall zu differenzieren ist, wird dazu auf einschlägige Beispiele aus dem 1. Kapitel zurückgegriffen.

A. Charakterportraits

I. Zeichnungen nah am Original (kopierende Fan Art)

Im 1. Kapitel wurde eine Batman-Zeichnung vorgestellt, die ein Fan unter dem Pseudonym „Fastfood“ in dem Onlineforum deviantart.com gepostet hatte. Untertitelt ist die Zeichnung mit einem Disclaimer des Wortlauts: „All rights reserved by DC and all that jazz“.[789] Welche Vorlage der Fan „Fastfood“ seiner Zeichnung zu Grunde legte, ist nicht bekannt. Die Fan-Zeichnung hat jedoch Ähnlichkeit mit der offiziellen Batman-Darstellung von *Jim Lee*, welcher der Figur u. a. in der „Batman: Black and White“-Serie (DC Comics) folgendes Gesicht gab:

Batman: Black and White (2000), DC Comics, Zeichner: Jim Lee[790]

789 Siehe Abbildung „The „Batman““ Fan Art von Kristian alias „Fastfood“, in: 1. Kap. A. II. 1. a).
790 Siehe: F.A.Z. Klassiker der Comic Literatur, Band 7, „Batman“ (2005), S. 247 f..

„The Batman“ Fan Art von Kristian alias „Fastfood“[791]

Es kann davon ausgegangen werden, dass die Originalfigur „Batman“ isoliert schutzfähig im Sinne des § 2 Abs. 2 UrhG ist. Sie ist nicht nur durch die charakteristische Fledermausoptik gekennzeichnet, sondern hebt sich auch durch ihren vergleichsweise düsteren Charakter von dem üblichen Schema des Superhelden ab. Der ursprüngliche Batman ist das Alter Ego des Multimillionärs „Bruce Wayne“, der seine Eltern im Kindesalter verlor, weil diese Opfer eines Raubüberfalls wurden.[792] Um das Trauma zu überwinden, erfindet Bruce Wayne die Figur „Batman“, eine düstere Fledermausgestalt, in deren Rolle er schlüpft, um Rache und Vergeltung für das Verbrechen zu üben, das an seinen Eltern begangen wurde. Die Geschichte wird in vielen Batman-Comicserien immer wieder aufgegriffen und hat auch das Erscheinungsbild der Figur, nämlich das Bild eines grimmigen und düsteren Rächers im Fledermauskostüm, maßgeblich geprägt.[793] *Jim Lees* „Batman“-Darstellung verdeutlicht die Charakterzüge der Figur durch starke Hell-dunkel-Kontraste, welche diese hart und kantig erscheinen lassen. Die Statur des Helden wirkt extrem trainiert und bullig, das Gesicht sehr markant.

791 Abrufbar unter der URL: http://fastfood.deviantart.com/art/The-„Batman“-91491966 (letzter Abruf: 15.06.2015).

792 Vgl. *Bob Kane (u. a.)*, Detective Comics Vol. 1 # 33 (1939); *Bob Kane (u. a.)*, „Batman“ Vol. 1 # 47 (1948).

793 F.A.Z. Klassiker der Comic Literatur, Band 7, „Batman“ (2005), S. 6 f..

Um eine freie Benutzung gemäß § 24 UrhG zu sein, müsste es sich bei der Fanzeichnung ebenfalls um ein schutzfähiges Werk im Sinne des § 2 Abs. 2 UrhG handeln, das eine selbstständige Neuschöpfung darstellt und eine freie Benutzung ist, welche die berechtigten Interessen des Urhebers nicht spürbar beeinträchtigt. Dies ist anhand einer wertenden Gesamtbetrachtung zu bestimmen, die der Feststellung dient, ob es sich um zwei getrennte Schutzbereiche oder einen Eingriff in den Schutzbereich der geschützten Figur „Batman“, insbesondere in der durch *Jim Lee* geprägten Darstellungsweise, handelt.

Die Pose, die der Fan von Batman zeichnet, zählt zu einer von dessen charakteristischen Körperhaltungen. Sie zeugt von Stärke und Entschlossenheit. Durch diese Merkmale ist auch das Original gekennzeichnet. Sofern die Zeichnung aufgrund ihrer Komposition noch ausreichend Individualität aufweisen würde, um als Werk im Sinne des § 2 Abs. 2 UrhG gelten zu können, bestehen jedenfalls Zweifel an ihrer Selbstständigkeit.

Ein selbständiges Werk läge dann vor, wenn ein erkennbarer Eigenanteil des Fans in der Zeichnung zum Ausdruck käme. Bei Fan Art kann dieser besonders darin bestehen, dass mit stereotypischen Charakterdarstellungen gebrochen wird, dass ein gewisses Spiel mit Realität und Fiktion erkennbar wird oder dass die Zeichnung wie eine Art Ikonendarstellung der besonderen individuellen Beziehung des Fans zu seinem Fanobjekt Ausdruck verleiht.[794] In der Zeichnung des Fans kommen jedoch kaum individuelle Anteile des Fans zum Vorschein. Als Fan Art ist sie nur deshalb erkennbar, weil sie in einem Titelzusatz einen Disclaimer enthält, der auf *DC Comics* verweist, allerdings nicht die Urheber konkret benennt. Es heißt etwas lieblos: „All rights reserved by DC and all that jazz“. Da es gerade im Fall „Batman“ nicht unüblich ist, dass die Zeichner der offiziellen Comicserien wechseln, könnte die Fanzeichnung mit einem Verweis, der sich lediglich auf die Rechteinhaberschaft von „DC“ beschränkt, sogar mit einer Originaldarstellung des Batman verwechselt werden. Dies lässt es nicht abwegig erscheinen, dass die Zeichnung daher auch in Substitutionskonkurrenz zum Original treten könnte. Die Fanzeichnung ist somit unselbstständig. Darüber hinaus ist denkbar, dass durch sie wirtschaftliche Interessen der Rechteinhaber beeinträchtigt werden können.

Die Darstellung des Fans „Fastfood“ ist ein Fall der kopierenden Fan Art, die einen Eingriff in den Schutzbereich der Figur Batman darstellt und keine freie Benutzung gemäß § 24 UrhG.

794 Siehe 5. Kapitel A. II..

II. Zeichnungen mit erkennbarem Eigenanteil

Als Beispiel für Fan Art mit erkennbarem Eigenanteil soll das Filmplakat dienen, welches ein Fan unter dem Pseudonym „pastorgavin" in einem Onlineforum veröffentlichte:

„Batman vs. Predator" von „pastorgavin" [795]

In dem Bild wird zwar erneut deutlich, um welche Figuren es sich handelt, durch die Darstellung wird jedoch eine Überschneidung zweier voneinander unabhängiger Universen simuliert, so dass es sich um transformative Fan Art handelt. „Batman" agiert in einer anderen Geschichte als die „Predators" aus der Alien-Trilogie[796]. In der Simulation eines solchen Treffens wird der persönliche Eigenanteil des Fans erkennbar. Er stellt eine Facette der Figur „Batman" dar, die nicht existiert und verleiht ihr dadurch eine neuartige Prägung. Aus der Darstellung des Batman als Superheld im Fledermauskostüm wird in der Fandarstellung ein futuristischer Kämpfer. Dadurch dass eine Überschneidung der Universen des Batman und der „Predators" von Seiten der Rechteinhaber nicht vorgesehen ist, erscheint es unwahrscheinlich, dass die Zeichnung in Substitutionskonkurrenz zu dem Original treten könnte. Dies spricht dafür, sie als selbstständig zu qualifizieren.

795 Online abrufbar unter der URL: http://www.deviantart.com/art/Batman-vs-Predator-153003902 (letzter Abruf: 15.06.2015).
796 Vgl. *Paul W. Anderson*, Alien vs. Predator, (2004).

Um mögliche Interessenkollisionen zu vermeiden, ist im Rahmen der Bestimmung der Freiheit der Benutzung zu berücksichtigen, ob es zu einer spürbaren Interessenbeeinträchtigung auf Seiten der Rechteinhaber kommt. Von Relevanz ist dabei der Grad der Selbstständigkeit der Fanzeichnung. Je selbstständiger diese ist, desto unwahrscheinlicher erscheint eine Interessenbeeinträchtigung.

Die Selbstständigkeit der vorliegenden Zeichnung ergibt sich aus der Simulation der Begegnung zweier voneinander völlig unabhängiger Charaktere. Trotz dieses transformativen Charakters der Zeichnung bleiben wesentliche inhaltliche Merkmale der Charaktere erkennbar. Der Grad der Selbstständigkeit ist daher als niedrig einzustufen. Sofern eine spürbare Beeinträchtigung von Urheberinteressen zu befürchten wäre, wäre die Fanzeichnung daher nicht als „frei" im Sinne des §24 UrhG zu qualifizieren. Als Interesse der Rechteinhaber und Originalurheber sind sowohl wirtschaftliche Interessen als auch ideelle Interessen zu berücksichtigen.

Dem Fan geht es in seiner Zeichnung vorrangig um die Darstellung eines Aufeinandertreffens von Batman und einem Predator. Weder knüpft er dadurch an eine bestehende Handlung aus einer der Batman-Comicserien an, noch erscheint es wahrscheinlich, dass in zukünftige Serien ein ähnliches Aufeinandertreffen initiiert werden soll. Der kundige Betrachter erkennt daher, dass es sich bei der Zeichnung um Fan Art und nicht das Original handelt. Selbst wenn die Zeichnung kommerziell vertrieben würde, wäre es unwahrscheinlich, dass die Käufer, die meist selbst Fans des Originals sind, das Original nicht mehr erwerben wollen. Wirtschaftliche Interessen der Rechteinhaber sind daher nicht spürbar beeinträchtigt. In ideeller Hinsicht ist in erster Linie auf das Integritätsinteresse des Originalurhebers, *Bob Kane*, abzustellen. Dabei dürfen jedoch nur ernstzunehmende Beeinträchtigungen ins Gewicht fallen. Eine Berücksichtigung von Überempfindlichkeiten des Urhebers würde das kulturelle Schaffen, das auf vorbekannten geistigen Leistungen aufbaut, zu stark einschränken.[797] Vorliegend erscheint eine Beeinträchtigung ideeller Interessen nicht ersichtlich. Vielmehr wird das Charakterkonzept Batmans unterstrichen und lediglich im Wege einer spielerischen Auseinandersetzung weitergesponnen und ausdifferenziert.

Das Crossover „Batman vs. Predator" wäre demnach als freie Benutzung zulässig gemäß § 24 UrhG.

---

797 Schricker/Loewenheim/*Dietz/Peukert*, § 14 Rn. Rn. 29; Dreier/Schulze/*Schulze*, § 14 Rn. 24; *Hess*, Urheberrechtsprobleme der Parodie, S.167; *Schack*, § 12 Rn. 389 ff..

III. Das Aufbrechen stereotypischer Charakterdarstellungen in Fan Art

Der Künstler *Mark Chamberlain* stellte im Jahr 2005 in einer New Yorker Galerie eine Serie von Aquarellen aus, welche die Figuren „Batman“ und „Robin“ als Liebespaar zeigten. Gegen die Ausstellung versuchte der Verlag „DC Comics“ vorzugehen und drohte rechtliche Schritte an, sofern die Zeichnungen nicht abgehangen würden.[798]

Die Zeichnungen zeigen zum einen, dass gewisse Darstellungen geschützter fiktive Figuren von den Rechteinhabern und Urhebern nicht immer ohne weiteres geduldet werden. Sie eigenen sich auch als Untersuchungsgegenstand, ob Portraitzeichnungen mit deutlich transformativem Charakter nach dem neuen Maßstab als freie Benutzung gemäß § 24 UrhG qualifiziert werden oder gewichtige Interessen der Rechteinhaber und des Urhebers verletzen können.

Batmann und Robin in homoerotischer Pose von „Mark Chamberlain“[799]

Die Darstellung von *Mark Chamberlain* ist eine überspitzte Darstellung des innigen Verhältnisses von Batman und Robin in den Originalcomicserien. Dieses ist

---

798 Vgl. *Katyal*, 14 Am. Journ. of Gender, Soc. Pol. & the Law 461, (2006), S. 463.
799 http://www.apartmenttherapy.com/the-gallery-mark-chamberlain-49386 (letzer Abruf: 15.06.2015).

allerdings nicht romantisch oder erotisch konnotiert, vielmehr erfüllt Bruce Wayne (Batman) eine väterliche Rolle, indem er den Waisenjungen „Dick" bei sich aufnimmt, der ihm später als „Robin" im Kampf gegen das Verbrechen zur Seite steht.[800]

Die Darstellung des Verhältnisses von Batman und Robin in einem romantischen bis erotischen Zusammenhang verändert dieses Charakterkonzept in seinem geistig-ästhetischen Sinngehalt und ist folglich ein Beispiel für eine transformative Werknutzung.[801] Diese Art Werknutzung zeugt in der Regel von einem deutlich erkennbaren Eigenanteil des nachschaffenden Urhebers und ist als selbstständig zu qualifizieren.

Bei der Darstellung von Batman und Robin in einer homoerotischen Beziehung stellt sich in erster Linie die Frage, ob eine spürbare Interessenbeeinträchtigung in ideeller Hinsicht vorliegt. Die Darstellung von Batman als Liebhaber des Robin könnte insbesondere deshalb einen anrüchigen Charakter haben, da Batman eine väterliche Rolle in dem Leben von Robin erfüllt. Der Zeichnung könnte man dagegen den Gedanken entnehmen, dass Batman diese väterliche Rolle missbraucht hat, um Robin zu verführen. Sofern die Zeichnung ein Bild von Batman als Verführer seines Schutzbefohlenen verfestigen würde, könnte dies nicht nur das Werkintegritätsinteresse *Bob Kanes* beeinträchtigen, sondern auch das Image der Figur schädigen, welches mit den wirtschaftlichen Interessen des Rechteinhabers *DC Comics* insbesondere im Bereich des Character Merchandising verbunden ist. Im Bereich der Parodie legt man allerdings bei der Abwägung der Interessen von Urheber und Parodisten auch bei erotischen bis pornografischen Darstellungen mit Sicht auf die künstlerische Schaffensfreiheit aus Art. 5 Abs. 3 GG besondere Maßstäbe an, solange sich die Parodie innerhalb bestimmter Grenzen hält.[802] Als Grenze des Zumutbaren ist insbesondere die sog. „Schmähung" anzusehen, welche vorliegt, wenn bei einer entstellenden Werknutzung nicht der Zweck der kritischen Meinungsäußerung im Vordergrund steht, sondern das Werk des Urhebers ohne hinreichende Auseinandersetzung und ohne Sachzusammenhang lediglich verhöhnt und verspottet werden soll. [803]

Entscheidende Bedeutung kommt bei der Prüfung einer spürbaren Interessenbeeinträchtigung des Urhebers und der Rechteinhaber somit dem Betrachterhorizont zu. Es ist auf einen Zuschauer abzustellen, der über die nötigen in-

800 Vgl. *Bob Kane (u.a.)*, Robin the Boy Wonder, Detective Comics Vol. 1 #38 (1940).

801 Vgl. *Kreutzer*, Verbraucherschutz, S 73.

802 *Hefti*, Die Parodie im Urheberrecht, S. 119.

803 Siehe dazu oben: 6. Kap. B. II. 4. b) aa); vgl. BVerfG ZUM 2013, 793, 795; BVerfG NJW 2003, 3760; BVerfG NJW 1987, 2661, 2662.

tellektuellen Fähigkeiten verfügt, den möglichen antithematischen Charakter der Darstellung zu verstehen.[804]

Ein kundiger Leser der Batman-Reihe erkennt schon aufgrund des besonderen Malstils, dass es sich nicht um eine originale Darstellung des Batman handelt, sondern vielmehr eine spielerische Auseinandersetzung mit dem Verhältnis von Batman und Robin, die das innige Verhältnis der Charaktere auf die Spitze treibt. Substituierenden Charakter hat die Darstellung schon aufgrund der antithematischen Auseinandersetzung mit dem Rollenbild von Batman aller Wahrscheinlichkeit nach nicht. Eine wirtschaftliche Interessenbeeinträchtigung ist daher nicht zu befürchten. Solange sich die Aussage der Darstellung nicht lediglich der Verhöhnung der fiktiven Figuren auf Kosten *Bob Kanes* beinhaltet, müssten auch die ideellen Interessen des Urhebers mit Sicht auf die künstlerische Schaffensfreiheit *Mark Chamberlains* nach Art. 5 Abs. 3 GG zurücktreten.[805] Um eine Darstellung, welche die Grenze der Geschmacklosigkeit überschreitet, handelt es sich nicht. Hinsichtlich des Einwands, dass ein Bild von Batman erzeugt werden könnte, der seinen Schutzbefohlenen verführt, kann entgegengehalten werden, dass Batman und Robin in der Abbildung wie gleichberechtigte Partner dargestellt werden. Zwar ruhen Batmans Hände beschützend auf Robins Schultern, Robin ist jedoch in aufrechter Haltung dargestellt. Durch seine Aussage „Let's not ask for the moon – we have the stars!" zeigt er sich zudem selbst in einer aktiven und selbstbewussten Rolle. Es wird somit in erster Linie mit dem stereotypischen Charakterkonzept der Figur Batman gespielt, welches aufgebrochen werden soll. Dabei geht es nicht darum, Batman als fiktive Persönlichkeit zu verunglimpfen, sondern die alternative Darstellung eines sonst harten Superhelden als sanftmütiger und liebevoller Partner.

Insgesamt ist die Darstellung von *Mark Chamberlain* daher keine spürbare Interessenbeeinträchtigung der Rechteinhaber und des Urhebers und ist folglich gemäß § 24 UrhG zulässig.

B. Fan Fiction

Bei Fan Fiction ist zwischen klassischer Fan Fiction, die transferierenden Charakter hat und dem besonderen Fall der Slash Fiction, die transformativen Charakter hat zu unterscheiden.

804 Wandtke/Bullinger/*Bullinger*, § 24 Rn. 14; *Stuhlert*, Behandlung der Parodie, S. 24.
805 Vgl. *Hefti*, Die Parodie im Urheberrecht, S. 113 ff..

I. Klassische Fan Fiction

In dieser Arbeit werden als klassische Fan Fiction solche Geschichten bezeichnet, die Fans zu ihren Lieblingsserien und mit fiktiven Figuren schreiben und dabei schlüssig an bestehende Konzepte anknüpfen und gegebenenfalls weiterentwickeln. In diesen Fällen handelt es sich um sog. transferierende Fan Art. Als Beispiel soll ein Auszug aus der Fan Fiction „Nemesis" von *Joseph Robert Robin Terry Carter* dienen, welche in einem Blog veröffentlicht wurde:

> „... Auch wenn er ihr nicht traute – sie war Teil seiner ‚Familie' – einer Familie, die er sich über die Jahre aufgebaut hatte – und die jetzt bedroht wurde. Azrael. Nightwing. Robin. Huntress. Alle wurden von jemanden bedroht. Das würde er nicht zulassen. Nie wieder! Er hatte einmal seine Familie verloren – in einer dunklen Seitengasse, innerhalb vom Bruchteil einer Sekunde, innerhalb der Zeit, die man braucht, um zwei Pistolenschüsse abzugeben ... In dieser Nacht war etwas in ihm zerbrochen – und der Batman war geboren worden, eine Kreatur der Nacht. Mehr als ein Mensch – ein Schatten, ein Flüstern ... Der Junge in ihm war in dieser Nacht ebenfalls gestorben – Bruce Wayne war nur eine leere Hülle, unter der dünnen Oberfläche befand sich jemand anderes – eine Kreatur der Nacht. Batman. Der Alptraum von Gothams Unterwelt. Und ein Symbol. Ein Symbol für Gerechtigkeit. Und für die Sicherheit der Menschen. Und das war seine Aufgabe ..."[806]

„Nemesis" erzählt eine Geschichte, die sich gut in die neueren Batman-Serien einfügen könnte. Bereits in dem Auszug werden die typischen Beziehungen der Charaktere untereinander deutlich. Es wird auf Batmans Kindheitstrauma verwiesen und seine Rolle als dunkler Rächer schon im Titel der Geschichte („Nemesis") hervorgehoben. Die Charaktere und grundlegenden Handlungsstränge sind wie im Original angelegt. Hinsichtlich der neuen Fortsetzung bzw. Alternativgeschichte sind zwar gewisse Eigenanteile des Fans erkennbar, der Fan übernimmt jedoch die fiktiven Figuren weitgehend unverändert, um seine Geschichte mit ihnen zu schreiben. Dies hat, auch wenn aus der subjektiven Sicht des Fans keine Schädigung des Originals intendiert ist, objektiv betrachtet einen gewissen ausbeuterischen Charakter, wenn man im Rahmen der Bestimmung der Freiheit der Benutzung berechtigte wirtschaftliche Interessen der Rechteinhaber berücksichtigt. Die Batman-Serie gilt als nicht abgeschlossen und wird ständig fortentwickelt. Eine Fangeschichte, die einen gewissen Handlungsverlauf vorwegnimmt, kann den Markt der Rechteinhaber in der Hinsicht beeinträchtigen, als es diesen nicht mehr möglich ist, die Fortsetzung zu vermarkten, die der Fan aus den geschützten Charakteren entwickelt. Da die Geschichte einen verhältnismäßig geringen Grad an Selbststän-

806 Siehe: http://www."Batman„s.de/Querbat/nemesis01.html (letzter Abruf: 15.06.2015).

digkeit erreicht (sie ist als Geschichte zwar eigenständig, übernimmt die Charakterbilder jedoch weitgehend unverändert), sind die Interessen der Urheber und Rechteinhaber besonders zu gewichten. Mit Sicht auf die kreative Schaffensfreiheit des Fans aus Art. 5 Abs. 3 S. 1 GG erscheint dies auch verhältnismäßig, da er in seiner Geschichte das kreative Potential seiner persönlichen Interpretation der Figuren besser hätte auszunutzen können. Die Fan Fiction „Nemesis“ wäre daher nicht unter § 24 UrhG zu fassen.

II. Sonderfall: Slash Fiction

Einen Sonderfall im Bereich der Fan Fiction stellt Slash Fiction dar. In ihr werden stereotypische Darstellungen bekannter Charaktere aufgebrochen, indem sie besonders Figuren, die einem heteronormativen Leitbild entsprechen, in einer homosexuellen Beziehung auftreten lässt.[807] Es handelt sich somit um eine Form der sog. transformativen Fan Art.

Ein Beispiel für eine solche Slash Fiction stellt der Text „Poison“[808] dar, den ein weiblicher Fan namens *Gemma* unter dem Psyeudonym „xxroxasandkeyxx“ in einem Onlineforum veröffentlicht hat.

Sie beginnt mit einer klassischen Szenerie, wie sie der originalen Batman-Comicserie entstammen könnte, und beschreibt zunächst, wie Batman durch die Straßen von Gotham City zieht, um seinen Erzfeind, den „Joker“[809] ausfindig zu machen. Die Geschichte geht dabei insbesondere auf die Gedanken und Gefühle von Batman bei der Jagd nach dem Joker ein. Als es schließlich zum Treffen zwischen Batman und dem Joker kommt, nimmt der Verlauf der Handlung einen überraschenden Wendepunkt. Zunächst kommt es zu einem Kampf zwischen Batman und dem Joker, bei dem Batman zu unterliegen droht. In diesem Moment wird das Bild von Batman als der starke und harte Kämpfer verändert, wenn es bspw. heißt:

---

807 Siehe 1. Kap. A. II. 2..

808 Siehe: http://www.deviantart.com/art/Poison-Chapter-1–354435551 (letzter Abruf: 02.06.2014).

809 Vgl. *Bob Kane* (u.a.), „Batman“ #1 (1940); *Ed Brubaker* (u.a.), „Batman“: The Man Who Laughs, (2005).

> „(...) He went to strike me with his left fist but I caught it mid-air and punched him in the side of his chest, hoping he would fall off me. It wasn't until that point when I was fighting him, that I realized how weak I actually was."[810]

Der Leser, dem das Genre Slash einigermaßen vertraut ist, weiß, dass an dieser Stelle ein Wendepunkt in der Geschichte stattfindet. In der Kampfszenerie entdeckt Batman plötzlich eine schwache Seite in sich. Nahtlos an diese Erkenntnis wird eine romantisch bis erotisch anmutende Beschreibung des Gesichts des Jokers geknüpft:

> „The moon shone down in between the mist, just enough to shine onto The Joker's face, illuminating his pale skin and scarred, deep red lips. I stared longingly into his emerald green eyes seeing not a crazy man but a gentle, misguided soul much like myself."[811]

Neben seiner verletzlichen Seite entdeckt Batman in der Fangeschichte nun auch eine gewisse Form der Zuneigung für den Joker. Von der Rolle des starken Superhelden, der das Verbrechen gnadenlos verfolgt, wechselt er nun in die Rolle des Unterlegenen, der sich dem Joker, dem Inbegriff des Verbrechens, überraschend wehrlos hingibt:

> „He must have noticed the change in the atmosphere because he dropped the knife onto the wet ground, smiling a real smile, like it came from an angel. "Batsy..." He whispered as he pressed his soft, fragile lips against mine. I was confused and knew deep down that this was wrong but I couldn't control the moan that escaped my throat. (...)"[812]

Das Charakterkonzept von Batman als der willensstarke, getriebene und düstere Rächer wird in der Geschichte verkehrt in ein Bild von einem unterlegenen Batman, der sich von dem Joker beinahe widerstandslos verführen lässt. Den Klimax der Geschichte bildet schließlich eine Sexszene zwischen Batman und dem Joker. Zum Ende der Geschichte findet sich Batman verwirrt in dem Bett seiner Resi-

---

810 Übersetzt: „Er versuchte mich mit seiner linken Faust zu schlagen, doch ich stoppte sie auf halbem Wege, traf ihn in die Seite und hoffte, dass er von mir fallen würde. Erst in diesem Moment, als ich mit ihm kämpfte, realisierte ich, wie schwach ich tatsächlich war."

811 Übersetzt: „Der Mond schien durch den Nebel herab, gerade hell genug, um das Gesicht des Jokers zu beleuchten und seine bleiche Haut und seine narbigen, tief roten Lippen zu illuminieren."

812 Übersetzt: „Er musste die Veränderung der Atmosphäre bemerkt haben. Denn er ließ das Messer auf den nassen Boden fallen und lächelte plötzlich. Es war ein ernsthaftes Lächeln wie das eines Engels. „Basty...", flüsterte er als er seine weichen, zitternden Lippen auf die meinen presste. Ich war verwirrt und spürte tief in mir, dass es falsch war, doch ich könnte das Stöhnen nicht unterdrücken, das meiner Kehle entwich."

denz wieder und glaubt, das erotische Treffen mit dem Joker nur geträumt zu haben, bis er schließlich feststellt, dass der Joker direkt neben ihm liegt.

Die Geschichte ist ein gutes Beispiel dafür, dass Slash Fiction keine Schmähkritik an stereotypischen Rollendarstellungen von manchen fiktiven Figuren üben will, sondern sich vielmehr spielerisch mit dem vorbekannten Charakterkonzept „Batman“ und der Batman-kundigen Leserschaft auseinandersetzt. Dies wird besonders an dem Aufbau der Geschichte deutlich: Der Leser wird zunächst in eine klassische vertraute Szene eingeführt und erwartet eine typische Erzählung. Schließlich wird im Hauptteil der Geschichte überraschend mit dem klassischen Charakterkonzept der Hauptfigur gebrochen. Das Ende lässt wiederum für einen kurzen Moment die Möglichkeit offen, dass der Hauptteil in Wahrheit gar nicht stattgefunden hat. Es wird der Anschein erweckt, Batman habe nur geträumt. Schließlich wird dieser Anschein erneut zerstört, als Batman den Joker an seiner Seite entdeckt.

Durch diesen spielerischen Bruch mit stereotypischen Charakter- und Handlungskonzepten enthält Slash Fiction einen hohen individuellen Eigenanteil des Fans. Ähnlich wie im Beispiel der homoerotischen Darstellung von Batman und Robin stellt sich bei Slash Fiction weniger die Frage nach der Selbstständigkeit der kreativen Werknutzung, sondern hauptsächlich nach der spürbaren Beeinträchtigung von urheberrechtlich geschützten Interessen.

In diesem Fall gelten jedoch die gleichen Maßstäbe wie im Beispiel der untersuchten Darstellung von Batman und Robin. Es ist auf die Bewertung eines Betrachters abzustellen, dem das Original bekannt ist. Wirtschaftliche Interessen werden daher im Fall Slash Fiction im Regelfall nicht beeinträchtigt sein. Der kundige Betrachter wird das Image des Batman aus der Slash Fiction nicht auf das Original übertragen, da er es als Fan Art erkennt. Dies ergibt sich häufig schon aus dem Kontext, in dem die Fan Fiction veröffentlicht wird.

Die Darstellung der erotischen Szene von Batman und Joker dient nicht der bloßen Verhöhnung des Werkschaffens *Bob Kanes*, sondern enthält sogar Elemente der Bewunderung, die der Fan beiden Charakteren entgegen bringt. Man könnte zwar anbringen, dass es nicht zu Batmans rechtschaffenem Charakter passt, dass er sich auf eine Affäre mit dem Joker einlassen würde, allerdings ist den Fans zuzugestehen, dass Batman und Joker auch im Original auf gewisse Weise voneinander besessen sind. Beide Charaktere kennzeichnet eine Ruhe- und Rastlosigkeit, solange sie den anderen nicht in ihrer Gewalt wissen.[813] Sie wechseln sich in ihren Rollen als Jäger und Gejagter ab. Auf gewisse Weise können sie weder mit noch ohneeinander. Das Original inszeniert dadurch bereits eine

813 Vgl. *Alan Moore (u. a.)*, Batman: The Killing Joke, (1988).

gewisse Form der Beziehung. Batman und Joker sind in der Rolle des Pro- und Antagonisten ein Charakterpaar. Diese Partnerschaft ist im Original zwar nicht romantischer oder erotischer Natur, sofern Fans das Verhältnis des Charakterpaars jedoch in einer Slash Fiction auf die Spitze treiben, ist dies keine völlig unangemessene Darstellung. Zu berücksichtigen ist zudem, dass die spielerische Auseinandersetzung mit Rollenstereotypen in Slash Fiction eine künstlerische Form der Kritik und somit zugleich Meinungsäußerung ist, die sich der Urheber eines Werkes zumindest solange gefallen lassen muss, wie diese nicht rein verspottenden oder unsachlichen Charakter hat. Mit Slash versucht sich der Fan über starre Charakterkonzepte des Mainstream hinwegzusetzen. Im Fall der Batman/Joker-Fiction wird daher aus dem sonst sehr maskulinen und starken Batman ein verunsicherter Charakter, der sich der Verführung des Jokers hingibt. Es liegt folglich keine bloße „Schmähung" vor, so dass sich die Darstellung der Charaktere aus urheberpersönlichkeitsrechtlicher Sicht noch in den Grenzen des Zumutbaren hält.

Die Joker/Batman-Fiction ist demzufolge zulässig gemäß § 24 UrhG.

C. Anime Music Videos („AMVs")

Bei Anime Music Videos ergibt sich der kreative Eigenanteil der Fans aus einer individuellen Zusammenstellung einzelner Szenen und deren harmonisch abgestimmter Kombination mit der ausgewählten Musik ergeben kann.[814] Sie sind meist als transformative Fan Art einzuordnen.

Zur Veranschaulichung wie ein AMV mit transformativem Charakter aussehen kann, soll ein Video dienen, das unter dem Titel „Superhero Spotlight: Batman (AMV)" von einem Fan unter dem Psyeudonym „TheEpicTribute" am 27.01.2013 auf YouTube veröffentlicht wurde.[815]

Das Video ist eine Collage aus verschiedenen Batman-Zeichentrickserien, welche die Entstehung und Entwicklung des Jungen „Bruce Wayne" zu dem Helden „Batman" thematisiert. Dabei wird die verletzliche Seite des „Batman" betont, nämlich das Trauma, welches dieser als Kind erlitt, als seine Eltern vor seinen Augen von Kriminellen ermordet werden. Es beginnt mit einer Szene, in welcher der erwachsene Bruce Wayne Rosen auf das Grab seiner Eltern legt und einer Rückblende zu dem Überfall auf die Familie. Im Verlauf des Videos wird dargestellt, wie der jugendliche Bruce Wayne das Trauma dadurch zu verarbeiten

814 Vgl. zum Fall des Mashup: *Gelke*, Mashups, S. 228.
815 Siehe: http://www.youtube.com/watch?v=3Rt6B7 m9ZaE (letzter Abruf; 15.06.2015).

versucht, indem er sich zu einem Kämpfer ausbilden lässt und schließlich zu dem düsteren „Batman" wird, der jedes Verbrechen bekämpfen will, um den Tod der Eltern zu rächen. Es wechseln Szenen, die Batman und seine Helfer als starke Kämpfer zeigen, mit Szenen, die ihn sichtlich gealtert und nachdenklich darstellen. Unterlegt ist die Collage mit dem Song „Not my time" der Band „Three Doors Down". Die Bilder der Collage fügen sich sehr passend zu bestimmten Textpassagen des Songs. Der Refrain des Songs: „Cause it's not my time / I'm not going / There's a fear in me / It's not showing / This could be the end of me / And everything I know / Oh, I won't go" unterstreicht das Grundthema des Videos, das Batman als einen rastlosen Krieger darstellt, der unermüdlich gegen das Böse kämpft, weil es ihm nicht gelingt, den wahren Kampf seines Lebens gegen seine eigenen inneren Dämonen auszutragen. Auf diese Weise wird eine atmosphärische Hommage an die fiktive Figur „Batman" geschaffen, welche die Bewunderung des Fans zum Ausdruck bringt.

Zusätzlich zu dem Video veröffentlicht der Fan folgenden Disclaimer:

> „This video is purely fan made, and I am not making any profit. I do not own the clips or the songs I used, they belong to their rightful owners/companies. No Copyright Infringement intended at all."

Das Video thematisiert keine neuen Charakterfacetten der Figur Batman, sondern betont bereits vorbekannte Charakterzüge der Figur, wie es bei einer Hommage als Ausdruck von Bewunderung und Respekt üblich ist.[816] In der Art und Weise, wie die Bewunderung zum Ausdruck gebracht wird, werden bei dem AMV „Superhero Spotlight: Batman (AMV)" auch persönliche individuelle Züge des Fans erkennbar. Insbesondere die Auswahl der Szenen und der Musik zeugen von Individualität. Das Video ist in seiner Gesamtheit daher als schutzfähiges Werk im Sinne von § 2 Abs. 2 UrhG zu bewerten. Um zulässig im Sinne des § 24 UrhG zu sein, müsste es des Weiteren selbstständig sein und keine berechtigten Interessen der Rechteinhaber oder des Urhebers spürbar beeinträchtigen.

Bei dem AMV kann besonders hervorgehoben werden, dass es, obwohl keine eigenständig gezeichneten Bilder von Batman, sondern existierende Szenen aus bestehenden Batman-Zeichentrickserien verwendet werden, nicht denselben substituierenden Charakter hat, wie die Verwendung der Tonspur. Die verwendeten Szenen stammen aus verschiedenen Serien und werden teilweise nur für Sekundenbruchteile eingeblendet. Auf diese Weise kann die Serie zu der Figur nicht subsituiert werden. Stattdessen kann das Video durch seinen Hommage-

816 Vgl. *Kakies*, Kunstzitate, S. 15.

Charakter unter Umständen sogar einen gewissen Werbeeffekt erzielen, indem es Neugierde auf den Verlauf der Originalserien weckt.

Durch die wohl bedachte Verknüpfung der unterschiedlichen Filmausschnitte wird ein eigenständiges Musikvideo simuliert, das in sich schlüssig erscheint und eine eigene künstlerische Gesamtaussage enthält.

Es ist somit als hinreichend selbstständig im Sinne des § 24 UrhG zu bewerten.

Hinsichtlich der Figur und der Filmausschnitte dürfte das Video zu keiner spürbaren Interessenbeeinträchtigung führen. Eine solche ist jedoch auch nicht ersichtlich. Allenfalls könnte man den Lizenzmarkt der Rechteinhaber der Filmsequenzen als berechtigtes Interesse anführen. Demgegenüber steht jedoch die künstlerische Schaffensfreiheit des AMV-Künstlers als ebenfalls zu berücksichtigendes Interesse mit Sicht auf Art. § 5 Abs. 3 GG. Anders als bei der Tonspur hat der AMV-Künstler hinsichtlich der Filmspuren nämlich nicht die Möglichkeit, auf kostenfreies Material zurückgreifen zu können. Eine Hommage an die entsprechende Figur kann nur erbracht werden, wenn diese in dem Video auch sichtbar wird. Dem Fan ist auch schwer zumutbar, für jede einzelne Sekunde, die er von einer Filmspur für sein Gesamtkunstwerk verwendet, eine Lizenz zu erwerben. Zum einen ist dies mit einem gesteigerten Kostenaufwand verbunden, zum anderen sind Lizenzen nicht immer verfügbar. Das wirtschaftliche Interesse der Rechteinhaber hat daher mit Sicht auf die künstlerische Schaffensfreiheit des Fans zurückzutreten, insbesondere da im Übrigen keine Einschränkungen des Marktes der Rechteinhaber zu befürchten sind. An dieser Stelle kann auch berücksichtigt werden, dass das AMV deutlich als „fanmade“ gekennzeichnet wird und dass keine schädigende Intention verfolgt werden soll.

In Bezug auf die fiktive Figur und die Filmsequenzen als Schutzobjekt eröffnet das AMV „Superhero Spotlight: Batman (AMV)“ einen völlig eigenständigen Schutzbereich und ist als freie Benutzung gemäß § 24 UrhG zu qualifizieren.

D. Costume Play („Cosplay“)

Bei der Frage, ob Cosplay nach dem neuen Maßstab für § 24 UrhG privilegiert werden kann, soll die im 1. Kapitel vorgestellte Fotografie als Beispiel dienen.[817]

Der persönlich individuelle Beitrag des Fans liegt im Fall des Cosplay vor allem in dem Spiel mit Realität und Fiktion, so dass es sich um eine Form der transformativen Fan Art handelt. Der Fan schlüpft in die Rolle des Fanobjekts, um es für andere Fans lebendig darzustellen. Dabei betont er seine persönliche

---

817 Vgl. Abbildung in: 1. Kap. A. II. 5.

Vorstellung von dem Fanobjekt und jene Charaktereigenschaften, die er für besonders bewundernswert hält.

Im vorliegenden Beispiel stellt der Fan, welcher Batman mimt, die Entschlossenheit und Aufrichtigkeit des Charakters dar. Seine Pose ist sehr aufrecht und angespannt. Im Kontrast dazu posiert die Darstellerin von Catwoman in einer geschmeidigen Haltung, die besonders durch die schwungvolle um den Körper geschlungene Peitsche betont wird. Die Fans zeigen auf diese Weise ein lebendiges Bild des klassischen Charakterkonzepts von Catwoman und Batman.

Entscheidend bei der Beurteilung der Zulässigkeit dieser Form der Fan Art sind vor allem die Grenzen des isolierten Gestaltenschutzes. In manchen Fällen ist der Schutzbereich der dargestellten fiktiven Figur daher schon nicht eröffnet. Dies gilt insbesondere, wenn literarische Figuren dargestellt werden, zu deren Optik kein einheitliches Bild existiert.

Batman ist eine Comicfigur, deren Optik hinreichend einheitlich visualisiert wurde. Erstreckt man den Schutzbereich Batmans auf den dreidimensionalen Bereich, ist die kreative Leistung der Cosplaydarsteller allerdings dennoch zu würdigen. Die wenigsten Comicfiguren werden nämlich so plastisch wahrnehmbar, wie sie der Cosplayer darstellen kann. Batman und Catwoman aus den originalen Comicserien sind zweidimensionale Zeichnungen. Wichtig ist zu beachten, dass die hier abgebildeten Fans nicht die Kostüme aus bekannten Batman-Verfilmungen tragen. Sonst könnte man an der Individualität ihrer Werktransformation des zweidimensionalen in einen dreidimensionalen Batman zweifeln. In diesem Fall werden jedoch ausschließlich die gezeichneten Figuren nachgestellt. Die Kostüme der Fans sind dementsprechend selbst entworfen und geschneidert. Sowohl bei der Auswahl des Stoffes als auch bei der Anfertigung kommt daher eine gewisse persönliche Note des Fans objektiv zum Ausdruck. Vervollkommnet wird der Ausdruck schließlich durch die schauspielerische Darstellung des Bildes, welches der Fan von der dargestellten Figur hat.

Hinzu kommt, dass durch Cosplay sogar ein gewisser Werbeeffekt für die Rechteinhaber erzielt werden kann. Dieser kann darin bestehen, dass Cosplayer wie lebendige Werbepuppen auf einschlägigen Messen flanieren und somit Aufmerksamkeit nicht nur für ihre Darstellung, sondern auch für die dargestellte Figur erzeugen. Ein Werbeeffekt kann auch dadurch erzielt werden, dass andere Fans, die nicht allzu handwerklich begabt sind, dazu animiert werden, die offiziellen Cosplaykostüme der Rechteinhaber zu kaufen, um ebenfalls an der Cosplayszene partizipieren zu können. Schließlich wird der Werbeeffekt auch dadurch deutlich, dass Rechteinhaber regelmäßig zu Cosplaywettbewerben animieren.

Dies sind Indizien, die gegen eine spürbare Beeinträchtigung urheberrechtlich geschützter Interessen durch Cosplayer sprechen. Durch die eigene kreative Leistung, welche die schauspielerische Darstellung und das eigen händische Erstellen des Charakterkostüms umfasst, kann Cosplay in der hier dargestellten Weise somit hinreichend selbstständig sein und die Interessen von Urhebern und Rechteinhabern sogar eher fördern als beeinträchtigen.

Eine Darstellung wie die vorliegende von Batman und Catwoman ist daher ebenfalls zulässig gemäß § 24 UrhG.

Gesamtergebnis

Es hat sich bestätigt, dass ein gerechterer Interessenausgleich zwischen Urhebern und kreativen Werknutzern im Fall der Fan Art durch eine flexiblere Auslegung der Inhaltsbestimmung des § 24 UrhG erzielt werden kann.

Der isolierte urheberrechtliche Schutz der in Fan Art benutzten fiktiven Figuren kann hingegen nicht als ungerechtfertigt bewertet werden, da er gewichtigen urheberrechtlichen Interessen dient, insbesondere wirtschaftlichen Interessen wie dem Character Merchandising. Die Nachteile des Gestaltenschutzes, insbesondere die Gefahr ausufernder Schutzbereiche kann durch eine hinreichende Konkretisierung der Schutzbereiche vermieden werden, indem das „äußere Gesamtbild" einer Figur geschützt wird. Gemeint ist damit das einheitliche Gesamtbild, welches losgelöst von dem Werk, in dem die Figur auftritt, objektiv erkennbar wird. Je nach Art der Figur sind die das Gesamtbild prägenden Merkmale unterschiedlich zu gewichten. Im Fall der literarischen Figur kommt es vorwiegend auf wahrnehmbare Charaktereigenschaften an, während das Gesamtbild einer bildlichen Figur vorwiegend durch ihre visuelle Darstellung geprägt wird.

Hinsichtlich der Zulässigkeit von Fan Art, die geschützte fiktive Figuren benutzt, fällt das Untersuchungsergebnis unterschiedlich aus.

Allgemein lässt sich Fan Art als jedes kreative Erzeugnis eines Fans definieren, das dessen besonderer Bindung zu einer öffentlich präsenten realen oder fiktiven Person oder Sache (Fanobjekt) erkennbar Ausdruck verleiht, der Interaktion und Kommunikation mit anderen Fans dient und teilweise eine kritische oder komische Auseinandersetzung des Fans mit dem Fanobjekt beinhalten kann. Der Begriff umfasst eine Vielzahl von Erscheinungsformen, die unterschiedlich bewertet werden müssen. Differenziert werden kann zwischen Fan Art mit kopierendem Charakter, transferierender Fan Art und transformativer Fan Art.

Nach dem geltenden Maßstab stellt die Benutzung geschützter fiktiver Figuren in Fan Art häufig eine unfreie Bearbeitung oder Umgestaltung gemäß § 23 S. 1 UrhG dar, deren Veröffentlichung und Verwertung der Einwilligung des Urhebers bedarf. Teilweise kann das in § 14 UrhG normierte Integritätsinteresse des Urhebers betroffen sein, während das Namensnennungsrecht aus § 13 UrhG hingegen in aller Regel nicht beeinträchtigt ist, da Fans die Originalurheber kenntlich machen.

Die möglichen Eingriffe können nach geltenden Maßstäben nur in Einzelfällen durch Inhalts- und Schrankenbestimmungen ausgeschlossen oder gerechtfertigt sein.

Trotz der gelockerten Anforderungen an § 51 UrhG seit dem „Germania 3"-Beschluss des Bundesverfassungsgerichts, lässt sich eine Privilegierung für Fan

Art im Regelfall nicht durch die Zitatschranke erzielen. Fan Art enthält zwar Elemente der Auseinandersetzung und Meinungsbildung, will jedoch das Fanobjekt nicht zitieren, sondern sich spielerisch damit dergestalt auseinandersetzen, dass die in Fan Art benutzten fiktiven Figuren anders dargestellt werden als im Original. Insbesondere transformative Fan Art ist daher nicht mit dem Veränderungsverbot des § 62 UrhG und der Belegfunktion des Zitats vereinbar.

Für eine Privilegierung von Fan Art kommt in erster Linie das Rechtsinstitut der freien Benutzung gemäß § 24 UrhG in Betracht.

Da die in Fan Art benutzten geschützten Figuren zumindest in formaler Hinsicht erkennbar bleiben, kann ein äußerlicher Abstand durch „Verblassen" des Aneignungsgegenstandes allerdings in der Regel nicht bejaht werden. Die Rechtsprechung greift bei der Bestimmung der freien Benutzung jedoch zunehmend auf den Maßstab des „inneren Abstands" zurück, so dass der Verblassensformel im engeren Sinne nur noch eine untergeordnete Rolle beizumessen ist. Der Maßstab des „inneren Abstandes" lässt die formal erkennbare Benutzung geschützter Inhalte zu. Vereinzelt kann daher insbesondere transformative Fan Art bereits nach der geltenden Rechtspraxis durch § 24 UrhG privilegiert sein.

Als problematisch für Fan Art erweist sich jedoch die stark einzelfallbezogene Judikatur zum „inneren Abstand". Da der Maßstab am Fall der Parodie entwickelt wurde, stellt sich vor allem die Frage, ob Fan Art, die keine parodiespezifischen Kriterien erfüllt, von § 24 UrhG erfasst ist.

Teilweise können Vorschläge aus dem Schrifttum, die sich für eine flexible Handhabung des Kriteriums des „inneren Abstandes" bei der Auslegung des § 24 UrhG zugunsten anderer derivativer Kunstformen aussprechen, für Fan Art fruchtbar gemacht werden. Dies gilt insbesondere für das Modell der kunstspezifischen Auslegung, durch das der verfassungsrechtliche Schutz derivativer Kunstformen nach Art. 5 Abs. 3 S. 1 GG bei der Bestimmung des inneren Abstandes stärker berücksichtigt werden soll. Ein Nachteil der kunstspezifischen Auslegung des § 24 UrhG besteht jedoch darin, dass sie die Interessen kreativer Werknutzer teilweise übergewichtet, indem sogar Kunst privilegiert werden soll, die das Original bewusst kopiert und keine objektiv erkennbaren Eigenanteile enthält. Dies widerspricht dem Wortlaut des § 24 Abs. 1 UrhG, der eindeutig das Entstehen eines neuen Werkes im Sinne des § 2 Abs. 2 UrhG voraussetzt. Auslegungsvorschläge, die den Werkbegriff ebenfalls im Sinne des Art. 5 Abs. 3 S. 1 GG modifizieren wollen, sind abzulehnen, da sie mit den geltenden Grundsätzen des Urheberrechts nicht vereinbar sind und den Wortlaut des § 24 UrhG überstrapazieren. Der Auslegungsvorschlag hat daher teilweise die Neigung, das Interessenungleichgewicht zwischen Urhebern und nachschaffenden Künstlern zulasten der Urheber lediglich zu verlagern und nicht zu einem optimalen Ausgleich zu bringen.

Andererseits erweist sich die gegenwärtige Rechtspraxis als übermäßige Beschränkung der kreativen Gestaltungsfreiräume bei derivativen Kunstformen. In der heutigen Referenzkultur entfalten sich kreative und individuelle Beiträge zum kulturellen Schaffen zunehmend in der Auseinandersetzung mit vorbekannten geistigen Inhalten. Individualität und Kollektivität schließen einander nicht aus, sondern bedingen einander. Man nennt dies auch den sog. „Netzwerkindividualismus“. Die Anreizfunktion des Urheberrechts soll den kulturellen Fortschritt gewährleisten. Aus diesem Grunde muss der Urheber eine gewisse Toleranz für kreative Auseinandersetzungen aufbringen, die sein Werk zwar als Anregung benutzen, ihrerseits jedoch ebenfalls individuelle Züge aufweisen.

Die Untersuchung hat ergeben, dass persönliche Individualität besonders in transformativer Fan Art in der Auseinandersetzung des Fans mit seinem Fanobjekt zum Ausdruck kommt, welche dessen persönliche Beziehung zu dem Fanobjekt widerspiegelt. Hervorzuheben ist als Nachweis von Individualität das Aufbrechen von stereotypischen Charakterdarstellungen in Fan Art und die Simulation einer neuen Fiktion.

Zudem sprechen Allgemeinwohlbelange für eine stärkere Privilegierung von Fan Art. Diese kann jugendlichen Fans bei ihrer persönlichen Identitätsbildung unterstützen, indem diese besonderen Rückhalt in der Fangemeinde durch ihre kreativen Beiträge erfahren. Auf Seiten der Urheber und Rechteinhaber ist die Gefahr einer Substitution des Originals durch Fans hingegen regelmäßig gering. Fans unterstützen neben Fan Art auch das Original. Teilweise können sich Urheber und Rechteinhaber Fan Art sogar als kostenlosen Werbeeffekt zu Nutze machen.

Um einen gerechten Interessenausgleich zwischen Urhebern und Fans zu erzielen, ist daher eine stärkere Privilegierung von Fan Art erforderlich.

Untersucht wurde, ob dieser Ausgleich durch eine Änderung des geltenden Rechts zu erzielen ist. Die Untersuchung hat jedoch ergeben, dass die im Schrifttum vorhandenen Lösungen de lege ferenda teilweise über das Ziel hinausschießen. Dies gilt insbesondere für den Vorschlag einer dem Fair Use-Prinzip ähnelnden Generalschranke im deutschen Urheberrecht. Eine solche Generalklausel bietet zwar einerseits mehr Flexibilität, insbesondere für nachschaffende Kunstformen, schafft jedoch auf der anderen Seite auch Rechtsunsicherheiten und begegnet systematischen Bedenken.

Die Vorschläge für einzelne neue Schranken für kreative Werknutzungen erfordern eine Änderung der Informationsrichtlinie und können damit den akuten Interessenkonflikt nicht kurzfristig lösen. Zudem erweisen sie sich nicht immer als Garantie von mehr Flexibilität. Besonders der Schrankenvorschlag für „transformative Werknutzungen“ erzielt keine wesentlichen Fortschritte, da er sich lediglich als eine Art Kombination aus der Zitatschranke des § 51 UrhG und der freien Benutzung gemäß

§ 24 UrhG darstellt. Im Fall der Fan Art wäre er allenfalls bei transformativer Fan Art hilfreich.

Insgesamt ist den Lösungen de lege ferenda entgegen zu halten, dass sie das Potential, das gewisse Vorschriften des geltenden Rechts gerade für transformative Werknutzungen bieten, nicht ausschöpfen.

Der eigene Lösungsvorschlag besteht daher in einem flexibleren Auslegungsmodell für § 24 UrhG. Da weder das Bearbeitungsrecht, noch das Rechtsinstitut der freien Benutzung gemeinschaftsrechtlich harmonisiert sind, bedarf es dazu im Gegensatz zu den Vorschlägen, die neue Schrankenregelungen vorsehen, keiner Änderung der Informationsrichtlinie.
§ 24 UrhG muss als Inhaltsbestimmung insbesondere nicht dem sog. „Dreistufentest" genügen. Der Wortlaut der Norm ist weitgehend offen gehalten und bietet mehr Freiräume für kreative Anschlussnutzungen als in der geltenden Rechtspraxis zugelassen werden.

Der neue Auslegungsvorschlag für § 24 UrhG orientiert sich an dem grundlegenden Sinn und Zweck der Vorschrift, nämlich der Berücksichtigung des Umstandes, dass kulturelles Schaffen auf vorbekannten Leistungen aufbaut. Erforderlich ist weiterhin, dass die Nachschöpfung schutzfähig im Sinne des § 2 Abs. 2 UrhG ist, damit ein gewisser kultureller Fortschritt gewährleistet ist. Im Anschluss muss anhand eines Vergleichs mit dem benutzten Original festgestellt werden, ob dessen Schutzbereich durch die Nachschöpfung spürbar berührt wird. Dem Kriterium der Selbstständigkeit kommt dabei eine eigenständige Bedeutung zu. Sie kann anhand der objektiven Erkennbarkeit des Eigenanteils des nachschaffenden Urhebers und der Art der Nutzung bestimmt werden. Indizien können das Vorliegen einer transformativen Werknutzung und die fehlende Substitutionskonkurrenz zum Vorlagewerk sein. Nicht entscheidend kann hingegen die Unterscheidung nach kommerzieller oder nicht-kommerzieller Nutzung sein. Sie trifft nämlich lediglich eine Aussage über die Verwertbarkeit des Werkes, nicht jedoch über seinen individuellen Gehalt, der bei der Bestimmung der Selbstständigkeit maßgeblich ist.

Die Selbstständigkeit eines Werkes kann nicht garantieren, dass es zu keiner spürbaren Interessenbeeinträchtigung auf Seiten des Urhebers kommt. Dies gilt vor allem für persönlichkeitsrechtliche Belange. Denkbar sind jedoch ebenso wirtschaftliche Interessenbeeinträchtigungen, z. B. im Fall bestimmter Fortsetzungswerke, die nahtlos an das Original anknüpfen und somit dessen Folgemarkt beeinträchtigen können. In diesen Fällen kann das bislang unbestimmte Freiheitskriterium in § 24 UrhG als Korrektiv möglicher Interessenkollisionen dienen. Gelangt man im Rahmen dessen zu einer spürbaren Interessenbeeinträchtigung des Urhebers, scheidet eine Privilegierung nach § 24 UrhG aus. Indizien, die gegen eine Interessenbeeinträchtigung sprechen, können ein hoher Grad an

Selbstständigkeit bei dem nachschaffenden Werk sein, mit Sicht auf Art. 5 Abs. 3 S. 1 GG die künstlerisch motivierte Auseinandersetzung und sonstige gewichtige Allgemeinwohlinteressen, mit kulturellem Schaffen verknüpft sind.

Da nach dem Auslegungsmodell eine umfassende Berücksichtigung sowohl der Interessen der Originalurheber als auch der nachschaffenden Urheber vorgesehen ist, erweist sich der starre Melodienschutz in § 24 Abs. 2 UrhG als überflüssig. Am sinnvollsten erscheint es, die Norm ersatzlos zu streichen.

Das Auslegungsmodell gewährleistet eine flexiblere Handhabe des Rechtsinstituts der freien Benutzung einerseits und berücksichtigt gewichtige urheberrechtliche Interessen andererseits.

Die praktische Anwendung des Auslegungsmodells auf Fan Art hat ergeben, dass kopierende Fan Art aus guten Gründen nicht privilegiert werden kann. Bestimmte Formen der transferierenden Fan Art, die nach der geltenden Rechtspraxis unzulässig wären, können je nach Einzelfall freie Benutzungen im Sinne des § 24 UrhG sein. Transformative Fan Art ist nach dem Auslegungsvorschlag im Regelfall zulässig.

Unter Zugrundelegung des flexibleren Auslegungsmodells für § 24 UrhG wäre die eingangs dargestellte Geschichte des Batman Fans somit folgendermaßen ausgegangen:

Die zu Beginn der Arbeit beschriebene Batman und Robin-Liebesgeschichte wäre als freie Benutzung im Sinne des § 24 UrhG zu bewerten gewesen, für deren Verwertung und Veröffentlichung es keiner Zustimmung von DC Comics bedurft hätte. Die Fan Art stellt das Verhältnis von Batman und Robin auf eine überspitze Art und Weise dar, die im Original nicht angelegt ist. Die Darstellung des Batman mit homosexuellen Neigungen bricht insbesondere mit dem heteronormativen Charakterrollenbild des Superhelden und simuliert dadurch eine neue, eigenständige Fiktion, in der vorwiegend persönlich individuelle Anteile des Fans erkennbar werden. Das Werk des Fans ist somit als selbstständig zu qualifizieren. Zudem sprechen gewisse Indizien gegen eine spürbare Interessenbeeinträchtigung der Rechteinhaber. Der Bruch mit dem ursprünglichen Charakterrollenbild ist so deutlich, dass die Fan Art als solche erkennbar und den Rechteinhabern nicht zugerechnet wird. Dies verhindert zum einen, dass es zu einer Verwässerung des Charakter-Images der Figur kommt, zum anderen spricht der individuelle Gehalt des Fans in der Fan Art gegen das Vorliegen einer wirtschaftlichen Substituierbarkeit. Dass der Comic zum Selbstkostenpreis auf einer Messe vertrieben wird, ist unbedenklich. Zugunsten des Fans kann angeführt werden, dass Fan Art in der Regel parallel zu den Originalwerken erworben und konsumiert wird. Der kommerzielle Vertrieb von Fan Art führt daher nicht zwangsläufig zu einer wirtschaftlichen Beeinträchtigung des Originals. Da das von dem Fan dargestellte Charakterbild des Batman auch nicht im Original angelegt ist, ist sogar sehr wahrscheinlich, dass der potentielle Folgemarkt der Rechteinhaber nicht beeinträchtigt wird. Eine spürbare Interessenbeeinträchtigung von DC Comics ist daher nicht ersichtlich, so dass eine Urheberrechtsverletzung durch die Fan Art insgesamt ausgeschlossen ist.

Dieser Batman Fan hat demnach vom Urheberrecht nichts zu befürchten.

Literaturverzeichnis

Adams, John N./Hickey, Julian B., Merchandising Intellectual Property, Third Edition, Wiltshire/GB 2007

Adorno, Theodor W., On popular music in: Soundscapes – Journal on Media Culture, Vol. 2, (2000), abrufbar unter der URL: http://www.icce.rug.nl/~soundscapes/DATABASES/SWA/On_popular_music_1.shtml (Original veröffentlicht in: Studies in Philosophy and Social Science, NY 1941, IX, 17–48)

Ames, Kenly E., Beyond Rogers v. Koons: A Fair Use Standard for Appropriation, in: Columbia Law Review, Vol. 93 No. 6, (Oct. 1993), 1473–1526

Arewa, Olufunmilayo B., The Freedom to Copy: Copyright, Creation and Context, University of California, Davis Law Review, Vol. 41 No. 2, (2007), 477–558, abrufbar unter der URL: http://lawreview.law.ucdavis.edu/issues/41/2/articles/DavisVol41No2_Arewa.pdf

Barthes, Roland, Der Tod des Autors (La mort de l'auteur 1968), in: *Jannidis, Fotis/Lauer, Gerhard/Martinez, Matthias/Winko, Simone (Hrsg.)*, Texte zur Theorie der Autorschaft, Stuttgart 2000, 185–193 [zitiert: *Barthes*, Tod des Autors]

Barudi, Malek, Autor und Werk – eine prägende Beziehung?, Tübingen 2013

Baudrillard, Jean, Simulacra and Simulations, in: *Poster, Mark (Hrsg.)*, Selected Writings, Standford University Press, 1988, S. 166–184, abrufbar unter der URL: http://www.stanford.edu/class/history34q/readings/Baudrillard/Baudrillard_Simulacra.html

Baudrillard, Jean, The Evil Demon of Images, (Übersetzung von *Patten, Paul/Foss, Paul*), *Power Institute of Fine Arts (Hrsg.)*, Sydney 1987, abrufbar unter der URL: http://courses.arch.ntua.gr/fsr/130155/jean%20baudrillard.PDF

Bauer, Christian Alexander, User Generated Content, Urheberrechtliche Zulässigkeit nutzergenerierter Medieninhalte, Heidelberg 2011

Baumann, Karl, Das Urheberrecht an der Melodie und ihre freie Benutzung, Aarau 1940, zgl. Diss. an der Universität Zürich 1940

Becker, Bernhard von, Neues zur Parodie, in: *Hilty, Reto M./Drexl, Josef/Nordeman, Wilhelm (Hrsg.)*, Kreativität und Wettbewerb, Festschrift für Ulrich Loewenheim, München 2009, 3–18 [zitiert: *von Becker*, FS Loewenheim]

Ders., Parodiefreiheit und Güterabwägung, Das „Gies-Adler"-Urteil des BGH, in: GRUR 2004, 104, 109

Berking, Christina, Die Unterscheidung von Form und Inhalt im Urheberrecht, Baden-Baden 2002

Dies., Kein Urheberrechtsschutz für Fernsehshowformate? – Anmerkung zum Urteil des BGH „Sendeformat", in: GRUR 2004, 109, 111

Boddien, Thomas W., Alte Musik in neuem Gewand, Der Schutz musikalischer Updates und der Quasischutz gemeinfreier Musikaufnahmen, Baden-Baden 2006

Böll, Karin, Merchandising und Licensing, Grundlagen, Beispiele, Management, München 1999

Booth, Elizabeth/Hayes, Deborah, Authoring the Brand: literary licensing, in: Young Consumers: Insight and Ideas for Responsible Marketers, Vol. 7 Iss. 1, (2006), 43–53

Bornkamm, Joachim, Ungeschriebene Schranken des Urheberrechts? Anmerkungen zum Rechtsstreit Botho Strauß/Theater Heute, in: *Erdmann, Willi (Hrsg.)*, Festschrift für Henning Piper, München 1996, 641–654 [zitiert: *Bornkamm*, FS Piper]

Brauneck, Anja, Das allgemeine Persönlichkeitsrecht im Konflikt mit dem verfassungsrechtlichen Freiheitsanspruch der Satire, in: ZUM 2000, 137, 142

Brauns, Christian, Die Entlehnungsfreiheit im Urheberrechtsgesetz, Baden-Baden 2001 [zitiert: *Brauns*, Entlehnungsfreiheit]
Bruhn, Christian/Kreile, Reinhold, Rhythmus und Urheberrecht, in: ZUM 2007, 267, 272
Brunner, Cora, Melodienschutz im Urheberrecht, Frankfurt a.M. 2013
Buckingham, David/Willett, Rebekah (Hrsg.), Digital Generations, Children, Young People and New Media, Mahwah/New Jersey 2006 [zitiert: *Autor*, in: Digital Generations]
Bullinger, Winfried, Kunstfälschung und Urheberpersönlichkeitsrecht, der Schutz des bildenden Künstlers gegenüber der Fälschung seiner Werke, Berlin 1997
Bunz, Mercedes, Wenn Wiederholung Kunst ist, abrufbar unter der URL: http://www.artnet.de/magazine/die-kunstkopie-als-neues-original/
Chakraborty, Martin, Das Rechtsinstitut der freien Benutzung im Urheberrecht, Baden-Baden 1997
Czernik, Ilja, Die Collage in der urheberrechtlichen Auseinandersetzung zwischen Kunstfreiheit und Schutz des geistigen Eigentums, Berlin 2008 [zitiert: *Czernik*, Die Collage]
Dahm, Katja, Der Schutz des Urhebers durch die Kunstfreiheit, Tübingen 2012
Deutsches Filminstitut/Deutsches Filmmuseum/Museum für angewandte Kunst Frankfurt (Hrsg.), Ga-netchu! The Manga Anime Syndrome, Frankfurt a.M. 2008 [zitiert: *Autor*, in: Ga-netchu!]
Djordevic, Valie, Fanfiction: 50 Shades of Copryright, abrufbar unter der URL: http://irights.info/blog/arbeit2.0/2013/01/28/50-shades-of-copyright/
Dreier, Horst, Grundgesetz Kommentar, GG, Band I: Präambel, Artikel 1–19, 3. A., München 2013 [zitiert: Dreier/*Autor*, GG]
Dreier, Thomas, Wider das Unbehagen im Urheberrecht, in: MMR 2011, 285, 286
Ders., Thumbnails als Zitate? Zur Reichweite von § 51 UrhG in der Informationsgesellschaft, in: *Blaurock, Uwe (Hrsg.)*, Festschrift für Achim Krämer zum 70. Geburtstag am 19. September 2009, Berlin 2009, 225–239 [zitiert: *Dreier*, FS Krämer]
Dreier, Thomas/Leistner, Matthias, Urheberrecht im Internet: die Forschungsanforderungen, in: GRUR-Beilage 2014, 13, 29
Dies., Urheberrecht im Internet: die Forschungsherausforderungen, in: GRUR 2013, 881, 897
Dreier, Thomas/Schulze, Gernot, Urheberrechtsgesetz, Kommentar, 4. A., München 2013 [zitiert: Dreier/Schulze/*Autor*]
Elbel, Thomas, Kritik des Gutachtens über die „Rechtliche und ökonomische Machbarkeit einer Kulturflatrate“, in: K&R 2013, 439, 444
Erbel, Günter, Inhalt und Auswirkungen der verfassungsrechtlichen Kunstfreiheitsgarantie, Berlin/Heidelberg 1966
Erdmann, Willi, Verwendung zeitgenössischer Literatur für Unterrichtszwecke am Beispiel Harry Potter, in: WRP 2002, 1329, 1344
Fechner, Frank, Geistiges Eigentum und Verfassung – Schöpferische Leistungen unter dem Schutz des Grundgesetzes, Tübingen 1999
Feindor, Ursula, Legal Protection and Merchandise Licensing of Titles, Characters and Slogans, in: Publishing Research Quarterly, Berlin 2002
Fezer, Karl-Heinz, Lauterkeitsrecht, Kommentar zum Gesetz gegen den unlauteren Wettbewerb (UWG), Band 1, 2. A., München 2010 [zitiert: Fezer/*Autor*, UWG]
Ders., Markenrecht, Kommentar, 4. A., München 2009 [zitiert: Fezer/*Autor*, MarkenG]
Fichte, Johann Gottlieb, Beweis der Unrechtmäßigkeit des Büchernachdrucks, Berlinische Monatsschrift 1793, 443–483, abrufbar unter der URL: http://flechsig.biz/V05Fichte.pdf

Findeisen, Frank, Die Auslegung urheberrechtlicher Schrankenbestimmungen, Baden-Baden 2005
Fisher, William, Promises to Keep. Technology, Law, and the Future of Entertainment, Stanford, Kalifornien 2004
Förster, Achim, Fair Use, Tübingen 2008
Foucault, Michel, Was ist ein Autor? (Qu'est-ce qu'un auteur? 1969), in: *Jannidis, Fotis/Lauer, Gerhard/ Martinez, Matthias/Winko, Simone (Hrsg.)*, Texte zur Theorie der Autorschaft, Stuttgart 2000, 198 – 229 [zitiert: *Foucault*, Was ist ein Autor?]
Fritzsche, Bettina, Pop-Fans, Studie einer Mädchen-Kultur, 2. A., Wiesbaden 2011.
Fromm, Wilhelm/Nordemann, Friedrich, Urheberrecht, Kommentar, 11. A., München 2014 [zitiert: Fromm/Nordemann/*Autor*]
Fuchs, Christine, Avantgarde und Erweiterter Kunstbegriff, Eine Aktualisierung des Kunst- und Werkbegriffs im Verfassungs- und Urheberrecht, Baden-Baden 2000
Gamm, Eva-Irina von, Die Problematik der Gestaltungshöhe im deutschen Urheberrecht, Baden-Baden 2004
Garloff, Peter, Copyright und Kunstfreiheit – zur Zulässigkeit ungenehmigter Zitate in Heiner Müllers letztem Theaterstück, in: GRUR 2001, 476, 482
Gehlen, Dirk von, Mashup, Lob der Kopie, Berlin 2011
Geiger, Christophe, Implementing an International Instrument for Interpreting Copyright Limitations and Exceptions, in: IIC 2009, 627, 642
Ders., Die Schranken des Urheberrechts als Instrumente der Innovationsförderung – Freie Gedanken zur Ausschließlichkeit im Urheberrecht, in: GRUR Int. 2008, 459, 468
Ders., Copyright and the Freedom to Create – A Fragile Balance, in: IIC 2007, 707, 722
Ders., Die Schranken des Urheberrechts im Lichte der Grundrechte – Zur Rechtsnatur der Beschränkungen des Urheberrechts, in: *Hilty, Reto M./Peukert, Alexander*, Interessenausgleich im Urheberrecht, Baden-Baden 2004, 143 – 157 [zitiert: *Geiger*, in: Interessenausgleich im Urheberrecht]
Gelke, Erik, Mashups im Urheberrecht, Baden-Baden 2013
Geller, Paul, Die Auflösung des geistigen Eigentums, in: GRUR Int. 2006, 273, 277
Genz, Julia, Ein anderer Pygmalion – Techniken der Kunstbelebung in Joseph von Eichendorffs *„Das Marmorbild"*, Oscar Wildes *„The Picture of Dorian Gray"* und Georg Heyms *„Der Dieb"*, in: Arcadia, Band 48, Heft 2, 411 – 435, abrufbar unter der URL: http://www.degruyter.com/ view/j/arca-2013 – 48-issue-2/arcadia-2013 – 0027/arcadia-2013 – 0027.xml?format=INT
Gifford, Daniel J., Innovation and Creativity in the Fine Arts: The Relevance and Irrelevance of Copyright, Cardozo Arts & Entertainment Law Journal, Vol. 18, (2000), 569 – 614
Girth, Peter, Individualität und Zufall im Urheberrecht, Berlin 1974
Gowers, Andrew, Gowers Review of Intellectual Property, London 2006, abrufbar unter der URL: http://www.official-documents.gov.uk/document/other/0118404830/0118404830.pdf
Graef, Ralph Oliver, Die fiktive Figur im Urheberrecht, in: ZUM 2012, 108, 117
Graw, Isabelle, Wo Aneignung war, soll Zueignung werden. Faszination, Subversion und Enteignung in der Appropriation Art, in: *Mayer, Ruth/Weingart, Brigitte (Hrsg.)*, VIRUS! Mutationen einer Metapher, Bielefeld 2004, 293 – 312 [zitiert: *Graw*, in: VIRUS!]
Gray, Jonathan/Sandcoss Cornal/Harrington, Lee (Hrsg.), Fandom, Identities and Communities in a Mediated World, New York 2007 [zitiert: *Autor*, in: Fandom]
Greenberg, Lynne A., The Art of Appropriation: Puppies, Piracy, and Post-Modernism, in: Cardozo Arts & Entertainment Law Journal, Vol. 11, (1992 – 93), 1, 33

Groys, Boris, Topologie der Kunst, München (u. a.) 2003

Ders., Über die Appropriation, in: *Schneegras, Christian/Akademie der Künste (Hrsg.)*, minimal – concept. Zeichenhaften Sprachen im Raum, Dresden 2001, 177–185

Gruben, Donata von, Das urheberrechtliche Entstellungsverbot im Umgang mit Originalwerken der bildenden Kunst, unter besonderer Berücksichtigung der Eigenarten zeitgenössischer Kunst, Frankfurt a.M. 2013

Grzeszick, Bernd, Geistiges Eigentum und Art. 14 GG, in: ZUM 2007, 344, 354

Gunkel, David J., Rethinking the Digital Remix: Mash-Ups and the Metaphysics of Sound Recording, in: Popular Music and Society, Vol. 31 Iss. 4 (2008), 489–510

Haesemann, Johanna, Die *Auslegung des § 51* S. 1 UrhG *n.F.* in der Informationsgesellschaft am Beispiel der „Google-Bildersuche", Köln 2011

Hahn, Anne, Anmerkung zu BGH, Urteil vom 17. 07. 2013 – I ZR 52/12 – Pippi Langstrumpf, in: ZUM 2014, 239, 242

Hansen, Gerd, Das Urheberrecht in der Legitimationskrise – Ansätze für eine rechtstheoretische Neuorientierung, in: *Heinrich Böll Stiftung (Hrsg.)*, Copy.Right.Now!, Schriftenreihe zu Bildung und Kultur Band 4, Berlin 2010, 56–61 [zitiert: *Hansen*, in: Copy.Right.Now!]

Ders., Warum Urheberrecht?, die Rechtfertigung des Urheberrechts unter besonderer Berücksichtigung des Nutzerschutzes, Baden-Baden 2009

Hatcher, Jordan S., Of Otakus and Fansubs: A Critical Look at Anime Online in Light of Current Issues in Copyright law, in: SCRIPT-ed, Vol 2, (2005), 514–542

Häuser, Markus, Sound und Sampling – Der Schutz der Urheber, ausübenden Künstler und Tonträgerhersteller gegen digitales Soundsampling nach deutschem und US-amerikanischem Recht, München 2002.

Hefti, Ernst, Die Parodie im Urheberrecht, Berlin 1977

Heim, Sebastian/Hauck, Ronny, Urheberrechtlicher Figurenschutz am Beispiel der „Pippi Langstrumpf"-Entscheidung des BGH, in: GRUR-Prax 2014, 196, 198

Hellekson, Karen/Busse, Kristina (Hrsg.), Fan Fiction and Fan Communities in the Age of the Internet, New Essays, Jefferson, North Carolina 2006 [zitiert: *Autor*, in: Fan Fiction and Fan Communities]

Hertin, Paul W., Schutz des Titels an urheberrechtlich gemeinfrei gewordenen Werken und fiktiven Figuren?, in: WRP 2000, 889, 896

Hess, Gangolf, Urheberrechtsprobleme der Parodie, Baden-Baden 1993

Hilty, Retho, Renaissance der Zwangslizenzen im Urheberrecht? – Gedanken zu Ungereimtheiten auf der urheberrechtlichen Wertschöpfungskette, in: GRUR 2009, 633, 644

Ders., Vergütungssystem und Schrankenregelungen – Neue Herausforderungen an den Gesetzgeber, in: GRUR 2005, 819, 828

Hitzig, Julius Eduard, Das Königlich Preußische Gesetz vom 11. Juli 1837 zum Schutze des Eigentums an Werken der Wissenschaft und Kunst gegen Nachdruck und Nachbildung, dargestellt in seinem Entstehen und erläutert in seinen einzelnen Bestimmungen, Berlin 1839, nachgedruckt in: UFITA 107 (1988), 163–226

Höbel, Jan Nicolas (u. a.), Kulturflatrate, Kulturwertmark oder Three strikes and you are out: wie soll mit Kreativität im Internet umgegangen werden?, Göttingen 2013

Hoeren, Thomas, Urheberrecht 2000 – Thesen für eine Reform des Urheberrechts, in: MMR 2000, 3, 7

Ders., Urheberrecht in der Informationsgesellschaft, Überlegungen zu einem Rechtsgutachten von Gerhard Schricker et al., in: GRUR 1997, 866, 875
Ders., Besprechung: Hess, Gangolf, Urheberrechtsprobleme der Parodie Baden-Baden 1993 (UFITA-Schriftenreihe Band 104), in: GRUR 1994, 751, 753
Honour, Hugh/Fleming, John, Weltgeschichte der Kunst, 6.A., Darmstadt 2000
Hörnig, Andreas, Das Bearbeitungsrecht und die Bearbeitung im Urheberrecht unter besonderer Berücksichtigung von Werken der Literatur, in: UFITA 99 (1985), 13 – 116
Hubmann, Heinrich, Das Recht des schöpferischen Geistes, Berlin 1954
Huttenlauch, Anne Blume, Appropriation Art, Kunst an den Grenzen des Urheberrechts, Berlin 2010
Immenga, Ulrich/Mestmäcker, Ernst-Joachim, Wettbewerbsrecht, GWB, Kommentar, 5. A., München 2014 [zitiert: Immega/Mestmäcker/*Autor*, GWB]
Isensee, Josef/Kirchhof, Paul, Handbuch des Staatsrechts der Bundesrepublik Deutschland, Band VII Freiheitsrechte, 3. A., Heidelberg 2009 [zitiert: *Autor*, HStR VII]
Jaszi, Peter, On The Author Effect: Contemporary Copyright and Collective Creativity, in: Cardozo Art & Entertainment Law Journal, Vol. 10, (1991 – 1992), 293 – 320
Jenkins, Henry, Textual Poachers, Television Fans & Participatory Culture, New York 2013
Ders., Fans, Bloggers, and Gamers, exploring participatory culture, New York 2006
Joppich, Brigitte, Alternative Streitbeilegung nach WIPO-Regeln bei Schutzproblemen von Fernsehformaten, in: GRUR-Prax 2010, 213, 215
Kakies, Celia, Kunstzitate in Malerei und Fotografie, Köln 2007
Karjala, Dennis S., Harry Potter, Tanya Grotter, and the Copyright Derivative Work, in: Arizona State Law Journal, Vol. 38, (2006), 17 – 40
Katyal, Sonia K., Performance, Property and the Slashing of Gender in Fan Fiction, in: American Journal of Gender, Social Policy & the Law, Vol. 14 Iss. 3, (2006), 461 – 518
Kelts, Roland, Japanamerica, How Japanese Pop Culture Has Invaded the U.S., New York 2006
Kitz, Volker, Die Herrschaft über Inhalt und Idee beim Sprachwerk – Anmerkung zu LG München I, in: GRUR-RR 2007, 217, 218.
Kleinemenke, Manuel, Fair Use im deutschen und europäischen Urheberrecht?, Baden-Baden 2013
Ders., Fair Use, Dreistufentest und Schrankenkatalog, Plädoyer für ein „Kombinationsmodell" der urheberrechtlichen Schrankenbestimmungen, in: ZGE/IPJ 5 (2013), 103, 139
Klett, Alexander R., Cloud und Privatkopie, in: ZUM 2014, 18, 22
Knies, Wolfgang, Schranken der Kunstfreiheit als verfassungsrechtliches Problem, München 1967
Knopp, Michael, Fanfiction, nutzergenerierte Inhalte und das Urheberrecht, in: GRUR 2010, 28, 33
Koch, Manuela, Die Auswirkungen der digitalen Informationstechnologien auf die Schranken des Urheberrechts, Leipzig 2007
Koch, Thomas, Das Schweigen von Marcel Duchamp, Anmerkungen zur BGH-Entscheidung „Beuys-Aktion" in: *Büscher, Wolfgang (Hrsg.)*, Festschrift für Joachim Bornkamm zum 65. Geburtstag, München 2014, 835 – 848 [zitiert: *Koch*, FS Bornkamm]
Kohler, Joseph, Das Autorrecht, Jena 1880
Kreile, Reinhold, Die Sozialbindung des geistigen Eigentums – Ein Beitrag zur Lehre über die Schranken des Urheberrechts, in: *Badura, Peter/Scholz, Rupert (Hrsg.)*, Wege und Verfahren des Verfassungslebens, Festschrift für Peter Lerche zum 65. Geburtstag, München 1993, 251 – 266 [zitiert: *Kreile*, FS Lerche]

Kreutzer, Till, Verbraucherschutz im Urheberrecht, Vorschläge für eine Neuordnung bestimmter Aspekte des geltenden Urheberrechts auf Basis einer Analyse aus verbraucherschutzrechtlicher Sicht, Berlin 2011, abrufbar unter der URL: http://www.surfer-haben-rechte.de/cps/rde/xbcr/digitalrechte/urheberrecht_gutachten_2011%281%29.pdf [zitiert: *Kreutzer*, Verbraucherschutz]

Ders., Das Modell des deutschen Urheberrechts und Regelungsalternativen, Baden-Baden 2008

Kroeger, Odin/Friesinger, Günther/Lohberger, Paul/Ortland, Eberhard (Hrsg.), Geistiges Eigentum und Originalität, Wien 2011 [zitiert: *Autor*, in: Geistiges Eigentum und Originalität]

Kröger, Detlef, Enge Auslegung von Schrankenbestimmungen – wie lange noch? – Zugang zu Informationen in digitalen Netzwerken, in: MMR 2002, 18, 21

Krusemarck, Philipp, Die abhängige Schöpfung im Recht des geistigen Eigentums, Tübingen 2013

Kubis, Sebastian, Digitalisierung von Druckwerken zur Volltextsuche im Internet – die Buchsuche von Google („Google Book Search") im Konflikt mit dem Urheberrecht, in: ZUM 2006, 370, 379

Kümmerling-Meibauer, Bettina, Astrid Lindgrens Bilderwelt: Pippi Langstrumpf-Illustrationen in Schweden und Deutschland, in: kjl & m, 59. Heft (2007), S. 19 – 27

Kummer, Max, Das urheberrechtlich schützbare Werk, Bern 1968

Ladeur, Karl-Heinz/Vesting, Thomas, Geistiges Eigentum im Netzwerk – Anforderungen und Entwicklungslinien, in: *Eifert/Hoffmann-Riem (Hrsg.)*, Geistiges Eigentum Innovation, Berlin 2008, 123 – 144 [zitiert: *Ladeur/Vesting*, in: Geistiges Eigentum und Innovation]

Lalor, Kathy J., Copyrightability of Cartoon Characters, in: The Journal of Law and Technology, (2005), 497 – 531

Lange, David, At play in the fields of the word: Copyright and the construction of authorship in the post-literate milennium, in: Law and Contemporary Problems, Vol. 55 No. 2, (1992), 139, 151

Larenz, Karl, Methodenlehre der Rechtswissenschaft, 3. A., Berlin 1995

Leaffer, Marshall A., Character Merchandising in the U.K., A Nostalgic Look, in: Entertainment & Sports Law Review, Vol. 11, (1995), 453 – 463

Lee, Angela, Time travelling with fanfic writers: Understanding fan culture through repeated online interviews, in: Participations, Journal of Audience & Reception Studies, Vol. 8 Iss. 1, (May 2011), 246 – 269

Lehmann, Michael, Digitalisierung und Urheberrecht, in: *Lehmann, Michael (Hrsg.)*, Internet- und Multimediarecht (Cyberlaw), Stuttgart 1997, 25 – 34 [zitiert: *Lehmann*, in: Internet- und Multimediarecht]

Leinemann, Felix, Die Sozialbindung des „Geistigen Eigentums", Baden-Baden 1998

Leistner, Matthias, Bei Spielen nichts Neues? – Zugleich Besprechung von BGH, Urt. v. 1. 6. 2011 – I ZR 140/09 – Lernspiele, in: GRUR 2011, 761, 767

Leistner, Matthias/Hansen, Gerd, Die Begründung des Urheberrechts im digitalen Zeitalter – Versuch einer Zusammenführung von individualistischen und utilitaristischen Rechtfertigungsbemühungen, in: GRUR 2008, 479, 490

Lerche Peter, Fragen sozialbindender Begrenzungen urheberrechtlicher Positionen, in: *Scheuermann, Andreas (Hrsg.)*, Urheberrechtliche Probleme der Gegenwart, Festschrift für Ernst Reichard, Baden-Baden 1990, 101 – 110 [zitiert: *Lerche*, FS Reichard]

Lessig, Lawrence, Remix: making art and commerce thrive in the hybrid economy, London 2008 [zitiert: *Lessig*, Remix]

Ders., Free Culture – The Nature and Future of Creativity, New York 2004 [zitiert: *Lessig*, Free Culture]

Lethem, Jonathan, Autoren aller Länder plagiiert euch!, in: *Heinrich Böll Stiftung (Hrsg.)*, Copy.Right.Now!, Schriftenreihe zu Bildung und Kultur Band 4, 37–44 [zitiert: *Lethem*, in: Copy.Right.Now!]

Li, Phoebe/Mellor, Stephen/Griffin, James/Waelde, Charlotte/Hao, Liang/Everson, Richard, Intellectual property and 3D printing: a case study on 3D chocolate printing, in: GRUR Int. 2014, 97, 104

Lindhorst, Hermann, Anmerkung zu BGH, Urteil vom 20.11.2008 – I ZR 112/06 – Metall auf Metall, in: GRUR 2009, 406, 407

Ders., Anmerkung zu BVerfG, Beschluss vom 29.6.2000–1 BvR 825/98, in: MMR 2000, 688, 689

Loewenheim, Ulrich, Handbuch des Urheberrechts, 2.A., München 2010 [zitiert: Loewenheim/*Autor*, Handbuch des Urheberrechts]

Maaßen,Wolfgan, Plagiat, freie Benutzung oder Kunstzitat? Erscheinungsformen der urheberrechtlichen Leistungsübernahme in Fotografie und Kunst, in: *Schierholz, Anke/Melchiar, Ferdinand (Hrsg.)*, Kunst, Recht und Geld, Festschrift für Gerhard Pfennig zum 65. Geburtstag, München 2012, 135–178 [zitiert: *Maaßen*, FS Pfennig]

Mackenrodt, Marc-Oliver/Wechsler, Andrea, Innovation, Kreativität und immaterialgüterrechtliche Fragestellungen: Ein indisch-europäischer Dialog, 19.–20. November 2010 in Kalkutta, Indien, in: GRUR Int. 2011, 713, 716

Mangoldt, Hermann von/Klein, Friedrich/Starck, Christian, Kommentar zum Grundgesetz: GG, Band 1: Präambel, Art. 1–19, 6. A., München 2010 [zitiert: von Magoldt/Klein/Starck/*Autor*, GG]

Marina Schuster, Ikonen der Moderne – Moderne Ikonen, in: *Faber, Richard/Krech, Volkhard (Hrsg.)*, Kunst und Religion im 20. Jahrhundert, Würzburg 2001, 113–124 [zitiert: *Schuster*, in: Kunst und Religion]

Mc Granaham, Liam, Mashnography: Creativity, Consumption, and Copyright in the Mashup Community, Providence 2010, abrufbar unter der URL: http://gradworks.umi.com/34/30/3430142.html

Mc Leod, Kembrew, Confessions of an Intellectual (Property): Danger Mouse, Mickey Mouse, Sonny Bono, and my Long and Winding Path as a Copyright Activist-Academic, in: Popular Music and Society, Vol. 28 Iss. 1, (2005) 79–93

Mestmäcker, Ernst-Joachim/Schulze, Erich, Kommentar zum deutschen Urheberrecht, Köln 2010 [zitiert: Mestmäcker/Schulze/*Autor*]

Mestmäcker, Ernst-Joachim/Schweitzer, Heike, Europäisches Wettbewerbsrecht, 2. A., München 2004

Metzger, Axel, Urheberrechtsschranken in der Wissenschaft: „Fair Use oder enge Einzeltatbestände?, in: *Leistner, Matthias (Hrsg.)*, Europäische Perspektiven des Geistigen Eigentums, Tübingen 2010, 101–122 [zitiert: *Metzger*, in: Europäische Perspektiven des Geistigen Eigentums]

Ders., „Germania 3 Gespenster am toten Mann“ oder Welchen Zweck darf ein Zitat gemäß § 51 Nr. 2 UrhG verfolgen?, in: ZUM 2000, 924, 934

Meyer, Matthias F., Character Merchandising, der Schutz fiktiver Figuren als Marke, Frankfurt am Main 2003

Mijatovic, Ivan, Kreativität als Voraussetzung für den urheberrechtlichen Schutz von Geisteserzeugnissen, Bern 2006 [zitiert: *Mijatovic*, Kreativität]
Möhring, Philipp/Nicolini, Käte/Ahlberg, Hartwig/Götting, Horst-Peter (Hrsg.), Urheberrechtsgesetz, Kommentar, 3. A., München 2014 [zitiert: Möhring/Nicolini/*Autor*]
Müller, Bianca, Die Klage gegen urheberrechtliches Sampling, in: ZUM 1999, 555, 560
Müller, Friedrich, Freiheit der Kunst als Problem der Grundrechtsdogmatik, Berlin 1969
Münch, Ingo von/ Kunig, Philipp, Grundgesetz Kommentar, Band 1: Päambel bis Art. 96, 6. A., München 2012
Ng, Alina, When Users are Authors: Authorship in the Age of Digital Media, in: Vanderbild Journal Of Entertainment And Technology Law, Vol. 12 Iss. 4, (2010), 853–888
Nolte, Georg, Schleichendes Ende oder Renaissance des Urheberrechts im Netz?, in: ZUM 2012, 740, 742
Ohlenhusen von, Albrecht Götz/Ling, Peter, Parodie und Urheberrechtsverletzung in der Schweiz und in Deutschland, insbesondere im Bereich der bildenden Kunst, in: UFITA 2003/III, 695–724
Organisation for Economic Co-operation and Development (OECD) (Hrsg.), Participative Web and User-created Content, Web 2.0, Wikis and Social Networking (2007), abrufbar unter der URL: http://browse.oecdbookshop.org/oecd/pdfs/free/9307031e.pdf
Ott, Stephan, Bildersuchmaschinen und Urheberrecht, in: ZUM 2009, 345, 354
Ders., Mashups – Neue rechtliche Herausforderungen im Web 2.0-Zeitalter?, in: K&R 2007, 623, 628
Paal, Boris P./Hennemann, Moritz, Schutz von Urheberrechten im Internet – ACTA, Warnhinweismodell und Europarecht, in: MMR 2012, 288, 293
Pagenberg, Jochen, Protection of Get-Up and Character Merchandising Under German Law in: IIC 1987, 457, 486
Pahud, Eric, Zur Begrenzung des Urheberschutzes im Interesse Dritter und der Allgemeinheit, in: UFITA 2000/I, 99–137
Patten, Fred, Watching Anime, Reading Manga, 25 Years of Essays and Reviews, Berkeley/California 2004
Peifer, Karl-Nikolaus, Geist und Geld. Kulturelle Antriebskräfte im Recht des Geistigen Eigentums, in: ZNR 36 (2014), 65, 82
Ders., „Individualität“ or Originality? Core concepts in German copyright law, in: GRUR Int. 2014, 1100
Ders., Selbstbestimmung im digitalen Netz – Privatkopie, Flatrate und Fair Use, in: ZUM 2014, 86, 90
Ders., Urheberrecht und Internet – Konvergenz verfehlt?, in: *Büscher, Wolfgang (Hrsg.)*, Festschrift für Joachim Bornkamm zum 65. Geburtstag, München 2014, 937–948 [zitiert: *Peifer*, FS Bornkamm]
Ders., Appropriation und Fan Art, geknebelte Kreativität oder klare Urheberrechtsverletzung?, in: *Bullinger, Winfried/Grunert, Eike/Claudia, Ohst/Wöhrn, Kristen-Inger (Hrsg.)*, Festschrift für Artur-Axel Wandtke zum 70. Geburtstag, Berlin 2013, 99–109 [zitiert: *Peifer*, FS Wandtke]
Ders., Buchausschnitte als Thumbnails – Google Books und Fair Use, in: GRUR-Prax 2013, 529, 531
Ders., Individualität im Zivilrecht, Der Schutz persönlicher, gegenständlicher und wettbewerblicher *Individualität im* Persönlichkeitsrecht, *Im*materialgüterrecht und Recht der Unternehmen, Tübingen 2001

Pendzich, Marc, Von der Coverversion zum Hit-Recycling, Historische, ökonomische und rechtliche Aspekte eines zentralen Phänomens der Pop- und Rockmusik, Berlin 2008 [zitiert: *Pendzich*, Coverversion]

Peukert, Alexander, Das Urheberrecht und die zwei Kulturen der Online-Kommunikation, in: GRUR-Beilage 2014, 77, 93

Ders., Der digitale Urheber, in: *Bullinger, Winfried/Grunert, Eike/Claudia, Ohst/Wöhrn, Kristen-Inger (Hrsg.)*, Festschrift für Artur-Axel Wandtke zum 70. Geburtstag, Berlin 2013, 459–468 [zitiert: *Peukert*, FS Wandtke]

Ders., Ein möglichst hohes Schutzniveau des Urheberrechts fördert Kreativität und dynamischen Wettbewerb: Ein Irrtum?, in: *Berger, Mathis/Macciacchini, Sandro (Hrsg.)*, Populäre Irrtümer im Urheberrecht, Festschrift für Reto M. Hilty, Zürich 2008, 39–60 [zitiert: *Peukert*, FS Hilty]

Ders., A Bipolar Copyright System for the Digital Network Environment, in: Hastings Communications & Entertainment Law Journal, Vol. 28 No. 1, (2005), 1–56

Pfaff, Dieter/Osterrieth, Christian (Hrsg.), bearbeitet von *Axster, Oliver*, Lizenzverträge, Formularkommentar, 3. A., München 2010 [zitiert: Axster/Pfaff/Osterrieth/*Autor*, Lizenzverträge]

Pfennig, Gerhard, Selbstbestimmung im digitalen Netz – Urheberrecht und Nutzerinteressen in der Balance? Einführung zum Urheberkongress 2013, in: ZUM 2014, 85, 86

Ders., Besprechung: Appropriation Art – Kunst an den Grenzen des Urheberrechts, in: ZUM 2012, 269, 270

Philapitsch, Florian, Die Creative Commons Lizenzen, in: M&R 2008, 82, 91

Plassmann, Clemens, Bearbeitungen und andere Umgestaltungen in § 23 Urheberrechtsgesetz, Berlin 1996

Platho, Rolf, Die Parodie: Eine „freie Bearbeitung" nach § 23 UrhG, in: GRUR 1992, 360, 365

Poeppel, Jan, Neuordnung der urheberrechtlichen Schranken im digitalen Umfeld, Osnabrück 2005

Poll, Günter, „TV-Total" – Alles Mattscheibe, oder was?, in: ZUM 2004, 511, 522

Raue, Peter, Pippi Langstrumpf, der Karneval, das Urheberrecht, in: *Bullinger, Winfried/Grunert, Eike/Claudia, Ohst/Wöhrn, Kristen-Inger (Hrsg.)*, Festschrift für Artur-Axel Wandtke zum 70. Geburtstag, Berlin 2013, 285–296 [zitiert: *Raue*, FS Wandtke]

Ders., Ready-Mades und Appropriation Art – „Werke" im Sinne des Urhebergesetzes?, in: *Schierholz, Anke/Melichar, Ferdinand (Hrsg.)*, Kunst, Recht und Geld, Festschrift für Gerhard Pfennig zum 65. Geburtstag, München 2012, 199–206 [zitiert: *Raue*, FS Pfennig]

Rauer, Nils, Urheberrechtsschutz für Werke angewandter Kunst – BGH gibt ständige Rechtsprechung auf, zugleich Anmerkung zu BGH, Urteil vom 13.11.2013 – I ZR 143/12 – Geburtstagszug, in: WRP 2014, 135–140

Rebbelmund, Romana, Appropriation Art, die Kopie als Kunstform im 20. Jahrhundert, Frankfurt a.M. 1998

Rehbinder, Manfred (Hrsg.), Die psychologische Dimension des Urheberrechts, Baden-Baden 2003 [zitiert: *Autor*, in: Psychologische Dimension des Urheberrechts]

Ders., Zum Urheberrechtsschutz für fiktive Figuren, insbesondere für die Träger von Film- und Fernsehserien, in: *Rehbinder, Manfred (Hrsg.)*, Festschrift für Wolf Schwarz zum 70. Geburtstag, Baden-Baden 1988, 163–182 [zitiert: *Rehbinder*, FS Schwarz]

Rehse, Mario, Zulässigkeit und Grenzen ungeschriebener Schranken des Urheberrechts, Hamburg 2008 [zitiert: *Rehse*, Ungeschriebene Schranken]

Reinbothe, Jörg, Beschränkungen und Ausnahmen von den Rechten im WIPO-Urheberrechtsvertrag, in: *Tades, Helmut/Danzl, Karl-Heinz/Graninger, Gernot (Hrsg.)*, Ein Leben für Rechtskultur, Festschrift für Robert Dittrich zum 75. Geburtstag, Wien 2000, 251–268 [zitiert: *Reinbothe*, FS Dittrich]
Reinemann, Susanne/Remmertz, Frank, Urheberrechte an User-generated Content, in: ZUM 2012, 216, 227
Reinfeld, Tim, Schutz von Rhythmen im Urheberrecht, Göttingen 2006
Reinhart, Beat, Das Institut der freien Benutzung im Urheberrecht, in: UFITA 103 (1986), 65–83
Roggenkamp, Jan Dirk, Web 2.0 Plattformen im kommunalen E-Government, rechtliche Konfliktfelder, Stuttgart 2010
Roose, Jochen/Schäfer, Mike S./Schmidt-Lux, Thomas, Fans, Soziologische Perspektiven, Wiesbaden 2010 [zitiert: *Autor*, in: Fans]
Roßnagel, Alexander (u. a.), Die Zulässigkeit einer Kulturflatrate nach nationalem und europäischem Recht, Kassel 2009
Ruijsenaars, Heijo E., Character Merchandising, Eine rechtsvergleichende Untersuchung zum Schutz der Vermarktung fiktiver Figuren, München 1997
Ders., WIPO-Studie über Character Merchandising, in: GRUR Int. 1994, 309, 314
Ders., Comic-Figuren und Parodien – Ein urheberrechtlicher Streifzug – Teil I: Zum Schutz von Comic-Figuren GRUR Int. 1993, 811, 818
Runge, Philipp, Die Vereinbarkeit einer Content-Flatrate für Musik mit dem Drei-Stufen-Test, in: GRUR Int. 2007, 130, 137
Rütz, Christian, Die Parodie in der Informationsgesellschaft, in: WRP 2004, 323, 330
Sachs, Michael, Grundgesetz: GG, Kommentar, 7. A., München 2014 [zitiert: Sachs/*Autor*, GG]
Salagean, Emil, Sampling im deutschen, schweizerischen und US-amerikanischen Urheberrecht, Baden-Baden 2008
Schack, Haimo, Urheber- und Urhebervertragsrecht, 6. A., Tübingen 2013 [zitiert: *Schack*]
Ders., Weniger Urheberrecht ist mehr, in: *Bullinger, Winfried/Grunert, Eike/Claudia, Ohst/Wöhrn, Kristen-Inger (Hrsg.)*, Festschrift für Artur-Axel Wandtke zum 70. Geburtstag, Berlin 2013, 9–20 [zitiert: *Schack*, FS Wandtke]
Ders., Anmerkung zu BGH, Urteil vom 20.11.2008 – I ZR 112/06 – Metall auf Metall, in: JZ 2009, 475, 477
Ders., Anmerkung zu OLG Jena, Urteil vom 27.2.2008 – 2 U 319/07, in: MMR 2008, 414, 416.
Ders., Urheberrechtliche Schranken, übergesetzlicher Notstand und verfassungskonforme Auslegung, in: *Ohly, Ansgar/ Bodewig, Theo/ Dreier, Thomas/ Götting, Horst-Peter/ Haedicke, Maximilian/ Lehmann, Michael (Hrsg.)*, Perspektiven des Geistigen Eigentums und Wettbewerbsrechts, Festschrift für Gerhard Schricker zum 70. Geburtstag, München 2005, 511–521 [zitiert: *Schack*, FS Schricker]
Ders., Appropriation Art und Urheberrecht, in: *Loewenheim, Ulrich (Hrsg.)*, Urheberrecht im Informationszeitalter, Festschrift für Wilhelm Nordemann zum 70. Geburtstag, München 2004, 107–113 [zitiert: *Schack*, FS Nordemann]
Ders., Anmerkung zu BGH, Urteil vom 24.01.2002 – I ZR 102/99 – Verhüllter Reichstag, in: JZ 2002, 1007, 1008
Schelly, Bill, Founders of Comic Fandom, Profiles of 90 Publishers, Dealers, Collectors, Writers, Artists and Other luminaries of the 1950 s and 1960 s, Jefferson/ North Carolina 2010
Schertz, Christian, Der Merchandisingvertrag, Zum Gegenstand des Vertrages, den Lizenzbedingungen und Vertragsinhalten, in: ZUM 2003, 631, 643
Ders., Merchandising, Rechtsgrundlagen und Praxis, München 1997

Schilcher, Theresia, Der Schutz des Urhebers gegen Werkänderungen, 1989
Schlütter, Andrea, Der Begriff des Originals im Urheberrecht, Frankfurt a.M. 2012
Schmieder, Hans-Heinrich, Freiheit der Kunst und freie Benutzung urheberrechtlich geschützter Werke, in: UFITA 93 (1982), 63–71
Ders., Der Wettbewerbsgedanke im Urheberrecht – Dargestellt an Fragen der Werkfortsetzung, des Selbstplagiats und der Parodie, in: UFITA 80 (1977), 127–141
Schoenebeck von, Astrid, Moderne Kunst und Urheberrecht – Zur urheberrechtlichen Schutzfähigkeit von Werken der modernen Kunst, Berlin 2003
Schramm, Balthasar, Sample-Computer und das Recht der Musik, Münster u.a. 1992
Schricker, Gerhard/Loewenheim, Ulrich, Urheberrecht, Kommentar, 4. A., München 2010 [zitiert: Schricker/Loewenheim/*Autor*]
Schricker, Gerhard, Urheberrecht zwischen Industrie- und Kulturpolitik, in: GRUR 1992, 242, 247
Schulz, Peter F., „Remixes“ und „Coverversionen“, Urheberrecht und Verwertung, in: *Schertz, Christian/Omsels, Hermann-Josef (Hrsg.)*, Festschrift für Paul Hertin zum 60. Geburtstag, München 2000, 213–236 [zitiert: *Schulz*, FS Hertin]
Schulze, Gernot, Schleichende Harmonisierung des urheberrechtlichen Werkbegriffs? – Anmerkung zu EuGH „Infopaq/DDF“, in: GRUR 2009, 1019, 1022
Ders., Urheber- und leistungsschutzrechtliche Fragen virtueller Figuren, in: ZUM 1997, 77, 78
Schwabach, Aaron, Fan Fiction and Copyright – Outsider Works and intellectual Property Protection, Farnham/GB 2011.
Schwartmann, Rolf/Hentsch, Christian-Henner, Die verfassungsrechtlichen Grenzen der Urheberrechtsdebatte, in: ZUM 2012, 759, 771
Seibel, Wolfgang, Die Formenwelt der Fertigteile – Künstlerische Montagetechnik und ihre Anwendung im Drama, Würzburg 1988
Seith, Sebastian, Wie kommt der Urheber zu seinem Recht? Zu den verfassungsrechtlichen Rahmenbedingungen staatlicher Politik zum Schutz des Urheberrechts im digitalen Zeitalter, Heidelberg 2002
Senftleben, Martin, Grundprobleme des urheberrechtlichen Dreistufentests, in: GRUR Int. 2004, 200, 211
Sherman, Brad, Appropriating the Postmodern: Copyright and the Challenge of the New, in: Social & Legal Studies, Vol. 4, (1995), 31–54
Shiga, John, Copy-and-Persist, The Logic of Mash-Up Culture, in: Critical Studies in Media and Communication, Vol. 24 Iss. 2, (2007), 93–114
Sievers, Bahne C., Die Freiheit der Kunst durch Eigentum, Baden-Baden 2010
Slopek, David E.F., Die Parodie im Urheberrecht, zugleich Anmerkung zur TV Total-Entscheidung des BGH (Az. I ZR 42/05), in: WRP 2009, 20, 27
Smiers, Joost/van Schijndel, Marieke, Imagine there is no copyright and no cultural conglomerates too..., Amsterdam 2009, abrufbar unter der URL: http://networkcultures.org/_uploads/tod/TOD4_nocopyright.pdf [zitiert: *Smiers/van Schijndel*, No Copyright]
Soeder, Christian, Wie weiter mit dem Urheberrecht?, abrufbar unter der URL: http://www.spd.de/profil/christiansoeder/blog/wie-weiter-mit-dem-urheberrecht
Spieß, Andreas, Urheber- und wettbewerbsrechtliche Probleme des Sampling in der Popmusik, in: ZUM 1991, 524, 535.
Spindler, Gerald, Rechtliche und Ökonomische Machbarkeit einer Kulturflatrate, Gutachten erstellt im Auftrag der Bundestagsfraktion „Bündnis 90/DIE GRÜNEN“, März 2013, abrufbar unter der URL: http://www.gruene-bundestag.de/fileadmin/media/

gruenebundestag_ de/themen_az/medien/Gutachten-Flatrate-GrueneBundestagsfraktion__CC_BY-NC-ND_.pdf

Ders., Tatsachen, Annahmen und verfassungsrechtliche Würdigung in der Debatte um die Kulturflatrate, in: K&R 2013, 544, 548

Stalder, Felix, Neun Thesen zur Remix-Kultur: im Rahmen des Projects Arbeit 2.0 (Juni 2009), abrufbar unter der URL: http://irights.info/fileadmin/texte/material/Stalder_Remixing.pdf

Stamer, Britta, Der Schutz der Idee unter besonderer Berücksichtigung von Unterhaltungsproduktionen für das Fernsehen, Baden-Baden 2007

Stang, Felix L., Anmerkung zu BGH, Urteil vom 17.07.2013 – I ZR 52/12 – Pippi Langstrumpf, in: GRUR 2014, 262, 263

Steinbeck, Anja, Die neuen Grenzen der Zitierfreiheit im Internet, in: *Büscher, Wolfgang (Hrsg.)*, Festschrift für Joachim Bornkamm zum 65. Geburtstag, München 2014, 977–990 [zitiert: *Steinbeck*, FS Bornkamm]

Steinberg, Marc, A Vinyl Platform for Dissent: Designer Toys and Character Merchandising, in: journal of visual culture, Vol. 9 Iss. 2, (2010), 209–228

Stieper, Malte, Rechtfertigung, Rechtsnatur und Disponibilität der Schranken des Urheberrechts, Tübingen 2009 [zitiert: *Stieper*, Schranken des Urheberrechts]

Straub, Wolfgang, Individualität als Schlüsselkriterium des Urheberrechts, in: GRUR Int. 2001, 1, 8

Strömholm, Stig, Spielraum, Originalität oder Persönlichkeit? Das Urheberrecht vor einer Wegwahl, in: GRUR Int. 1996, 529, 533

Strowel, Alain, Das Urheberrecht: von der zeitgenössischen Kunst auf die Probe gestellt, in: ZUM 1990, 387, 392

Stuhlert, Sabine, Die Behandlung der Parodie im Urheberrecht, Eine vergleichende Untersuchung der Behandlung von Parodien im Urheberrecht der Bundesrepublik Deutschland und der Vereinigten Staaten von Amerika, München 2002 [zitiert: *Stuhlert*, Behandlung der Parodie]

Triggs, Teal, Fanzines, London 2010

Tushnet, Rebecca, Legal Fictions: Copyright, Fan Fiction, and a new Common Law, in: Loyola of Los Angeles Entertainment Law Review, Vol. 17, (1997), 651–686

Tushnet, Rebecca, Payment in Credit: Copyright Law and Subcultural Creativity, in: Law & Contemporary Problems, Vol. 70 (2007), 135–174

Ulmer, Eugen, Urheber- und Verlagsrecht, 1. Auflage, Berlin 1951 [zitiert: *Ulmer*, Urheberrecht, 1. A. 1951]

Ders., Urheber- und Verlagsrecht, 3. Auflage, Berlin 1980 [zitiert: *Ulmer*, Urheberrecht]

Ders., Die Reform der materiellrechtlichen Bestimmungen der Berner Übereinkunft, in: GRUR Int. 1967, 431, 454

Vaver, David, The Protection of Character Merchandising – A Survey of Some Common Law Jurisdictions in: IIC 1978, 541, 561

Vinck, Kai, Parodie und Urheberrecht, in: GRUR 1973, 251, 254

Vogel, Martin, Überlegungen zum Schutzumfang der Leistungsschutzrechte des Filmherstellers – angestoßen durch die TV-Total-Entscheidung des BGH, in: *Hilty, Reto/Drexl, Josef/Nordemann, Wilhelm (Hrsg.)*, Schutz von Kreativität und Wettbewerb, Festschrift für Ulrich Loewenheim zum 75. Geburtstag, München 2009, 368–376 [zitiert: *Vogel*, FS Loewenheim]

Wadle, Elmar, Das preußische Urheberrechtsgesetz von 1837 im Spiegel seiner Vorgeschichte, in: *Dittrich, Robert (Hrsg.),* Woher kommt das Urheberrecht und wohin geht es?, Wien 1988, S. 55 ff. [zitiert: *Wadle,* Das preußische Urheberrechtsgesetz]

Wandtke, Artur-Axel, Aufstieg oder Fall des Urheberrechts im digitalen Zeitalter?, in: UFITA 2011/II, 649 – 684

Ders., Grenzenlose Freiheit der Kunst und Grenzen des Urheberrechts, in: ZUM 2005, 769, 776.

Ders., Urheberrecht pro Kunstfreiheit, in: ZUM 1991, 484, 489

Wandtke, Artur-Axel/Bullinger, Winfried, Praxiskommentar zum Urheberrecht, 4. A., München 2014 [zitiert: Wandtke/Bullinger/*Autor*]

Ward, Annalee R., Mouse Morality, The Rhetoric of Disney Animated Film, Austin/Texas 2002

Wasko, Janet, Understanding Disney, Cornwall/GB 2001

Wegmann, Katrin, Der Rechtsgedanke der freien Benutzung des § 24 UrhG und die verwandten Schutzrechte, Baden-Baden 2013

Wehler, Philipp, Die freie Benutzung im digitalen Zeitalter, Neue Herausforderungen für § 24 UrhG unter besonderer Berücksichtigung der Problematik des Abklammerns von Vorlagen unter urheberrechtlichem Leistungsschutz, Hamburg 2012 [zitiert: *Wehler,* Die freie Benutzung im digitalen Zeitalter]

Wellmann, Berry, Little Boxes, Globalization, and Networked Individualism?, in: *Tanabe, Makoto/van den Besselaar, Peter/Ishda, Toru (Hrsg.),* Digital Cities II: Computational and Sociological Approaches, 10 – 25 [zitiert: *Wellmann,* in: Digital Cities II]

Wescher, Herta, Die Geschichte der Collage, Vom Kubismus bis zur Gegenwart, Köln 1974

Weßling, Bernhard, Der zivilrechtliche Schutz gegen digitales Sound-Sampling, Zum *Schutz gegen* Übernahme kleinster musikalischer Einheiten nach Urheber-, Leistungs*schutz-*, Wettbewerbs- und allgemeinem Persönlichkeitsrecht, Baden-Baden 1995

Willi, Christoph, Merchandising mit fiktiven Figuren, in: WRP 1996, 652, 659

Woodmannsee, Martha, Der Autor-Effekt. Zur Wiederherstellung von Kollektivität, in: *Jannidis, Fotis/Lauer, Gerhard/ Martinez, Matthias/Winko, Simone (Hrsg.),* Texte zur Theorie der Autorschaft, Stuttgart 2000, 298 – 314 [zitiert: *Woodmansee,* Autor-Effect]

Woodmansee, Martha, The Genius and the Copyright: Economic and Legal Conditions of the Emergence of the „Author“, in: Eighteenth-Century Studies, Vol. 17, (1983/84), 425 – 467

World Intellectual Property Organisation (WIPO), Studie zum Character Merchandising, WO/INF/93, Genf 1994, abrufbar unter URL: http://www.wipo.int/export/sites/ www/ copyright/en/activities/pdf/wo_inf_108.pdf

Würtenberger, Thomas, Satire und Karikatur in der Rechtsprechung, in: NJW 1983, 1144, 1151

Sachregister

FSC
www.fsc.org
MIX
Papier | Fördert
gute Waldnutzung
FSC® C083411

Kolibri 360 GmbH
Ferdinand-Jühlke-Straße 7
99095 Erfurt, Deutschland
produktsicherheit@kolibri360.de